Amy Tan

Where the Past Begins:

A Writer's Memoir

往昔之始

谭恩美自传

[美] 谭恩美 著 李军 章力 译

外语教学与研究出版社

北京

献给丹尼尔·哈尔彭

倏忽之间，我们的书终于问世了

时间滑流[1]

[摘自日记]

2012

你以为你们远隔重洋，

其实那只不过是你碰巧或不小心坠入的一股时间滑流。

---

[1] 时间滑流：原词为 Slipstream，中文通常译为"滑流"或"气流"。作者在此处提及该词，应特指一种昔往今随、今昔相连的"时间滑流"。值得一提的是，Slipstream 是 2007 年一部美国影片的名字，被译为"随心逐流"，由奥斯卡影帝安东尼·霍普金斯（Anthony Hopkins）自编自导自演。片中，一位电影编剧落入一种"时间滑流"，故事情节随之不断在过去与现在、真实与虚拟中变幻。作者可能对这部影片中"Slipstream/ 时间滑流"的特定语境有所暗指。本书注释如无特别说明，均为译注。

目录

Contents

往昔之始

　　我的办公室里有个"时光胶囊"：七只透明的大塑料箱，守护着一些被定格的时光片段——在我出生前便已开始的往昔岁月。在本书的写作期间，我细致地探究了箱内的物件——纪念品、书信和照片之类的东西——我的发现有着能使冰川崩解的力量，重塑了我对父母的记忆。

　　在有关事实的证据中包括父母的美国留学签证、美国司法部关于驱逐他们出境的信函，还有他们的入籍申请。我找到了人生重要阶段的相关物品：婚礼通告、接踵而至的产子喜报、带有黑色小手印和几缕胎发的宝宝纪念册、年度日记簿、每年圣诞节抱怨和夸耀子女的书信、以鲜花为主题图案的生日与周年纪念贺卡、为父亲的葬礼敬献鲜花的二十二人名单，以及绘有十字架、橄榄树和客西马尼园[1]暮色的慰问卡。还有一份我草拟的回信，听上去成熟得令人惊讶，那是我为母亲准备的模板，以便她抄录下来，感谢致哀的人。

1　客西马尼园：耶路撒冷的一个园子，基督教《圣经》中耶稣遭出卖的地方。

或许，最感人的发现莫过于母亲写给我的信和我写给母亲的信。她保留了我写的信，我也留存着她写的，甚至是那些充满怒气的信，它们证明爱能愈合、复原。在另一只箱子里，我找到了一家人勤勉做事的相关物品：母亲在获得移民资格过程中写的ESL[1]论文和护士学校作业，父亲的论文、布道文和读电气工程研究生时的课程作业，我的小学作文和哥哥彼得的历史课作文，彼得、约翰和我从幼儿园直至高中毕业的成绩单，还有父亲的大学成绩单。在不同的文件夹里，我分别找到了父亲和母亲的死亡证明。我尚未看到彼得的死亡证明，却找到了他躺在灵柩中的照片：他六十磅[2]重的身躯裹在高中优秀运动员的荣誉衫里，因脑部手术和尸检造成的损伤却暴露在外。如今我不禁扪心自问：究竟是怎样的情感促使我保留了这张照片？

其实我向来不扔照片，除非是模糊不清的。所有的照片，甚至是可怖的，都是我存在于世的生活记录。就连箱中的尘埃微粒也是我本人的点滴组成部分——这样便有了仓鼠敛物储藏般的极端逻辑，确信宝藏就埋在残渣碎屑之下。对我而言，我并不喜欢灰尘，但在灰尘之下的确发现了许多值得珍惜之物。

事实上，我的确丢弃过自己再也不想记起的人的照片，经年累月，唉，其数目已增至十一二个人了。我活得越久，积存的模糊照片就越多，同时也有几张一看到就让我如遭冷拳的照片，里面

---

1 ESL（English as a Second Language）：针对母语非英语并把英语作为第二语言的学习者开设的专业英文课程。

2 英美制质量或重量单位，1磅合0.4536千克。

的人我曾信任过，却为了相当于争当买冰激凌队伍第一名的小利而将我击倒。岁月赋予你这个简单的智慧：躲开传播疟疾的蚊虫，也要远离混蛋。其实，扔掉可恶者的照片并不能从意识里抹除他们。哪些时刻你能抹去，记忆并不允许你选择，还恼人地执意保留最令人痛苦的时刻。记忆极为忠实地记录了骇人的细节，日后还会借助仅与之依稀相似的时刻，唤起你对这些细节的回忆。

除了这些例外，我保存着其他所有照片。问题是，许多面孔我已辨认不出了，譬如跟我同在泳池里的女孩；换装派对上的四个女人中，有三人我都认不出；还认不出那些在我家共进晚餐的人。不过话又说回来，我在六十五年间曾遇到过许许多多的人，其中有些人或许曾在我的生活中占有重要地位。然而，尽管我本人从未刻意选择，我的大脑已任由许多时光片段滑入深渊。在写这部回忆录时，我才意识到自认为记得的许多事都不准确，有猜测的成分，或是因事后的经历而导致偏误。倘若我过五年来写本书，对某些事件的表述大概会不同，原因可能是观点发生变化或记忆力变差——甚或是因为有了新的证据。在写此书的过程中的确发生了这种情况。有新的发现时，我不得不经常修订书稿。

我曾认为照片比单纯的记忆更为精确，因为它们捕获了那些瞬间的本来面貌，令人无可辩驳。照片如同确凿的事实；而不断老化的记忆在处理细节时仅凭印象，又带有选择性，这与小说颇为相似。而今，我浏览这些档案后却发现，照片也扭曲了它们正在捕捉的东西。为了达到最佳的拍摄效果，凌乱混杂的东西被推到一边，长满杂草的院子可被排除在镜头外。人物形象也脱离了背景环境：某些人没在照片中的原因，拍照前后发生的事情，谁喜欢或不喜欢谁，是否有什么人不乐意出现在照片中。当他们听到"喊'茄子'"时，便齐刷刷地盯着相机的机械之眼，戴上快乐的面具，使五十年后看照片的人以为每个人都过得很愉快。我始终牢记一个告诫：所见和未见之事物，均当质疑。我利用照片让情感记忆得到补充。我用放大镜近距离观察黑白人像上的种种细节，那些照片是二十世纪四五十年代普遍流行的尺寸——1.5 到 3.5 英寸[1]见方。它们记录了复活节星期日教堂礼拜之后的一系列活动，以及每年圣诞节时，大家在老旧公寓房或新开发区的房子里手忙脚乱地堆放礼物，把它们摆在枝叶稀疏的圣诞树或人造圣诞树下的情景。这些照片中有几张推翻了我过去认定的事实，例如：我记得家里没有童书，除了一本《中国神话故事》，书中人物被画得如同影片《西区故事》中的乔治·查基里斯[2]和娜塔莉·伍德[3]。我三岁时的一张照片表明事实并非如此：我在腿上摊开一本图文并茂的书，正看得入迷。同一天拍摄的其他照片证明，还有尺寸相似的礼包等着拆封。我在写《我如何学习阅读》时都不知道有这回事。但完全合乎情理的解释是，即便我的父母不送书给我，他们的朋友也会送。身为作家，我很高兴得知自己幼时脏兮兮的小爪子曾

---

1 英美制长度单位，1 英寸合 2.54 厘米。

2 乔治·查基里斯（George Chakiris, 1934—）：美国著名演员，曾获得奥斯卡最佳男配角奖和金球奖最佳男配角奖。

3 娜塔莉·伍德（Natalie Wood, 1938—1981）：美国女演员，曾获金球奖最受欢迎女演员奖，获奥斯卡最佳女主角奖提名两次，奥斯卡最佳女配角奖提名一次。

在那些书页上到处摸索。

我翻到自己一到五岁期间的许多照片，看起来都挺上镜，可以说是"搔首弄姿"：骑在树杈上的、在浅水池中仰视镜头的、双手捧着杯子的、双臂环抱自己身子的，或是在游乐场的滑梯底部咧着嘴笑的。父亲是业余摄影师，有一部获奖得的禄莱相机。他无疑在启发我如何摆姿势，表扬我能定住不动，还夸我看起来多么漂亮。我会把这些称赞视为爱的奖赏，而母亲和兄弟们是得不到的。

最老和最珍贵的照片存放在大幅面的相簿中。七十年过去了，相簿的黏合处已经开胶，生锈的铆钉帽也脱落了。用来固定照片四角的纸套都掉了，照片散落在厚厚的黑色纸页间。有些一百多年前在照相馆拍摄的照片只有邮票大小，直到六年前，当我用放大镜细看深褐色的人像时，才意识到那是我的外婆。

一本相簿保存着父亲 1945 年在天津为母亲拍的照片，当时他们已成了秘密恋人。父亲将照片巧妙地拼贴起来：中间是一帧母亲的大幅照片，周围环绕着父亲稍小一些的照片，仿佛在表达她是他的宇宙中心。父亲也为头生子彼得拍了许多照片。我发现同样的照片被冲洗了很多张，表明他把照片寄给了朋友们，或是在教堂里分发给他们。弟弟约翰不太受重视，为他拍的单人照相当有限。

二十世纪六十年代初期，父亲不再用他的禄莱相机拍摄艺术造型类的照片。他换了一台布朗尼相机，在举办生日派对或远道而来的亲朋好友探望我们时用来抓拍。当兄弟们和我不再萌憨可爱、让人总想抱在怀里时，为我们拍的照片就少了；我们四肢变长，关节突出；我们脸上汗津津的，长着痘痘，被太阳晒得黝黑。在一张照片里，我戴着白色"猫眼"眼镜，发型犹如一团黑蛇乱舞（那是一个新手美容师首次尝试为人烫发的后果）。我长着圆头鼻子，脸蛋鼓得像气球，两条粗腿完全没型。当年我眼中的自己就是那副模样。我又浏览了更多人物照片，找寻家人发病的线索。在父亲生前最后几帧照片中，他在短短一年光景中显得苍老了许多。他的脸看起来疲惫而浮肿，眉毛掉了一半，使他看上去不再是那么生机勃勃。在他去世以后，摆拍的照片几近绝迹，甚至在卢[1]和我举办婚礼时也不例外，只有亲朋好友用一次性相机拍的十几张快照。我是多么幸运啊，父亲这个业余摄影师用他获奖得到的禄莱相机，为我留下了一部如此丰富而形象的家族史。

在另一只箱子里，我找到了自己三十三岁那年最初尝试创作的小说。我看到了过去二十七年中被废弃的一沓沓小说文稿。有一天，我打心底里意识到这些小说已死，进一步的修订或叙事上的改进也无济于事，这是最难过的一天了，自此我便再没看过这些令人痛苦的书稿。我早已不再为它们感到沮丧。如今，我舍弃文稿时心情轻松得多，这也是构思一个故事的必要环节。然而，重读这些被遗弃的书稿仍使我感到不安。在重读时，我再次发现令它们注定失败的那些缺陷。不过，我也很欣慰地想起自己久坐于书桌前，曾经一连数月或数年在想象中生活在那些虚构之

---

1 卢：谭恩美的丈夫 Louis DeMattei，昵称 Lou。

地。我对那些人物及其个性依然饶有兴趣，也仍颇为中意那些故事中的许多内容。我从未失去它们。它们就在那里，但只为我而存在。

我取出一些随意聚拢的童年纪念品。触摸着这些曾有着重要意义的物品时，我心中有一种既亲切又陌生的情感。我意识到自己此刻的指纹与幼年时留在上面的指纹相交重叠。这些物件上仍残存着昔日的我。我就是曾私下里想成为艺术家的那个女孩。我十一岁时的画作——家中的猫咪仰躺在地上——是我一生的最佳画作。十二岁时画得最好的是这只猫咪的画像，绘于它死后不久。我保存着哥哥字迹潦草的科学项目笔记，上面记录了如何照料、饲养和繁育豚鼠，以及它们的死亡。我留着他的威利·梅斯[1]式棒球手套，尽管它已不再柔软、开合自如。我保留着两个光着身子的玩偶，它们的关节铰接相连；眼睛可以开合，但是步调不一，因此它们看上去总是一副醉眼乜斜的神情。我记得自己为何保存那张粉色的外出留言条，因为中学的校秘在上面写道：彼得在脑部手术后状态不错。那时我觉得如果把纸条扔掉，他就会死去，所以一直留着它。可他还是去世了。

去年，当我检视那些箱内的物品时——照片、信件、纪念品和玩具——我心满意足地发现我的许多童年记忆大体是正确的。许多时候，回想往事时我的理解都更加充分。然而，某些关于父母的发现令人震惊，包括他们在我六岁时撒的一个善意小谎，它

1　威利·梅斯（Willie Mays，1931—　）：曾为美国职棒大联盟球手。

极大地影响了我的整个童年时期，甚至是成年以后的自尊心。这些发现自成板块，仿佛受到磁力吸引似的彼此关联。这些发现中有殷殷期盼与雄心壮志，缺陷与失败，灾难祸患和希望的毁灭，还有锲而不舍的努力与自然流露的温情。这是贯穿我生命的情感脉搏，把我造就成这样一个不同于他人的作家。我不是母女关系题材的作家，亦非中国文化或移民体验题材的作家，尽管大多数人在引述时认为那些是我的写作领域。身为作家的我在潜意识中受到知晓渴望这一理念的强力推动，它与知晓需要不是一码事。后者能通过获取信息来满足，而前者则是永恒的不确定状态，是联结往昔的纽带。

本书的写作初衷与挖掘所作所为或书写历史无关。我创作《奇幻山谷》时曾连珠炮似的发给我的编辑兼出版商丹尼尔·哈尔彭数千封电邮，他建议我基于其中的一部分，在两部小说的创作间隙写一本过渡性的书。我认为这个主意很糟糕，可他后来说服了我。理由我记不清了，大概包括任何作家在一杯酒后飘飘然之际都乐于听到的说辞："引人入胜""富于洞见""容易编织成一体"。我干劲十足地梳理着那些电子邮件，希望找出能派上用场的内容。最早的邮件通信是在我们初次会面以后，那次我们一边小酌，一边讨论合作下一部小说的可能性。我的邮件措辞不甚严谨，仓促落笔，率性随意，不拘形式，混杂着我脑子里突然冒出的杂乱无章的思绪、当天的逸闻趣事，以及我家狗狗们和我的完美丈夫的最新动态。相形之下，丹（丹尼尔的昵称）的邮件则经过深思熟虑，更多地关注我的顾虑；尽管偶尔也附带对摩洛哥美食的点评。有时，他以为我表达了灵魂深处严肃而纠结的问题，因此回信时对我漫不经心的某些评论过于用心。在花六个月时间费力地读完我们的邮件后，我明白自己从一开始就是对的：基于邮件写出书来的主意很糟。邮件无法汇集成任何与写作有关的、有洞见的著作，只能充当拖延症的颂歌。如今摆在我面前的任务，是写一本真正的书。

与那些邮件不同，我不能在书中信马由缰地写，还认为这样对读者来说是一种享受。我通常要花一个星期才能写出一页我感觉值得留存的文稿。待到重新修订全书时，又会删掉那一页和前后几页的文稿。在精心遣词造句时，我意识到编辑期望我提交干净整洁、完美精良的底稿。[编者[1]注：本编辑可不这么想。] 对此事实的认识致使我有意识地、无休无止地修改文稿，不断碾压人物角色和场景的新颖性，直到它们变得枯燥无趣、死气沉沉。完成每部小说所花费的时间都比预计时间长的主要原因就在于此。我在一年中尝试过一连串模棱两可的点子，最后终于想出一个计划。促使我写出那数千封电邮的是自发性，如果将它用在写书上，我就能迅速完稿。我不会过早预想到后面要写什么；无论我当天想到什么都写下来，允许自己冲动、失误或是过火，事后还可以修订和删减。为了确保书稿自然天成，我与编辑约定如下：每周我都会交出十五至二十五页不等的文稿，绝不找借口拖延。[编者注：我要补充的是，我告诉作者，超出必交十五页以外的任何书稿都

---

1 指丹尼尔·哈尔彭。

不能抵减下次要交的稿件。我们还约定，在完稿前的艰难进程中不得使用某些词，包括：章节、随笔、回忆录（这成了我的秘密）、完稿、新书和最后期限。这些散篇后来成了诗章，在创作散文时没什么坏处。] 既然我没时间修改，丹必须明白他收到的将会是十足的草稿，成文时完全即兴而发，因此会有糟糕文笔的特征，包含杂乱无序的思想和陈词滥调。为了将自我意识降到最低，我请丹不要提出评论意见，不论是好是坏，除非他认为我严重偏离正轨，而出版这样的书纯属发疯。[编者注：这种书我可从来没有出过。]

试问有哪个编辑不乐于强制实施这样的计划？又有哪个明智的作者事后不会发觉这样的工作计划既会把事情搞糟，又难如登天？[编者注：说老实话，我不觉得这个安排有那么繁重。]

即便如此，我还是没错过每周的交稿期限，唯有一次例外，即最后一次。[编者注：严格而论，她总以"太平洋标准时间"为由晚交一天，借此声明她患有"创伤后应激障碍[1]"。] 那天是 2016 年总统大选后的星期一，我感到迷惘，无法集中精力。我为最后那篇文章选取了与我当时心境相关的唯一主题：选举以及假使父亲在世会如何投票。写完这篇文章时，我拥有了一部书，还得了个溃疡。

我写的内容比本书的内容多。不拘形式的自发写作决定了随机的题材与风格。有的妙趣横生，比如我与野生生物的关系，尤

---

1 创伤后应激障碍（post-traumatic stress disorder）：指因某种突发的威胁性或灾难性心理创伤而发的延迟的、长期持续的精神障碍，原文中使用了其缩写"PTSD"，与前文"太平洋标准时间"（PST）相映成趣。

其是来自澳大利亚昆士兰的陆生害虫——新近被认定的一种水蛭，学名 Chtonobdella tanae，里面带有我的姓氏（Tan）[1]。我还写了一篇关于著名短篇小说家梅维斯·加兰特[2]的文章，讲述我们十年来在巴黎共进午餐和晚餐时的谈话，最后一次是在她的公寓，在午餐享用了俄式薄煎饼和烟熏三文鱼以后，我为她一连朗诵了好几个小时。我还曾设想插入几页漫画——我在某次研讨会上感到无聊时的随手涂鸦——我称之为"关于自尊的绘本回忆录"。当全书逐渐成形时，丹和我最终商定应该保留哪些内容。我只担心一件事：保留的内容或许会使读者误以为我独自幽闭在黯淡无光的房间中，沉思之际，积下了好几桶泪水。我倒是沉思过，但房间四壁都带窗户，光线亮得刺眼，以至于我在写作时都得抹防晒霜。

由于这是一本偶然成书的回忆录，我觉得在其中收录我日记中的内容是比较合宜的。我收集了能反映自发性写作的日记条目，以及能显示我思考特征的看似随意的想法。它们在本质上也与本书中其他篇章很协调。我将日记中篇幅较长的逸闻趣事条目称为"插曲"，将篇幅较短的条目称为"奇趣"——有些是我突发奇想的产物，有些是我所见所闻的奇闻逸事，又或是梦中的古怪片段。对作家而言，奇闻逸事不啻为令人惊叹的神奇护身符，有些则新鲜怪异得足以成为故事情节。

我另外补充了两篇文章，反映出我幼年时爱读的故事所具有

1　2016 年初，美国自然历史博物馆以谭恩美的姓氏，将一种新发现的澳大利亚水蛭命名为 Chtonobdella tanae，以感谢她长期以来对该馆的支持。

2　梅维斯·加兰特（Mavis Gallant，1922—2014）：加拿大著名短篇小说家。

的童话特征。它们是从那个令人心碎的废弃小说箱中取出来的。两篇都是序言，第一篇《断篷人》成了本书的序言之一。它记录了伴随我成长的神话般的过去，我曾经摆脱了它，但成了写作者时又复归那段往昔。第二篇题名"语言：爱的故事"，它源于我大学时代对语言学的早期痴迷。直到读博士以后，我才发现做学术已经扼杀了我对语言学的满腔热情，还向我灌注了如何从其他博士生中脱颖而出的焦虑心理。这篇杂录引述的语言学原理或许已是明日黄花，内容亦不正确，但我基本保留了二十五年前草稿的原貌。那时，我对满语怀有特别的兴趣，它是一种行将绝迹的语言，具有丰富的意象语汇和拟声词。它也同样承载着神话故事的精髓，是曾经统治中国的满族人的语言。早在 1911 年清朝被推翻前，满语便已走向消亡。在为本回忆录修订这篇序言时，我从一个业余家谱学者那里得知，我的 DNA 表明，我可能有一位满族祖先。那是当然的。我书中所写的"满族"也正是我人生经历中的"满族"。单凭想象就能实现。你只需回首往事即可。这部回忆录的书名"往昔之始"脱胎于那个故事的最后一句。这是丹的建议。我甚至都不记得写过这句话。

　　尽管我放弃了以编辑与我的电邮作为全书内容的主意，但在写与母亲的书信有关的文章时，我意识到那些书信与本书密切相关。在私人信件中，母亲的自我表达方式与平时不同。她以写信当日的各种事件开头，之后会讲述一个具体的境况，引发她追问究竟发生了什么，最终导致她说些题外话，再后来是更多的、一连串螺旋线似的思绪，直至最后她径直奔向恼人的执念。唯有信纸的底边才能使她笔下的想法悬崖勒马，就此打住。我发现自己写电子邮件时亦如此，只不过电邮不受纸张的约束和限制。我还发现，电子邮件和纸质书信不同，因为人们更愿意在电子邮件中坦承隐私，进行哲学思考，袒露粗鄙和脆弱。它们具有私密性，因为其中的字句不会向许多人说起，只会写给信任和熟识的人。换言之，这些电邮包含了回忆录的特性。丹最初的建议 [编者注：我认为她指的是强制执行] 促成了本书的诞生。

一想到我写的一切真会成为公开发行的书，我不时感到惊骇。令我矛盾的是，既需要保护隐私，又需将其流露于笔端，因此我曾踌躇不决是否要收录电子邮件。但当我将本书最初的设想告诉许多作家朋友时，他们都表示希望一览此书。相信我，没人能忍受一整部书的电子邮件 [编者注：我就能]。不过我选取了一些信件，足以展现我与编辑之间的关系如何发端，以及后来与我努力创作本书有关的对话。

如果你曾好奇一个作家的草稿究竟会乱到什么程度，那么你读到《致编辑的信》时将得到慰藉或鼓舞。如果你曾好奇作者和编辑如何共事，这些邮件可不会成为最佳范例。我觉得，大多数作者顺道拜访新编辑的次数并不多，他们不会像我通过电邮与丹闲聊旧事时那样喋喋不休，包括诉说自己曾因抓狂而失去写作能力。大多数编辑不会在回复杂乱无章的电邮时如此富于技巧和善意，因为显而易见，对每封邮件的答复本该是坚决要求我停止用手指敲出电子邮件，转而完成拖延日久的小说。在回信中，他似乎总是乐于更多地了解我的想法。

　　为了他给予我的灵感、耐心和指点，谨以此书献给我的编辑，丹尼尔·哈尔彭。

断篦人

姨妈们曾给我讲过关于"断篦人"的故事：有一个老妇人，大家平日都躲着她，只在发生最凄惨的悲剧时例外。那时，人们会请她弄坏深爱的人生前用过的篦梳，那人可能是个小男婴，可能是忠实的丈夫，可能是身为读书人的儿子或是美丽的未婚妻。

我们认识的一户人家把她请了去，因为这家的妻子用长发上吊自尽了。她的女儿那年即将嫁入一个好人家，她发现了母亲的尸体，剪断头发将她放下。后来，当家人发现她们母女俩时，母亲已死，女儿则紧抱着母亲不放，两人都双目圆睁。姨妈们说，那位母亲下葬以后很久，那个姑娘还在家的四周游荡，舌头耷拉在外面，悲恸得说不出话来。

断篦人来了。她让那家的父亲取出亡妻的篦梳，她女儿曾每晚用它为母亲篦头发。老妇人细细打量着篦梳：由金玉制成，做工精美，齿密而尖利，手柄是双凤的造型。

"众所周知，"老妇人开口道，"当女儿为母亲篦头发时，她会从发根那里收到母亲所有的过错和悲伤。"

随后，老妇人用篦梳在姑娘的头上梳了三遍，又用一条长长的白绫将篦梳擦拭干净。她用白绫打了三个大大的结，又命伸着舌头的姑娘逐一解开。

第一个结被解开后，断篦人高喊："我们已经松开姑娘和母亲过去的联系。"在姑娘流着泪解开第二个结后，老妇人说："我们已解除母亲与女儿当下的联系。"在第三个结被解开后，断篦人宣布："现在，死去的女人与这个姑娘在今生和来世都没有联系了。"姑娘开始放声痛哭，老妇人将玉篦放在展开的白绫上，举起石锤，砸碎了玉篦。

姑娘当即平复下来，她的所有悲伤都永远被砸碎了，正如那把篦梳一样。她的家人千恩万谢，送走老妇人时给了她一个金锭，外加好几吊钱，恳求她绝不再提起这个悲剧。

姨妈们就对我讲了这么多，但故事至此并未结束。我还听说了后来发生的真实故事。那个年轻姑娘拿起被砸碎的篦梳的残片，割断了自己的一头长发，头发短得像男孩一样。后来，她离家出走参军了，自此再也没有篦过头发。

第一部分

想象力

第一章　滴漏的想象

自年幼时起，我便相信自己拥有超常的想象力。这一评价不是我自己想出来的，许多人都这么对我说过。人们说我具有艺术想象力，因为我画猫像猫，画马像马。他们夸奖我画的房子，说房门跟一旁的人物比例协调，还欣赏屋旁的树木，粗干细枝，纤小的绿叶茂密如盖。我在树上画了一只鸟，这在人们看来也是有创意的。人们端详着我的画作，晃着脑袋赞叹我想象力丰富。

起初，我猜不透别人为何做不到那些对我来说自然而然的事情。你只需把眼前的事物画出来就好，管它是真猫还是照片中的猫呢；你画过多次以后，就很容易凭记忆来画猫了。我是如此擅长绘画，以至于在十二岁那年，钢琴老师让我教他八岁的女儿画画，用为我上钢琴课来交换。我多半是这样指导那个女孩的：眼睛应该画在中部，鼻子在两眼之间，不能像你这样画在脑门上。它是什么样，就画成什么样。

后来，我领悟到拥有好眼力不同于具有丰富的想象力。我的高中美术老师本身是位艺术家，他在我最后一个学期的成绩报告单上总结如下："具有令人赞叹的绘画能力，但缺少想象力或内在动力，而这些对于更深层次的创造而言是必备的。"当时，这条评

3

福福，绘于我十二岁时

语深深地刺伤了我：他没说我需要更多地运用想象力，而是直截了当地说我"缺少"想象力——而且缺乏深度。

高中最后一年之后，除了偶尔素描和涂鸦外，我在艺术爱好方面没有更多作为。但我确知的是，即使我坚持不懈，也不会在抽象艺术领域有所发展。即便时至今日，我也常困惑于抽象艺术——十英尺[1]高的画作上有些小到不能再小的色块和乱涂的线条。在博物馆里，我和先生面面相觑，戏谑地用没文化修养的人的语气说："他们管这叫艺术！"我仍记得，有几次下午的课上，美术老师要求我们只用不同形状的色块来作画。无论我画什么，都可能使他更确信我缺少想象力或深度，至少在抽象艺术的复杂性方面是这样。现在回想起来，他搞的便是那种艺术。

1　英美制长度单位，1英尺合 0.3048 米。

最近在参加每月一次的"自然笔记"课程时,我又重拾绘画了。这门课对笔记与外光画法[1]素描同等重视。我从鸟开始画起,再次听到朋友与家人发出同样的赞美:眼力不错。我能画鸟像鸟。然而这一次,我意识到自己的能力仅止于此。我可以画得像,但要创造出比长着几片叶子的树枝更加繁复的背景却不易办到。我无法增添新的背景和环境——倾覆的危楼或是消融的冰盖——或增添能使具象绘画表达某种观点的其他任何东西,比方说,通过一只渡鸦的虹膜来表现全球变暖。结果证明,班上每个人的眼力都不错,有人的技巧还特别好,并富于想象力。我们的老师——一位自然主义艺术家兼作家——告诉我们,任何人都能学绘画。自那时起,我听许多艺术家表达过这一观点。技巧是可以通过努力获得的——比方说,如何勾勒出绘画对象的形状,如何利用物体周围的虚空来观测它的形状,如何利用明暗法来体现鸟类、两栖动物和哺乳动物的解剖结构。你可以巧妙地运用水彩、水粉颜料和石墨的混合效果。你可以仅凭一支铅笔和一个日记本就画得相当不赖,抑或为满足艺术需要,倾囊购买自动铅笔、调色工具、凝胶笔、一套十二支软硬程度各异的石墨铅笔、名牌水彩铅笔,甚至买下牌子更棒的水彩铅笔、压印工具、水彩笔刷、带颜料管的水彩笔刷和素描本,再买来质量更上乘的素描本、带变焦远景和微距镜头的双筒望远镜、观测镜和可用于携带全套素描工具的野外考察背包,外加便于连续数小时坐在野外的折叠坐凳。你必

---

1 外光画法:19 世纪法国印象主义画家采用的一种绘画理论和画法。

须坚持每天练习，让某些技能变为直觉体悟——举例来说，透视法和阴影与光的方向有关。要描绘眼睛，你需要先了解整个动物或鸟的准确外形。不过，我会不由自主地先画眼睛，之后再作修正。在画鸟的过程中，我喜欢它用几分存疑的目光注视我。

由于每天都坚持作画，我逐渐明白自己注定成不了艺术家的更主要的原因：这与我作画时未发生的事情有关。突如其来、让人脊背发颤，犹如醍醐灌顶般让我感到画作就是对我自身的记录——这种启示，我从未体验过。当我混合水彩颜料时，不会去思考自己的信念、困惑与恐惧怎样以不断变化的方式结合在一起。当我用明暗法作画时，不会去思考死亡，亦不去想随着可预见的余生时日渐少而日益笼罩的死亡阴影。当我从别的角度而不是从侧面观察鸟儿时，我不会意识到自己选取了错误的视角。通过练习，鸟的眼睛或脚趾我会勾画得更好，但练习无法使我获得意想不到的灵魂意识。我前面提及的那些在我作画时未发生的事情，在我写作时倒的的确确发生了。它们肇始于我三十三岁时最初创作的短篇小说中。无论过去还是现在，它们都对我有所启迪——痛苦的、振奋的，以及对我身心有转变作用的，其效果经久不衰。在写作时，我认识了自己。

绘画将作为一种令人愉悦的活动继续发展下去。我享受作画以及它所需的耐性。我喜欢石墨轻轻滑过纸面的那种快感。两天前，我因发现水彩画法并不仅仅是颜料的平面涂抹而激动不已；它们创造出斑驳的杂色、明暗的变化和其他有趣的效果，表现出物体的材质与纵深。最终的作品让我欣喜。这幅画画得是不是很像？它能展现生命的迹象吗? 有人在"脸书"上评论我描绘白冠鸡 (长着白喙的、黑身的禽类) 的第一幅水彩画，评语写道："你画得真棒，抓住了它的精髓。"她认出那是白冠鸡，我为此让自己享受了孩童般的骄傲。

我也发现自然笔记在诸多方面与小说创作颇为相似。它要求我具备好奇心，善于观察，爱好钻研。我必须持续不断地思索自己所见的事物，摒弃惯常的臆断。甚至早在我明白自己会成为作家以前，好奇心便一直是我的习惯，至今依然如此。举个例子，在南非的罗本岛，我留意到海岸上有四只橙色眼睛的蛎鹬，它们齐齐整整，间隔均匀，一字排开。它们不约而同地将喙伸到沙地里，瞧瞧我们，之后又把嘴伸进沙子里——所有动作都相当精准，犹如无线电城火箭女郎舞蹈团[1]的禽类小队。它们这是怎么了? 我思忖着种种可能性，有些甚至太过不着边际——这就近似于"物以类聚"的本能吧，它们行动起来堪比军团，动作整齐划一，这样便能留意周遭环境中突显的不协调，比如鱼鹰，或是揿得相机喀嚓作响的一群呆头游客。又或许是有一种能引发某种僵尸鸟综合征的寄生虫或病毒，类似于我在巴布亚见到的僵尸蚁，它们的头部寄生着泡沫状的真菌，这驱使蚂蚁附着在位置理想的林间落叶上，直到它们的头部迸出能创造新一代僵尸蚁统帅的孢子。待到下次又看见这种步调一致的行动时，我会再度好奇，产生更多的揣测。在进行自然素描时，我试图描绘出我所看到的东西，真实

---

1 无线电城火箭女郎舞蹈团：火箭女郎舞蹈团成立于 20 世纪 20 年代的纽约，后因在无线电城音乐厅演出被称为"无线电城火箭女郎舞蹈团"，是当今世界最著名的舞蹈团之一。

呈现某一特定种类的鸟以及它们的行为。我的观察和质疑与现实中或许真实的东西有关，对此我唯有咨询鸟类学家才能证实。但在创作小说时，我所寻觅的并非事实性或科学性的真实。它关乎人性，而人性本身也与我的天性息息相关。写作中关注的是表面看来并不显著的那些事。在着手创作故事时，我会通过一个问题——通常是道德问题——来摸索方向，试图找到某种方法来捕获它的方方面面与种种难点。我不期望得到一个绝对的答案。在创作小说时，我试着记下给人真实感的东西。尽管故事表面上可能不属于我，但它包含了基于我个人经历的理解和认识。正是我的经历为故事汇入了某种特别的情境，兼具可悲的反讽或可怖的透彻。我希望表达出我未见的、根本不存在的，或是尽管存在但几乎不可察的东西，因为构成整体的百万碎片散落得到处都是，从过去一直延伸至今。在写作时，我让头脑在所有的可能性间环游，不会囿于某一结论。没有什么真理是恒久不变的。奇异可笑的情景也并非不可操纵的事实。想象力流动易变，能汇入任何沟渠，其中淤积着情感、个人特质或是洪水退去后显出的记忆。

倘若说我的好奇心是与生俱来的，那么我无奈地充当母亲和她的"奇思臆测学校"学徒的经历更是大大强化了我的好奇心。她质疑一切，从可疑的气味到可疑的解释说辞，因为两者都表明人品有缺陷。她于机缘巧合中发现重大意义，又几乎将任何碰巧并发的事件视为机缘巧合。在某个场合，我说了一个词儿——一个寻常到我都记不起是什么的词——与此同时，插在花瓶里的玫瑰花恰好从花茎上落下。母亲会盯着我问："你是我妈妈吗？"我的外婆于 1925 年自杀身亡，母亲把我看作轮回转世的外婆的想法把我弄得紧张兮兮。我坚称我不是她母亲，可同时也怀疑自己或许就是。一个人如何能知晓自己前世是谁呢？你可不会带着行李牌从今生旅行到来世。"你不必遮遮掩掩的。"母亲说。那一整天，她始终用古怪的眼神看我。"你为什么说自己无聊？"有一次她说，"我妈妈也这么说过。"她高声说出自己的猜测，怀疑我便是她对她的母亲不够关心的恶报。母亲独有的奇思臆测集好奇、爱管闲事、猜测假想、站不住脚的观点和疑虑于一炉，她以为看到了她所相信的事情，她寻觅她希望发生的事情——包括奇迹，还有她母亲转世投胎到她讨厌的美国女儿身上。

我的生活中也有许多机缘巧合。就在一小时前，当我正撰写上段文字时，句子敲到一半，我的键盘就转换到只能录入汉字的模式了。汉字我不会认也不会写。我的第一反应是"黑客入侵"，而不是"因果报应"。我检查了是否有非法登录电脑的迹象，修改了密码，重新进行设置，将正在编辑的草稿打印出来，然后重启电脑。经过令人毛骨悚然的四十五分钟，我的电脑又恢复到只说英文的状态。我仍不明白那意外的语言转换为何会出现。可我接受一种可能性，那或许是母亲跟我开的一个小小的玩笑吧。我倒是更倾向于不太刺激的东西，比如断头的玫瑰。

自然素描将始终是我生活中的重要组成部分，这不单单是因为它所激发的好奇心理。它允许我将缺憾当作寻常事，而小说创作却从不允许我满足于自己已经写下的东西。如果我认为我写的任何草稿"还不错"，更不消说"真棒"，那将是一种神经紊乱的征兆

（母亲患上阿尔茨海默病的早期征兆之一便是她不太关注自己汽车上逐渐增多的划痕与凹坑）。然而在作画时，我放任自己，多马虎都行。如果我画的鸟太大太笨，画纸已容不下的话，我会去买更大的画板。如果下一幅画比新画板还大，我就会"切断"鸟冠、尾巴或翅膀，这么做也不必采取艺术的手法。有一次，我把杓鹬的长喙画得过分弯曲，这样纸上就画得下了，结果鸟喙看起来像卡在电源插座里。我笔下的羽毛也有许多不拘形态的，长着这些羽毛的鸟倘若没有氦气助推的话，绝对飞不起来。我曾于无意间画出视觉错觉效果：树枝出现在鸟的身前，又从身后穿出。我发现了上述缺陷，不禁捧腹大笑。它们可真滑稽。我把自己的画发布在自然笔记的脸书页面上。我把它们拿给我的先生和朋友们看。我把画强塞给陌生人时的那股子热情劲儿，仿若一个妇人在展示她那些愁眉苦脸的孙子的照片。我又回到了幼儿园时代，那时的我对父母说："看看我画的。"

我甚至会向从前的美术老师展示我的画。每年圣诞节他和我都通信联系，互相报告最近的健康状况、读过的书和参观过的博物馆。我会发给他一两幅画作，提醒他在我十七岁时给我的评语。我会告诉他，我很高兴自己没能成为艺术家。

在我八岁时，我得知自己有写作本领，这一技巧还能带来经济上的好处。我写过一篇命题作文《图书馆对我的意义与影响》，在小学组得了优胜奖。奖品是一台象牙色和金色相间的晶体管收音机。我胜出是有原因的。我写了我认为图书管理员和新图书馆的支持者想听的话："我是个爱读书的小孩；我非常喜爱图书馆，所

弗雷斯诺, 1952 年: 清贫的牧师、节俭的妻子, 逐渐添丁进口的家庭

以我为新建图书馆捐出了自己的全部积蓄（十八美分）。"我心里清楚, 有必要在文中提及自己的年龄和我"家当"的数额。我凭敏锐的直觉知晓什么能取悦于人, 也就是说, 我懂得如何运用心计。

不过, 我事后发现, 在那篇关于图书馆的作文中, 有些内容是我的想象力和作家气质在早年的灵光闪现。这种灵光体现在文章中间段落的句子里: "这些书籍仿佛打开了我小屋的许多扇窗户, 让我发现了外面丰富多彩的世界。"这是一种象征: 屋子和窗户是自由与想象的隐喻, 二者互为条件。而且, 我的确喜欢独自待在自己的小屋里。整个童年时代，我的小屋——更确切地说，是从我出生到十七岁期间前前后后住过的许多房子中的不同小屋——为我逃避父母的责备提供了避难所，在那里我不会受到他们的盘查。我仿佛身在一个被故事的力量驱动的时光机里，可以一连几小时大胆尝试新近想到的写作技巧——与女神一同在水下呼吸，回答伪装成大胡子乞丐的圣贤提出的谜题，骑着光背的马驹跨过平原，或是在孤儿院里忍饥受冻，连稀粥也是香甜的，就像中国的大米粥。我在《简·爱》中找到了友谊，简·爱是个思想独立的女孩，敢于向虚伪的舅母指出她不仁慈、不善良，死后会下地狱。《简·爱》让我明白，孤独更多是源于被人误解，而非形单影只。

在学生时代的大部分时间里，我都顺从别人对我的期望，表面上也显得自己是依照这些期望行事。我是个乖巧的写作者，恭顺本分地写出我认为老师和教授们想读的内容。在小学里，好作文要符合标点、拼写、语法和字迹方面的要求。有错误的词句都被红笔圈出来。我经常马虎，容易犯母亲讲话时犯的那些第二语言学习者的错误——"I love to go school（我爱上学）"[1]。只有屈指可数的几篇作文得到的评语不是"注意你的拼写！"。当我翻出七年级的成绩报告单时觉得很好笑，上面显示我分数最差的科目是英语，其次是西班牙语（我很高兴地报告诸位，这些成绩并未劝阻本人取得英语学士学位和语言学硕士学位）。上大学时，我的文

---

[1] 应为 I love to go to school。

章只写我认为教授们想读的内容：以社会阶层和理想文化形态为主题，或是研究士兵在战斗中无法避免的道德纠葛。有一次，我为了写一篇关于海明威的《太阳照常升起》的论文背离了惯例。我并不喜欢那本书，理由已经忘记了。但我记忆犹新的是，教授坐在讲台边上，在课堂上当众宣读了我的论文，却没点出我就是作者。他用嘲讽的语调念每一句话，每段末尾都停顿一下，驳斥我写的内容。他气愤地总结道："这个学生对伟大的文学作品一无所知，也无权批判我们美国最伟大的作家之一。"自此以后，我的文章里再也不提我对任何著作的真实想法了。我的文笔变得随和而驯服。基于这个标准，我写得还不错。

我放弃攻读语言学博士学位以后，就很少写文章了，除了那些评估小孩表达和语言能力发育迟缓问题的报告。有时，我会将阴暗悲观的思绪诉诸笔端，有时在活页本上写一两页，有时写在日记本里。几年前，我找到了那些直抒胸臆的文字的一部分。它们也具有我在那篇关于图书馆的作文中发现的那种闪现的光彩——隐喻。它们并不引人注目；事实上，有些甚至过于雕琢或失之牵强。但我不无激动地发现，它们包含两种共性特征：情绪阴郁、涉及近来的经历。我在二十五岁时便使用过这些隐喻，当时感觉自己虽然年轻，却已然厌倦世事。我急不可耐地想终结各种错误和对美好前程的憧憬。我希望多长出些皱纹，以表明自己不是天真的孩子。我的忧虑多到双手扳着指头都数不过来——担心选择的工作并不适合自己，满脑子想着最近被谋杀的一个朋友，还有对婚姻的期望，母亲接连不断的危机，财务上的拮据……雪上加霜的是，我缺乏准确表达情感诉求的能力。当我试着去表达时，却总是夸大其词。去海滩旅行之后，我在日记中写道，我就像一只海葵，被人一戳就缩了回去，分不清哪些是善意的，哪些是企图伤害我的。在朋友遇害的周年追思会上，我拍了一些照片，由此想到自己如同照片一样平板似的存在，没有更美或更有意义的东西凸显出来。因此，我越发垂头丧气。我这样写道："我的人生如同一系列拍立得快照，那些时间被定格的、单薄的形象经过化学反应，在相纸上成像，它们就像悲剧性的琐碎时刻的替身。"我后来还写道，我漫无目的地将光阴虚掷在一些事情上，毫无意义，就像将银色小球射进弹球盘游戏机[1]，赢得更多银色小球，在一种成功的假象中没完没了地玩。然后，我又自怨自艾，认为使用隐喻是恶习，是在逃避问题。我为何不能说出自己的需要，而要成为曲意迎合的牺牲者呢？

如今，我的情绪不再像二十五岁时那般阴郁，但与那时相似，我使用的隐喻仍由情绪和新近体验混合而成。它们不符合我在学校里学到的对隐喻的定义——一个事物与另一个事物具有相似的特征，比如大小或行动方式。它们不像那些一套一套的说教，例如：早起的鸟儿有虫吃。恰恰相反，它们常与个人经历密切相关，某些自传式隐喻只有我才明白。它们油然而生，包含着弧线般的经历。实际上，它们总与发生在不同时刻之间的变化有关，而不单指某一时刻。它们常与不断变化的状态有关，这使我从情感上领悟

---

1 弹球盘游戏机：一种日本游戏机，弹球落到盘中特定位置时，会滚出更多小球作为奖品。

过去经历的某些事。与个人经历明显紧密相关的那些隐喻，姑且可称为自传式隐喻。下面一例摘自我的日记，里面尚未用到隐喻意象，不过内涵的确丰富，足以营造一种隐喻氛围：

> 我在开阔的水面上游弋，与右侧的一头二十五英尺长的鲸鲨恰好四目相对，近到触手可及，近得都能看到它灰褐色身体上的白色斑点如天鹅绒般的细微之处。当我向后漂去，想要观赏那种图案时，忽然感到后背被轻拍了一下。我本以为可能撞到了邓肯或是卢，结果却看见左侧赫然耸现出一面"斑点墙"。我旋即发现，两个庞然大物如天鹅绒般柔软光滑的躯体形成了一个小小的楔形空间，将我兜在里面。我们三者创造出来的壮丽景象——一个原始的子宫，一处隐秘之所——使我兴奋不已，竟然从没思虑过它们或许会瞬间将我挤扁，直至一群鲨鱼从我身旁徐徐游过，消失在广阔湛蓝、深不可测的海水中，此时的我孑然一身，全无庇护。

重温这段趣事，我意识到自己在其中寄托的情感正如青年时期的热恋感受。我记得我与爱人在每个琐细之处都保持协调一致，感受着"我们是那么特别"的欣喜，毫无危机意识，直到我因为不能肯定内心是否安然稳固而焦虑难安。当然，这两次经历——热恋和鲸鲨——在实际的危险程度上迥然有异。你因热恋而受伤的可能性极高，反倒不大可能被鲨鱼所伤，这是我在与它们同游了五天以后发现的。它们始终对我们很好奇，又极其温和。每当我累得跟不上时，有一条鲨鱼总会细心周到地等候我。

最佳的隐喻借助直觉和我对微妙情感的心醉神迷骤然出现，完全令人始料未及。

在创作第一部短篇小说时，我运用了栀子花的意象。故事讲述了一个女子竭力想弄明白她的丈夫缘何骤然离世。哥哥彼得和父亲相继过世带给我的情感体验，深深地影响了我写的这个故事。哥哥去世后，许多鲜花被送到我们家里，康乃馨、菊花、玫瑰、紫菀、百合与栀子花表达了人们的哀悼和慰问。唯有奇迹能救哥哥，父亲生前曾是多个教堂的特邀牧师，这些教堂的牧师和教友都曾祈祷能够发生奇迹。倾注着同情的鲜花沿我家的厨房料理台和餐厅的餐桌摆放。有些花被放在客厅的咖啡桌上。六个月后父亲去世时，类似品种的鲜花又到了我家。我记得那些多彩的花与混杂的气味。我记得我盘算着那些鲜花的费用。父母很少买花，它们是一种不必要的奢侈品。吊唁之花不出一周便凋谢了，但我们仍留着，直到花瓣纷纷掉落，花茎逐渐腐烂，闻着就像死尸。生命转瞬即逝，你无法紧抓住它不放。这就是那些花的意义。

我曾经认为栀子花是最美的花。它们芬芳馥郁，长着奶白色的花瓣和光滑的厚叶片。在高中舞会上，女生都想得到栀子花手环。但在哥哥的葬礼之后，我再也不喜欢栀子花了。它们的美丽和香气违背了它们传递悲戚情绪的用途。当栀子花在父亲去世后被送到我家时，那种气味简直令人作呕。

在一篇名为《栀子花》的故事里，我运用的意象是，一间屋子里弥漫着栀子花香，使人窒息。暗绿色的叶子僵硬而锋利，看似足以刺破柔嫩的皮肤。它们凋敝时，花朵耷拉下来，奶白色的花瓣边缘都变为棕褐色，如死人的手指般卷曲着。它们在我心目中的意象便是如此，因此其气息也变得令人厌恶。那种气味无异于腐烂的花茎和死尸的恶臭，那些花朵也成了悲戚的象征。当时才十几岁的我躲在自己的房间里，内心的感受无法用语言来形容。最终，我的隐喻在太多含义的重压下垮塌了，我不得不放弃那个故事。但它的内核——悲伤的本质——仍属于我。

今天，我读到一篇关于视觉意象研究成果的文章，这篇文章使我明白了自己为何既喜欢绘画，又热爱写作。当二十一名艺术类学生和二十四名非艺术类学生为他们面前的物品画像时，研究人员对他们的大脑进行了磁共振成像。研究结果表明，艺术类学生的大脑明显不同。最有趣的现象是，位于他们大脑顶叶的楔前叶中的灰质密度较大，而那里正是加工视觉心理意象的部位。研究者声称，目前还无法判断这部分格外致密的灰质组织是否是与生俱来的。不过，如果事实果真如此，那就表明艺术才能在某种程度上是天生的。科学家们证实，浸淫于艺术活动确实有作用，就像"环境"的作用一样——比方说，你有一位美术老师，他称赞你想象力丰富。于是，我现在揣测：我童年时的绘画癖好增强了我在视觉与情感意象方面的才能，而我后来又将其运用于写作？如果我每天都画一只鸟，我楔前叶中的灰质能否增多，进而充实和丰富我用于创造隐喻的大脑？随着年龄的增长，正常大脑损失细胞的速度会加快，人会随之遗忘一些日常的小玩意儿叫什么，忘记下次去药房打算买什么东西，忘记从家去某地做某事不会迟到的最佳线路。我希望能再多储存一些灰质，以备不时之需。

　　这项研究使我了解到我写作方法中的某些方面。当我在头脑中将一个视觉图像视为情景时，我想要用文字来捕捉它。这一过程与画鸟有某种相似性。我看着自己想象出来的东西，将它写进故事中；当我试图更清晰地抓住它时，我会不断修订文字。我看到的意象仿佛是透过虚拟现实头戴式显示设备[1]看到的，我可以置身其中旋转 360 度，以便全面感知周围的视觉意象。最初，意象也许并不完整。草坪已经植上，但繁花尚未盛开。要有蚊虫出现，我方才感到草坪是真实的。我将自身投入意象里，穿过房间，坐在花园中，再沿街漫步。我查看想象中各个房间的每一处细节。倘使某个细节不在那里，我也会设想它在。我住在屋子里，体会着各种噪音、气味和私生活的琐碎细节。我想方设法去获得所有体验的细微之处中貌似真实的情感——事情是如何发生的，即使现实中从未发生此事也无所谓。使我能画猫像猫的那种"好眼力"，也正是使我能基于头脑中的意象来描写某种情景的"心灵视野"。我意识到好眼力和心灵视野是相互关联的。我不必等到科学研究来向我证明这一点是否正确。

1　原文为 virtual reality headset，中文一般称为虚拟现实头戴式显示设备，简称 VR 头显。VR 头显将人对外界的视觉、听觉封闭，引导用户产生一种身处虚拟环境的感觉。

交嘴雀吃细沙的画作，受到友人——鸟类学家布鲁斯·比尔勒——拍摄的照片的启发

我的一次 TED[1] 演讲的主题是：创造力藏于何处？我没理解这个问题及其意图，所以我似乎将评述聚焦于自己的写作，可以说，这是我的专长。我回溯了自己因某些神秘力量的聚合而成为作家，包括尚未被察觉的天赋能力，还有早年间的生活经历，尤其是创伤，它们决定了我命中注定会写出何种故事。我的演讲还算顺利，但我并不满意。其实，我讨厌这次演讲。我从未阐释过心目中的创造力是什么，因为我无法专注思考这个概念，它就像一个硕大的坑，里面有如沼泽。这就仿佛被人提问那些无法解释的玄学难题，比如："什么是思考？"在回答的过程中，你就在思考自己是如何思考的。你究竟要怎样着手分析"创造力"这个宏大的概念，同时将与写作相关的要素和方法分离出来呢？我始终将创造力视

1　TED：指 Technology、Entertainment 和 Design 的缩写，即技术、娱乐和设计。TED 是美国的一家私有非营利机构，该机构以其组织的 TED 大会著称，会议宗旨是"传播一切值得传播的创意"。

为一种过于复杂的、神经学方面的新发明：一个词语引发一个想法，继而产生一个问题，随之而来的是三个猜想和一些"假如……怎么办……"式的设想，之后便将你扑通一声摔进一系列涉及方方面面的相互作用与影响之中。

后来有一天，我颇为偶然地发现了一些有关我思想方法的东西，而它们最终使我弄清了我写作方式上的其他方面。有一次，我参加一场科学家、艺术家、音乐家和作家云集的社交聚会。一位大学研究人员简短地介绍了一种有可能治愈艾滋病的疗法。他的团队从某人身上提取出一份脱氧核糖核酸（DNA），此人的基因发生了罕见的突变，因而对艾滋病病毒具有免疫力。该科研团队设计出一种被称为"锌指"[1]的分子结构，能存储带有上述突变的蛋白质。"锌指"被移植到一位濒死的艾滋病患者的免疫系统中。那位患者身上的病毒不但消失了，还从此拥有了免疫力。在休息期间，我与一位分子生物学家——他是"锌指"研究的先驱人物——闲聊。我向他请教被移植的 DNA 蛋白质如何能实现这一结果。DNA 蛋白质改变或杀死了病毒？又或是改变了免疫系统细胞中的某些物质，使艾滋病病毒无法附着？他回答说，情况更接近于后者。当我试图领会自己无法理解的科学概念时，通常借助于比喻。我问："所以说，这有点儿像是把机油倒在船上，让索马里海盗没法登船喽。"我的话让他很吃惊。"说得对，"他答道，"可你怎么会想到这个比方？"

---

1 锌指（zinc finger）：常出现在 DNA 结合蛋白质中的一种结构基元。

　　至于我呢，我也对他的问题感到惊讶，随即意识到我举的例子的确蛮古怪的。我只好回答说，我在找寻通过比喻来理解事物的方法。"但为什么说成是机油和海盗呢？"他问。我回应道："那为什么是'锌指'呢？这你又是怎么想出来的？"他的回答符合逻辑：它的结构就像五根手指，而且与锌离子间的相互作用有关。

　　事后，我深入地思考我们之间的谈话。究竟为何是油乎乎的海盗从浩如烟海的所有可能的比喻中浮出呢？比方说，我为什么没使用"县集市上的牧人想要抓获油光滑亮的肥猪"呢？这个意象的某些方面让我觉得熟悉，但要对其追根溯源简直如同在支离破碎的梦境中开展侦查工作。突然间，因果联系喀嚓一下拼上了。

　　几个月前，我去过一个朋友在佩特卢马的农场。那时正值炎炎夏日，我们五六个人坐在安乐椅上，旁边有个形状不规则的小池塘。或许是因为身临水畔吧，我们想起了一位女士，她最近在一次研讨会上讲述了她只身游历半个世界的经历。自然而然地，话题推进到最近爆发的一连串海盗劫持船只事件。接着，有人想起一个可怕的故事：索马里海盗登上游艇，杀死了全部四名乘客。这使我们陷入沉思默想：倘若海盗要爬上我们的船，我们该怎样阻止？用枪吗？有人打趣道：我们是马林县的人。我们不会有枪。我们又提出了更多假想的解决办法——事实上，这些办法与船上装载的能扔出去的东西有关——用厨房里的刀、沸水和钓具。当时，我提出的解决办法是将几桶机油倾倒在甲板上，这样能让匪徒们滑倒、掉进水里。我清晰地描述着这个场景——滑溜溜、黑黢黢的一层油，还有一堆已倒空的油桶冲海盗滚过去，给他们以令人

21

捧腹的"致命一击"，犹如卡通人物摆脱坏蛋时的情景。在我想出"抗击海盗方案"几个月以后，它又突然出现，这次我用它猜想：大量 DNA 蛋白质如何阻止艾滋病病毒与其他细胞相互作用？尽管一桶油与离子和蛋白质构成的结构在表面上毫不相像，但患者与乘客却存在某些共性：他们惊恐无助，死亡迫在眉睫，因此急切希望有人能想到一条出路，不管是某人的 DNA 突变还是油腻的船身。

我对自身的许多理解都源于隐喻意象。某物与另一物相似，指的不是物理层面的相像，而是在某种情境下的情感内核相近，对事态的感受相似。如果你绘制一张隐喻意象与当前处境的维恩图[1]，那么重叠处就是情感记忆，它有属于自己的故事，与我的过往存在潜意识的关联。我知道它是潜意识的，因为我根本没去想它，它就兀自出现了。它的启示往往使我感到震惊，仿若见到母亲的幽灵拿来一件她在我五岁时为我织的毛衣。"看看我做的活。"她说。我认出了那种感觉，也懂得它的意义。这便是写作令我深感心满意足的原因。即使我写下的篇章最终用不到小说里——常常如此——我仍然获得了运用回忆与直觉来创作故事的体验。我发现我的生活中有更多不同的点交织在一起。它们创造了一幅意义的地图，带我追本溯源，复又折返。我能看出早年间的期望与诺言的模式，发现死亡如何搅乱模式和宗教信念；以及别人宣称我缺乏想象力时，我如何既相信这种说法，同时又置它于不顾。通

---

1 维恩图：又称文氏图，是用于显示元素集合重叠区域的图示。

过写作，我一头扎进奇异之境，脑海中涌现出尸体、鲸鲨、海盗和那朵玫瑰的断头。

　　尽管我心中浮现的意象有如行云流水般顺畅，但实际创作故事的过程却是一段辛劳费力，又令人惊惶困惑的经历，相当于指挥幽灵演奏一场交响乐，又好比在小偷和酒鬼充斥的婚宴上担任服务人员。叙事的步伐踌躇不定，每小时都在朝着新的方向蹒跚前行，或是渐渐飘移而去。第一章反反复复写了十遍，最终还是被完全丢弃。故事被犹疑不决和零碎的修订捆缚了手脚，在很长的时期里，我总担心故事太过脆弱，终将土崩瓦解。我的小屋是纪念品储藏室：一箱箱旧时的日记、我自己的以及父亲的签证、伪造的证明、一封封请求信、成绩单、"有事外出"的留言条、数千张家庭旧照和陌生人的照片、中文的航空信、地址簿、生日贺卡、产子喜报、婚礼请柬、慰问卡、推荐信、我的作业、哥哥的作业、父亲的作业、母亲的作业、泄愤信、录取通知书，还有对我已失去的东西的回忆，以及童年时代的纪念品（我确信自己都留着呢，可就是找不到）——堪称我生活的大杂烩。在极力想表达自己的意思时，我所熟稔的恰当词语就在嘴边却说不出口，合适的观点亦如此。可当我刚记起那个词语、短语或观点时，另一组难以捉摸的同类内容便会取而代之。我必须这样重复多次，才能找到足够多的东西填满一部小说。创作的过程就是失而复得的痛苦经历。

　　故事中的人物带着僵硬呆板或矫揉造作的性格登场。在我能真正感受到他们以前，他们只是漫画式的人物。在创作过程中的

23

某些时刻，我发觉自己开启的是一项不可能完成的任务。我写不过一百页，总是不到一百页，而且它们全都很差劲。存在层面上的那种恐惧攫住了我，我担心自己永远也写不完这本书。一小时前的我已不复存在。这种情况不是作者的思维阻塞，而是毫无出路的混乱局面。隐喻的关联已被切断，奇迹也已消失。最糟的情况业已出现。我不再是作家。又自我鞭挞了五分钟后，我再次动笔。

在第一次参加写作班时，我听到有人谈论起绵延不绝的梦境，其内核如下：一旦你开始建构自己的故事，你就必须走进故事当中，创作时仿佛身临其境地生活在那个虚构的梦里。最终成形的故事会使读者感到，他们也同样身处一个天衣无缝的故事中，一场梦中。我认为，进入连绵不断的梦境是大多数作家的常态，是一种更高层次的意识。这种情况在我身上时有发生，不过是瞬间迸发的，也没有我期待的那么频繁。我在小说创作上是个新手，不过我相信，终有一天我那接连不断的梦会变得愈加绵长。我想将临近的大楼的建筑噪音降到最低，在这个过程中，我发现听音乐能使我更持久地沉浸在某个场景的情绪里，但我还得为小说创造出场景、人物和根基。音乐不能修正缺陷，亦无法成功阻止外部纷扰来打搅我——电话、传真以及作品出版后可能发生的干扰我私生活的事。我还很幼稚——没察觉到大量的自我意识正要觉醒。在处女作出版后，我发现自己笔下现成的套路比以前少多了。从那以后，每本书都比前一本难写。我越了解创作，就越难下笔。我过于频繁地陷入一种刻意而为的状态，它将直觉性的潜意识状态拒之门外。我不得不停止反复重读我写下的每一句话，之后才能继续写下一句。创作小说时可不能每次只写一句话呀。

分心的事与完稿意识相互抗争，交稿的事一直因为我的懈怠而停滞不前。我已学会谢绝参加社交活动和聚会，接待从外地来拜访的朋友，或为即将出版的著作写评论。然而，每当家中突发紧急情况，或是友人被医生诊断为情况不妙时，我都无法守住自己设定的时间期限。几日前的某个晚上，当我听到自家小狗发出惨兮兮的尖叫声时，所有规定顿时失效。我冲出创作的连绵梦境，奔向小狗。原来，小狗在与它的泰迪熊玩具亲昵了一番以后，没法将生殖器缩进包皮里去。眼前的问题对于这么一丁点儿大的小狗而言，严重程度可远甚于我的想象（假如我真去想的话）。想象一下这只四磅重的约克夏犬是一匹微型种马！作为它的非犬类妈妈，我被这场景吓坏了。我迅速在互联网上搜寻信息，找到预判和处理问题的方法：如不立即处理——切切实实地妥善处理——我的小狗可能会受感染，甚至需要接受切除手术。我取出橄榄油，戴上检查用的手套。一小时后，它没事了，我不行了。这正是我所谓的我必须即刻处理的那种分心事儿，无论我的创作状态是好是坏。

为了躲避纷扰，我曾试着住在一个艺术家聚居区。尽管我在飞机上能工作得十分顺利，但在这个专为勤勉艺术家提供的避风港里，我却无法开始工作。那里的房间格局很怪异：两张单人床和三张金属书桌靠墙而立，这种布局让我觉得不舒服。这样风水不好，如果我不改变这种布局，内心就无法平静。床上铺着橙色床单，这也让我心绪不宁。在这里的第一天，我整夜都在挪动家具。翌日早上，我买了新床单。后来，我发现朝阳直对着我的房间，在电脑屏幕上投下一片耀眼的反光。房间里溽热难耐，我不得不紧挨一台大大的电风扇坐着，再压住稿纸，以防它们被吹走。即便这样，我还是无法工作，因为隔壁的空房变成了婚外情的幽会之所。在此幽会的一帮发狠的作家、音乐家和画家根本闲不下来，床架砰砰猛撞我们之间的那堵公共墙，他们毫不害臊，也无视隔壁的我的心灵平静。我买来质量更好的耳机，听更响亮的音乐。我离开艺术家聚居区时只带走了二十页文稿。其实，我没法创作与那个房间并无关系。房间很漂亮，橙色床单也不是我写作的障碍。我自己才是。我曾设想自己本该在那个房间里写出伟大的作品，尤多拉·韦尔蒂[1]和卡森·麦卡勒斯[2]也在那儿住过。脑子里尽装着她们的佳作，我发现自己难以下笔。我太在意我该写出什么样的作品，以至于干脆不写了。

最近，我读到一篇关于创造力与大脑的研究报告，这篇报告使我明白了自己在写作时遇到的困难。研究人员在爵士乐钢琴家即兴演奏时对其脑部进行了磁共振成像。即兴演奏的本质是在匆忙间作曲，是一种高水准、全然自发的创造力。结果表明，当爵士乐钢琴家即兴作曲时，其大脑的参与程度并不比平时更多，反倒更少，尤其是额叶的部位。用非科学术语来说，额叶控制着你，使你看起来是个有理性、懂社交的人，还防止你骂老板是笨蛋，让你不会在公共场合只因为天热就脱衣服。每次遇到那种意识不到自己给别人留下的印象有多么蠢笨的人时，我就怀疑他们的额叶

---

1 尤多拉·韦尔蒂（Eudora Welty，1909—2001）：美国著名女作家。

2 卡森·麦卡勒斯（Carson McCullers，1917—1967）：20世纪美国最重要的作家之一。

已经朽烂掉了。我猜想额叶是自我意识和自我审视的中心，而爵士乐钢琴家却能以某种方式暂停那种自我控制状态。有个爵士乐钢琴家将即兴创作形容为"彻底的自由"。

在创作时，我确信自己的额叶正处于非常活跃的模式，自我审查器也正忙碌着。疑惑与忧虑的源泉奔流横溢。完美的标准不断被打磨润色，陈列展示。我想象编辑在读我的底稿时，脸上挂着深切忧虑的神情。我觉得我的脑部有疾病。我怀疑我楔前叶中的灰质变得有些单薄。避免自鸣得意的心理需求困住了我，对我的创作产生了负面影响。是时候轰走假想中的批评家了，某人曾说："缺少想象力或内在动力，而这些对于更深层次的创造而言是必备的。"

正如那些爵士乐钢琴家，我也曾有过文思泉涌、充满想象力的即兴创作。我很清楚地体验过这种感受。在创作每部小说时，无论是短篇还是长篇，这种感受至少都出现过一次。这种感受来临时仿佛为我打开了意料之外的大门，使我能步入自己正在描述的场景。我完完全全地身临其境，是旁观者，是叙事者，是其他人物，也是读者。我显然正在创作，但不确知故事将如何发展。我并没在策划下一步。我下笔时毫不犹豫，感觉像是在变魔术，而非运用逻辑。但逻辑事后告诉我，我的创作是自由不羁的，因为我已设定了条件，准许额叶赋闲，不加干涉。大部分时间、地点和叙事结构都已确立；没有多少待定的，因为亦无多少内容可以略去。我余下的工作就是讲述将要发生的事，让各种情感与张力成为驱动故事情节前进的动力。假使能排除各种制约，我便会获得

27

直觉，我毕生积蓄的自传式隐喻就会如期而至。意象的到来并未经过我有意识的筛选。叙事的路径凭借直觉就明白该伸向何处。

我无法确切地告诉你这种情况的发生机制，剖析这种发生机制相当于解析思想或情感洪流的到来及其内容。但我确实发现，思维中存在一种类似算法的东西，功能是发现可能构成自传式隐喻的视觉意象、语言和情感之间潜在的相互作用。它们的组合并不是杂乱无序的，而是符合某些模式和参数。这或许与化学相似。毕竟，大脑就像忙碌的蜂巢，氧、金属元素、荷尔蒙和其他类似的东西在这里发生各种化学反应。每个意象或许都有一个化合价，即与直觉和情感结合以产生隐喻复合物的潜能。故事的张力也许就像充电的状态，吸引着词汇搭配向思想靠拢，吸引着词汇流向情感和意义的分子靠拢。

我清楚地知道，在故事中感受到的张力越多，我就越会被牵引着向前——曾经在十二小时内完成近五十页连续的文稿即为例证。那次畅快的写作发生在我创作第三部小说时，那也正是我在身居艺术家聚居区的前一年想写的书。那时，我已发现叙事者正处于何种紧要关头——有个女人失踪了，她是抑或不是叙事者的姐姐。我一想到刚被确诊患有阿尔茨海默病的母亲即将逝去，便产生了同样的急迫和紧张感。一个月后，当我的编辑费思·赛尔被诊断患有四期癌症时，我体验的休戚相关的感觉更是倍增。她与我情同姐妹。我没有借口推迟交付书稿，我不能让她看不到这本书。我在纽约市里租了一间公寓，就在费思的住处附近。这间公寓跟艺术家聚居区的房间差不多，阳光太过充足，书桌也没有根据房间的格局合理摆放。我将一套塑料桌椅放在不透光的餐具食品储藏间里。下午六点，我开始动笔，只觉得思路清晰，毫不踌躇，在情节设计上也全无困惑。我沉浸在这种创作的欢欣状态之中，竟不知过了多长时间。书稿完成后，我推开房门，惊讶地发现一轮朝阳正冉冉升起。十二小时过去了。那一天，我将完成的底稿交给费思。我在那一夜写下的文字，正是后来出版的内容。

回想起来，那五十页文稿在我看来就像是奇迹。无论从持续时间还是专注的强度来看，我自此再也没有体验过类似的神游状态。如今，当我写下这段经历时，我体会到什么东西能把人从自我意识中解放出来，正是不确定性和紧迫感。在我写第三部小说时，紧迫感是恐惧和爱交织而成的。不确定性和紧迫感也推动了其他小说中的故事情节发展。如今，那种一气呵成的篇章仅能延续几段，至多几页而已。这种情况几乎总是在某一章节或整部小说的结尾出现——此时，叙事者与我本人会达到一种境界，此时我们意识到思绪、情感与事件的合流通向何处。当我继续往下写时，我既不清楚又清楚会发生什么。将要写下的东西必定会涌现，仿若那些似曾经历的时刻，我甫一下笔便觉熟悉，它们是我精神上的孪生姐妹的显现，使我心中的直觉变得清醒而有意识了。

在写《喜福会》时，我便感觉到了上述情形。当对隐喻的领悟来临时，我感到惊讶，就像我在不透光的房间中走出魔咒，发现清晨初升的朝阳时的感觉。在《伤疤》的故事中，我没料想到既强烈又痛苦的意象同时还能释放情感。

尽管那时我还年幼，但能感受到母亲肉体的痛苦，也懂得这痛苦的价值。

这是女儿敬重母亲的一种方式，是一种深彻骨髓的孝道。肉体的痛苦微不足道，而且你务必忘却。因为有些时候唯有如此，你才能铭记自己骨子里的东西。你必须把自己的表皮剥掉，还有你母亲的以及她的母亲的，直到没有伤疤，没有表皮，没有肉体，一切都不复存在。[1]

这个始料未及的领悟源自头脑中的某个地方，在那里，隐喻的意象不受逻辑的掌控，而是作为对真理的感知渗透在记忆中，与直觉是孪生姐妹。

对事物真谛的油然顿悟总是一次次使我确信，在我的生命中，没有什么事比我写作时发生的事更具有深刻意义。这种顿悟带给我的认识是那般锐利而强烈，刺穿层层老旧的思想，使我能向上攀登——我有这样的感觉：轻飘飘地升至高处，有足够宽广的视野，能审视那些通向此时的过往时刻。倏忽间，那种感觉便烟消云散了，当我降回到寻常的思维、精神状态时，还紧抓着那种感觉的尾迹不放。在寻常的状态下，我创作时必须采取更勤奋、更自觉、更有计划的方式，自始至终都在期盼自己不久便可再度体验顿悟——碎片拼在一起，缝隙消弭于无形，化为一个整体。

自出世以来，我的想象力一直是这样起作用的吗? 是什么使我

---

1 引自本书译者的另一部译著《喜福会》（外语教学与研究出版社，2017年11月）。

画的鸟看起来的确像鸟？我是从何时开始留意一个事物与另一事物在情感上相似的？情感与意象是从何时起与天鹅绒般的鲨鱼串联起来的？

无论想象力是什么，我都要感谢它的灵活顺应，感谢它愿意容纳任何新出现的情况，感谢它带给我的"意象小舰队"在头脑中环绕畅行，几乎在任何事物中都能寻到情感共鸣。我只需抛开自我意识，让想象力畅所欲言，仿佛我所做的一切只不过是在聆听音乐。

第二章　音乐之神

　　我从未在钢琴上弹奏过拉赫玛尼诺夫[1]的任何乐曲。倘使我尝试，他的任何一首曲子都会要了我的命，因其作品要求弹奏者能够驾驭截然相反的力度变化，能够进行杂技般的技艺表达，能在以非人的速度唤起人的极端情感时，保持头脑冷静且全神贯注。尽管我一贯喜欢将自己带入思绪忧郁的音乐，但是贝多芬的《悲怆奏鸣曲》几乎是我能弹下来的最阴郁和最难弹的乐曲了。相形之下，我觉得拉赫玛尼诺夫的音乐已然超越了精神病理学标准的上限。他的音乐听似歇斯底里之人的颤音，辗转于不朽的爱情誓言和自杀的威胁之间。轻微的挣扎演变成大灾难，希望化为妄想的泡影，责备转而成为报复，最后以某人的祖宅在烈火中被夷为平地告终。这种音乐要是被用作我母亲的情绪伴奏，倒是十分理想。

　　然而，大约在十五年前，我爱上了拉赫玛尼诺夫的音乐。我很难相信自己竟然挑过它的毛病。我在音乐品位上的变化大概与年龄不无关系。经年累月，我渐渐积累了大量可供回忆的东西：撕

---

[1] 拉赫玛尼诺夫（Rachmaninoff, 1873—1943）：俄裔美籍作曲家、指挥家及钢琴演奏家，被公认为 20 世纪最伟大的钢琴家之一。

心裂肺的欣喜、奇异莫测的命运、遭人背叛时痛彻心扉的感觉，还有因失去太多——包括失去母亲——而愈发刻骨铭心的爱。拉赫玛尼诺夫的音乐成了一位极富同情心的伙伴。我的手指依然静止着。我是个倾听者，随时准备顺着情感之路走进一个故事。

我曾以为，每个人都会在音乐中发现故事。可后来我认识到事实并非如此，就像人们在阅读文字时看不出故事，而仅仅是智力上的理解。我的意思不是指音乐中包含对故事的叙述；更准确地说，我无法阻止故事自由不羁地涌现出来。可叹的是，当我写小说时通常不会如此。写作需要有意识地精雕细琢，而我越是意识到自己在如何写作，我笔下的文句就越笨拙。我付出的努力越多，能发挥出来的想象力就越少。相比之下，当我在音乐中感受故事时，是无需费力的——因为我没在作曲，只是聆听者。借助想象，我可以在声音的原野深处漫步遨游。这种体验很有意思，甚至令人兴奋，但我从没能将这种过程或结果运用到小说中。我的想象力不在意技艺和专注。乐曲中的故事或许有漏洞，情节也不连贯；人物角色可能会几度变身；故事的脉络也许杂乱无序，毫无悬念，甚或伤感脆弱。但我无法改进这种自发的故事，正如我不能在睡眠中调整梦境的奇诡之处。它们只是我在某一刻想到的东西，是在我从音乐中感受到的情感的指引下，自由形成的富于旋律的幻想。

近年来，我留意到在一天中的某些时候，我越来越需要沉思和梦想。我在参加巡回售书活动时，必须不断讲话和回答问题，从早到晚都必须做一个妙趣横生的健谈者；每当此时，我的这种感觉最为敏锐和强烈。到了某个点上，我的头脑就不想再听我自己讲话，也不想再监督我说的话是否高明或真实。它想告别有序的思维，告别"面对带小孩前来的普通受众不要提及性和毒品"这种常识。假如无视让自己闭嘴的需要，我最终会感到精神上的幽闭恐惧，仿佛置身于一部拥挤的电梯，它哪层也不停。

我在绘画中找到了幻想；或是在阳光明媚的一天，当我坐在花园中，小鸟在四周蹦来跳去时，我同样会有幻想。在观察水族箱里的鱼时，我也找到了幻想。还有一些是富于旋律的幻想，与其他形式的幻想稍有不同。在音乐中发现的故事使我的思维得以延展，颇似一个人在伸展痉挛的肌肉。在我的思绪随着乐曲运转时，音乐所起的作用如同清洁剂，涤荡掉我头脑中混乱纷杂的念头。无论我身处何地，音乐都能带来幻想。它不单是乐趣，它对生命、创作至关重要。

我并不能在每首乐曲中都发现完整的故事。如果曲子只有一两页的话，一种情景或情绪或许会展现，当音乐结束时，情景亦随之消失。舒曼《童年情景》[1]中的乐曲便是如此，我在十一岁左右时曾弹过。如今就像那时一样，那些乐曲仍唤起一些情景，唤起一个孩子和她的各种情绪。《孩子的请求》所唤起的情景是一个小

1　《童年情景》是一组钢琴套曲，由德国作曲家罗伯特・舒曼于 1838 年创作。套曲由十三首乐曲组成，《孩子的请求》是其中第四首，旋律亲切温柔、充满稚气，带有祈求、幻想的情绪，形象地描绘了孩子提出请求、期待答复时的神情。

姑娘噘着小嘴，扯住母亲的裙子要买玩具娃娃。在《心满意足》[1]中，还是那个小孩，她在与新玩偶一同翩翩起舞。我还算喜欢这些乐曲，主要是因为它们容易学会，但我并不认同这个有心机的孩子的做法。这部作品集中只有一首乐曲令我感同身受，即《梦幻曲》（Traumerei），德文意思就是"做梦"。随着我不断长大，我感觉它的意思是"创伤"（trauma）或"悲剧"（tragedy），因为这首乐曲表达了永恒的心痛。我现在听到《梦幻曲》时仍会这么想。如果《孩子的请求》后面紧跟着《梦幻曲》的话，我想象到的就不只是女孩想从妈妈那里谋取玩偶，还会将镜头转换至随后发生的事：父母跪在刚刚离世的孩子床边，孩子怀抱着她死后才得到的、梦寐以求的娃娃。《梦幻曲》引发的情感标志着童年时代的终结；在我十一岁时，青春期前期的荷尔蒙正蠢蠢欲动，那首曲子对我再合适不过。

更宏大的作品，如奏鸣曲、交响曲、幻想曲、协奏曲之类，长度足以将我带入涵盖人生之变化无常的故事中。它们唤起的故事令人伤感：歧途多险，转瞬间又峰回路转。最终幸福、勤劳和基督徒的愿望一同骤然跌落悬崖。这些跌宕起伏的旋律般的故事并未反映我的现实生活。我还算是个挺快乐的人，只是习惯性地稍有些担忧，所以会列出各种清单。跟所有人一样，我容易发点儿小脾气，只是偶尔才期盼自己会点儿巫术，能让某些人一觉醒来就像奶牛似的哞哞叫。不过，我为富于旋律的故事所选择的乐

---

[1] 《心满意足》是舒曼钢琴套曲《童年情景》中的第五支乐曲，刻画了孩子得到所期望的东西后满足幸福的心理。

曲，在我心中并不具备欢乐的特征。它们具有戏剧性，情感强烈到足以撼动人的自制力。"浪漫主义音乐家"可以创作出这种情感级别的作品——从贝多芬、舒伯特、门德尔松、舒曼，到肖邦、马勒、德彪西、圣 - 桑、福莱、里姆斯基 - 科萨科夫、早期的斯特拉文斯基，当然，还有拉赫玛尼诺夫。他们音乐作品中的浪漫主义可不能与适用于求婚的曲调混为一谈。最吸引我的音乐是那种更加自如地被故事所驱动的乐曲，演奏时乐队各部分完美配合，演绎出变化多端的极致效果，音乐在狂飙，切切实实从小提琴席卷到大提琴，到木管乐器，到打击乐器，再继续推进，让我经历自己所需要的精神荡涤。乐曲中阴沉的情绪是一种动力。你瞥见乌云，察觉到暴雨将至，雨水随后如期到来，还伴着七级以上的狂风。故事在恶劣的天气中继续推进。人们奔跑着找地方躲避电闪雷鸣。当阳光明媚，人心喜乐时，故事就少多了。人们席地而坐享受野餐，之后便是长长的午休。

当一首乐曲动用整个乐队来演奏时，我对故事的体验也似无所不知。不过，看故事的视角却流动不定。在某个乐器独奏出乐曲的旋律之时，视角可以迅速转换为第一人称叙事。我最喜爱的乐器是钢琴，因为两只手就能让它容纳整个世界，几乎能表现一切，从风景、战斗、县镇集市，到大教堂中的会众，或是一个孤单的忏悔者跪在地上，膝盖上长满老茧，祈求爱或悲悯。

故事中的时代和背景都植根于作曲家的民族和作曲的年代。以拉赫玛尼诺夫的乐曲为例，你会在沙皇时代的俄国民间故事中找到音乐中的故事的发生地。我的想象力对时间和背景的设定有一种乖僻的执拗。歌剧导演能将十九世纪的歌剧迁移到二十一世纪的停车场和自助洗衣店里，同时又使社会与政治背景焕然一新。我有意尝试改变那个背景却徒然无功，正如我杜撰不出一部关于格陵兰岛的运动员之家的小说。强加一种不同的背景会将我带离遐想，从而进入作家的自觉角色。如果我不得不将思路朝着某个并非出于直觉的方向推进的话，我便不可能无拘无束地想象了。我的想象方式更像是一个委员会把各式各样的市场营销点子抛在白板上以供筛选。

作为倾听者，我无需工作，却也并非消极被动。我阅读时的情况与此相仿。一旦故事情节抓住了我的感官，我就意识不到正在阅读文字的行为。我已置身于故事中。听音乐时亦如此，然而与阅读不同的是，富于旋律的故事不是预先编排好的，而是由当时的情绪促成。我发现，故事与音乐都把主题当作反复出现的范式，以唤起一种观点、情感或记忆。这些主题甚为微妙——不像海斯特·白兰在衣服前襟精心绣上的具有象征意义的红字[1]，也不像公民

---

1 此处指美国浪漫主义作家霍桑创作的长篇小说《红字》中女主人公衣服前襟上的大写英文字母"A"。它最初作为通奸（Adultery）的标志出现。然而，这个字母也可解读为其他不同含义：譬如，"A"不仅是海斯特的恋人亚瑟·丁梅斯代尔（Arthur Dimmesdale）名字的首字母，也是法语中爱情（Amour）一词的首字母，因此，相应地代表了海斯特对丁梅斯代尔的忠贞爱情；后来，红字成了海斯特事业的象征。她乐于助人，精明强干，又富于同情心，因此，"A"也可理解为天使（Angel）。可见，"A"字作为这部小说的一个中心意象，具有较为丰富的内涵。尽管如此，本书作者可能认为，她用到的主题与之相比更为复杂和微妙。

凯恩临终前在床榻上喊出的雪橇名字"玫瑰花蕾"[1]。当主题元素与故事中的其他成分交织在一起时，我或许注意不到它。它可能是由六座山峰构成的一道风景，也可能是某个人物说出的单单一个字。在乐曲中，它也许是一段自然音阶，一段快板，或是一段在低音部重复的旋律。不断重现并不是它成为主题的原因，原因其实与我发觉它在何时何地重现，以及在它前后出现的内容有关。在故事中，六座山峰的重要性取决于某人是初次、第二次，还是第三次看到它们。一个破损的手推车车轮的重要性在于有人会因此受阻，无法抵达目的地。这些主题的重要性在于某种单一的或共同的关系，随着我不断认清其所有变化形式，这种关系也在持续发展。当我认清这些主题以后，那些一度看似随机或寻常的东西，如今都具有了有趣的，或许是更加深刻的模式，这也同样是凭借直觉得到的知识。在某一特定时刻发现凭直觉获得的知识，这就是顿悟。它是指认清整个事物，而不仅是模式。模式本身会迅速变成追溯既往的后知后觉，继而很快成为陈词滥调。举例来说，六座山峰的景象会随着你经过它们时的速度的变化而变换。透过细微的变化，小说和音乐均可展现事物间的区别与联系：幻灭变为与过去和解，利他主义迫于必要而沦为背叛。情感真相方面的细微差别可以在单单一行文字或一小段乐音中被捕捉到。我能从一个生硬的用

1　"玫瑰花蕾"指的是美国电影《公民凯恩》中凯恩幼年时雪橇的名字，但它一般被认为具有明显的象征意义，比如代表凯恩无忧无虑的童年和本真。

词或是突兀的和声解决[1]中体会到这种差别。

　　我惯于在音乐中发现故事，这可能是受到孩提时动画片配乐的影响。它们与情节中的动作呼应——木琴的乐声与拨奏小提琴的乐声正好配合"歪心狼"踮着脚去给"哔哔鸟"[2]设陷阱的步态。低音管的一连串滑音表示"爱发先生"[3]已想出一个狡猾的计划让"兔八哥"受挫，而小提琴的一串下行滑音则让你明白，他的主意其实并不高明。童年时期，观看动画片是聆听古典音乐的绝佳方式。现在依然如此。"兔八哥"演奏着李斯特和肖邦的乐曲，而"爱发先生"则依照瓦格纳《女武神》的旋律唱着《杀死兔子》。卡尔·斯托林斯为《乐一通》系列动画片谱曲，将古典音乐介绍给一代又一代孩子，他理应因此获得经久不息的赞誉。我将《幻想曲》列为配乐动画片驾轻就熟地从不同作曲家的音乐中创造故事的巅峰之作，乐曲包括斯特拉文斯基的《春之祭》、柴可夫斯基的《胡桃夹子组曲》和穆索尔斯基的《荒山之夜》。作曲家们从民间故事、英雄神话或诗歌作品中汲取灵感。在《荒山之夜》中，黑暗扼杀了一个小村庄，亡灵如同焚化炉中的灰烬般飘到空中。如此不羁的想象，对于小孩子过于沉重，看得他们瞠目结舌。

1　解决（resolution）是音乐术语，指和声中的不协和音或弦向协和音或弦转向。

2　此处为两个卡通人物的名字：歪心狼和哔哔鸟是华纳公司出品的系列动画片《乐一通》中的两个卡通形象。

3　爱发先生也是《乐一通》系列动画片中的卡通角色，和兔八哥是一对冤家。

1959 年圣诞节，身穿配套睡衣的我们：5 岁的约翰、9 岁的
彼得和 7 岁的我

　　音乐还以另一种方式向我释放故事。这种故事源于每天一小时练习钢琴的纯粹的乏味——同样的序曲、回旋曲或奏鸣曲，并且重复着同样的错误。我不得不始终全神贯注地留心升号和降号、节拍与音色、踏板和指法——所有这些令人头脑麻木的练习更易激起我对音乐的憎恶，而非遐思。钢琴每天都在提醒我：我是个失败者；母亲让我注意自己进步不够又缺乏热情，这更加深了我的失败感。最终我发现，在带着情感练琴时，记住作品的力度变化往往容易得多。倘若一个故事随着乐曲而生，这个故事总是关于我自己的，最近发生的任何事，不论是家庭矛盾还是单相思。在弹奏贝多芬《悲怆奏鸣曲》第一乐章中的强音时，我体验了愤怒。当乐曲在《如歌的柔板》中流动时，我体会到波澜不惊的喜悦。自

怜自哀往往随着渐强的乐句涌动而生，而孤独的泪水则在渐弱的乐声中隐去，直至沉寂、空默与死亡。这是我的音乐，里面的差错和情感都是我的。

我有一次难得的机会了解电影配乐是如何作曲的。在《喜福会》改编电影的摄制过程中，我被冠以名义合伙制片人的头衔。让我开心的是，我无需因此去开会，却可以聆听为不同场景创作的配乐。早些时候，作曲家蕾切尔·波特曼把将在电影的很多场景中反复出现的乐旨之一发给我们，并针对不同场景进行微调。该乐旨由一小段五声音阶音符组成，属于典型的中式五音阶音乐。它是电影开场时确立的音乐基调，经变换运用于其他场景中，如在表现战争时变得更为阴郁，在表现母亲的悲戚时变得更加孤寂、悲伤。这一乐旨犹如某个人物的心声，是她往昔岁月的标志性时刻，揭示了她生活的方式——她自己已经认清，而她女儿却没发觉的生活方式。

我们这部影片的音乐具有世纪末[1]音乐的所有浪漫主义特征：基于情感的如歌的旋律、华丽的配器和极端的力度变化。音色与旋律配合每个场景中的故事，步步相随，可以替代故事起到潜意识记忆的作用，或是用于表达那种"尽在不言中"的情感。无需一位母亲说出，"我为女儿感到心痛，正如我母亲为我心痛一样"，

---

1 "世纪末"这个名称源自法语"fin de siècle"，最初指 19 世纪末法国的以象征主义为主要特征的艺术思潮，后来影响到其他国家，成为 19、20 世纪之交欧洲的一场文化运动。它具有颓废、忧郁和唯美等特点，也带有因面临新时代，预感到社会变革而产生的兴奋或绝望。

某个过往场景中这一辛酸的乐旨能表达当此刻与往昔交融之时，爱是何等五味杂陈。任何几乎被遗忘的记忆都能被某一乐旨唤回。小提琴奏起，随着令人晕眩的旋涡进入昔日的岁月，或是索性让往昔保持静默。凭借直觉，我们在那么多种感官的组合中发现事物，有时我们会遗忘静默。在音乐中，静默是深思熟虑的安排。当我最终听完波特曼为每个场景谱写的乐曲，看着摄制人员名单出现时，我不禁边看边哭。这并不意外，在聆听交响乐或歌剧时我常落泪。但是这一次，被波特曼的音乐感动的人显然不止我一个。导演与联合编剧也同样潸然泪下，这让我们欣喜若狂。如果你能使观众感动得落泪，他们会甘愿将自己交给你。这就是电影配乐的艺术、目的，及其对人的操控力。

电影配乐是刻意为不同场景和人物的情绪而作的，这令我发现它是创作小说时的理想伴奏。它兼具实用和联觉作用。我在创作第一部小说《喜福会》时，发现它具有实用作用。当时，我们家隔壁的房子正在整修，每天从早上 8 点开始，风镐就会启动，猛砸地下室的水泥墙，距离我坐在自家地下室里的位置仅十英尺之隔。自童年时起，我便已具备一种令人钦佩的不理睬周围环境的能力，尤其是来自父母的搅扰，有时也来自我丈夫。身处一个挤满人的房间，我仍可以继续阅读或写作，只要没人直接跟我讲话说事就行。可要对付风镐，我就无能为力了。最终，我是通过戴着耳机听音乐来解决这个问题的。尽管我仍能听到噪音，但我可以选择以音乐为前景，并将精力专注于此；风镐则变成了背景音。音量本身并不能左右我注意力的焦点。在之后的几天里，我偶然发现：每天清晨，当我戴上耳机播放同一首乐曲时，音乐不仅将我带回写作的状态，还带入了情景中。我的大脑使音乐与情景密不可分。我碰巧找到了一种自我催眠般的写作方式。在之后的几个月里，我都按照情景的要求来定制乐曲；与此同时，风镐也让位于钻孔机，接着是砰砰猛撞、安装水管和用砂纸磨光地板。而我呢，开始是听《火鸟组曲》[1]，后来则从我先生称之为"新时代多情善感的音乐"中精选曲目来听。那些都是电影原声音乐的先驱之作。

此后，听音乐也一直是使我安然稳坐进行创作的最佳方法。即便如此，我仍要用几年才能写完一本书。我的生活中有许多分心事，而且还有增无减。有段日子里，我在玩脑波娱乐游戏——音乐与双路立体声相结合，产生跟清醒、放松、创造和睡梦相关联的脑波频率。如果我想的话，本可按照"冷静反思""宣泄愤怒""头脑风暴"，甚至是"欣快"等情绪要求来定制音乐声道与脑波模式。想象一下吧，这是一台人类情绪的自动唱机。可我不能这么做。那种程度的头脑操控使我想起了影片《人体入侵者》[2]：个体人格与自我意志被来自外太空的标准外星人取代了。

我还会利用音乐来创作情景。我羞于承认的是，实际上我将播放列表标注为"愉悦""忧虑""希望""毁灭""灾难""悲伤""重生"等等。我选出一首乐曲，在写完一出情景以前一直播放它，

1　美籍俄裔作曲家斯特拉文斯基根据其芭蕾舞剧作品《火鸟》的总谱改编的三部组曲。

2　《人体入侵者》：1956 年在美国上映的科幻影片，讲述外星生物占据人类身体、意识和社会身份的故事。

可能播过成百上千次。当我在头脑中构思故事或修订文句时，音乐也会确保某种情绪始终如一。它确保即使我的注意力被犬吠声、门铃声或是为我端来午餐的丈夫（他可真是个好男人）打断，我也能重回情感的梦境。即使没有别人在家，我也会戴上耳机。这样做有种心理作用，能把我与外界隔开，抑制感官注意力涣散，还能突出听觉感官，即倾听故事声音的听觉。当晚餐准备好时，我摘下耳机。晚餐过后或翌日清晨，我再次戴上耳机，之前的情绪仍在。催眠的效果将我攫住：聆听小提琴乐曲时，我仿若回到了中国，回到了那个逼仄而阴冷的房间。听觉的记忆转变为故事的情感记忆。

由亚历山大·迪斯普拉特和埃尼奥·莫里康内作曲的电影配乐尤其吸引我，他们的音乐以浪漫主义传统的华丽配器而著称。独奏部分往往深沉而切中要害，能表达某个人物的思绪。他们塑造角色如同我为小说创造人物。我在写《奇幻山谷》时，迪斯普拉特为电影《色·戒》谱写的《王佳芝主题曲》在不知不觉中把我和我的叙事者完完全全带入上等妓院那种慵懒倦怠的生活氛围中。开始时由大提琴和贝斯定下预示不祥的音调，之后钢琴声响起，却只是右手弹奏的简单旋律。这些反映出一个女人的内心情感，她孤苦伶仃，胆战心惊，失去了振作的力量。这个女人正一步步走入危境，此时由双手弹奏八度音程旋律，唤起对往日某个相似时刻的回忆。为了创作另一个情景，我选择了迪斯普拉特为影片《面纱》创作的开场主题曲，以此模拟走在通往难以预知的未来的漫漫旅途中的紧张情绪。我聆听莫里康内为影片《教会》谱写的乐曲

《嘉比尔的双簧管》，将欢欣鼓舞的解脱感和愉悦之情作为旅程结束时精神上的补充。这支乐曲后来又被录制在另一张专辑中，不过，马友友用大提琴的旋律替代了双簧管独奏，他的演奏尤其适用于表达与心灵启示、顿悟、迷醉、背叛相关的广阔而浩瀚的情感。节奏、主音和控弦技巧上的细微变化，便能表达出坠入爱河如堕入深渊。

经年累月，我在选择乐曲时已变得愈发具有洞察力。当我钟爱的一首曲子被用于影片《怒海争锋》[1]之后，我对它再也爱不起来了。那部电影算是相当感人，以至于后来每当听到拉尔夫·沃恩·威廉斯谱写的《泰利斯主题幻想曲》时，我心中总会浮现这样的景象：一个行将溺死的水手在暴风雨肆虐的海面上徒劳无果地挥动着双臂，而一艘宏伟的大船正远驶而去。我写作时没法听流行音乐、嘻哈音乐、说唱乐或摇滚乐。它们那种悸动的节拍不适合沉思默想的情绪。有歌手演唱的任何歌曲对我都不适用——即使是用意大利语演唱的最富悲剧美感的歌剧咏叹调也不行。我仍能看到那个歌手，而他或她却跟我的故事无关。我也不能一边听加沃特或华尔兹舞曲一边写作，除非我正在创作的场景中有十七

---

1 《怒海争锋》是一部讲述海权争霸的动作剧情战争片。19 世纪初，英国海军"惊奇号"战舰在新任舰长杰克的带领下出海远征，为了光荣与荣誉，官兵们在海上与法国和西班牙海军展开殊死搏斗。音乐是这部电影的一大亮点，没有像惯常好莱坞大片配乐那样使用恢宏的管弦乐营造各种激烈的气氛，而是毫不夸张地在关键时刻使用精致的音乐小品，紧随主题，烘托氛围并推动剧情发展，下面提到的《泰利斯主题幻想曲》即为一例。

世纪的城堡，里面在跳加沃特或华尔兹舞[1]。尽管我是博普爵士乐[2]的忠实乐迷，我写作时也不能听它，甚至连它的钢琴独奏都不行。即兴演奏的爵士乐本质上既不可预料，又奇诡多变。我觉得它像一个持有强硬观点的人。在创作时，我需要具备自己独有的奇诡多变。我在头脑中听到的必须是我自己的观点。

在拉赫玛尼诺夫的作品中，我最爱《D小调第三钢琴协奏曲》，友人们称其为"拉三"，且他们都跟我一样对它颇为着迷。它是我最喜爱的五首乐曲之一。我从阅读中得知，拉赫玛尼诺夫本人也最喜欢这一曲，可惜我无法知晓他的理由。我认为，此曲是他在无法返回俄国时于极度痛苦中创作的。可他又想回到一个什么样的地方呢？这正是乐曲所表达的。或者他只是觉得这支乐曲在音乐方面更有意思？听到第三小节，它的旋律就紧紧抓住了我，成为我的情感线路。有一阵子，我将这支协奏曲定到自动循环播放的状态，整日不停地听着，即使不写作时也在听。我太钟爱这支乐曲了，所以收藏了五张唱片，包括播放时带着沙沙杂音的一张，这张唱片收录的作品是拉赫玛尼诺夫亲自演奏的。在那种演奏速度下，我想象着他的手指掀起阵阵旋风，将观众们的头发都吹得飞了起来。他演奏第一乐章才花了十分钟多一点儿的时间，而

---

1 华尔兹舞大约出现在18世纪80年代，其名称来自古日耳曼语"Walzl"，意思是"滚动""旋转""滑动"，此处说在17世纪的城堡中跳华尔兹舞，疑似笔误。

2 博普爵士乐始于20世纪40年代早期，它极富革命性，在当时看来是一种很极端的新型爵士乐。

大多数钢琴家要用十六七分钟才能演奏完。这样的节奏是他的本意吗? 我读到有人猜测说,拉赫玛尼诺夫的一双大手张开,有十三个琴键之宽,这使他的弹奏速度更快,而他也确实弹得更快。然而,又有哪个音乐家(更不消说作曲家)会根据手掌的尺寸来确定乐曲的节奏呢? 另一项假设则直指纯粹的商业行为:一张 78 转 / 分钟的唱片只能容下不超过十分钟的演奏。还有人提出,拉赫玛尼诺夫演奏得更快是因为,在一整场按正常节奏演出的交响音乐会上,大多数普通听众无法安稳地坐到曲终。我倒是更愿意相信,这些只是杜撰的传闻,源于那些跟不上拍的乐队指挥和音乐家所散播的牢骚和谣言。我愿意相信,任何音乐作品及其演奏形式,由对美的更为深刻、更为本能的感知塑造,而非由最低级的普通衡量标准塑造。

我最喜爱的《D 小调第三钢琴协奏曲》唱片是由伦敦爱乐乐团录制的,由埃萨 - 佩卡·萨洛宁指挥,钢琴演奏者是叶菲姆·布朗夫曼。我现场听过布朗夫曼在交响乐舞台上的演奏。当他的手指急促地掠过低音区的琴键,随即猛敲在上面时,我一度几乎从座椅上蹦起来,心中的惊恐与狂喜交织成一种怪异的感受。他演奏时也能表现出惊人的细腻。在《D 小调第三钢琴协奏曲》的某个段落中,我经常感到自己在相邻的两个音符之间屏息凝神了一毫秒,那仿佛是令人心悸的间断的心跳。

昨天,我再次聆听《D 小调第三钢琴协奏曲》,还用笔记下我发现的故事。我想搞清自己的想象力如何随着音乐自由起舞。当乐曲终了,我翻看笔记,发现这个故事有许多近似卡通和寓言的特质。可我不觉得我熟悉其中的人物：她颠沛流离，相当贫困，屡陷危机，际遇令人疲惫不堪。我丈夫倒是尚未对我提起他有不同的感受。这个故事与《安娜·卡列尼娜》和《包法利夫人》倒有几分相似——女主人公都有一个致命的缺陷：为了激情，对一切都不管不顾，包括她们所处的社会。这个故事中的人物总在内心深处不断悲叹和恸哭。我可不想在小说中读到这种人物，或是在现实生活中听闻某个人总是如此。但在音乐中，这种过度的情感是美妙的。叙事过程会骤然出现空白。男性角色几乎不存在。如果以小说的标准来评判，这些将被视为过分戏剧化和故作多情，在那胜利的辉煌和弦终结之际有些过于轻率。作为个人的幻想，我觉得这是一个在情感上完整如一的故事。它像一次狂野的纵马飞奔，其实我能从中看出一丁点儿自己年轻时的影子。

故事随着乐曲如此铺陈开来：我将主人公命名为"安娜"，尽管在我的想象中她不需要名字，因为故事是以第一人称"我"来叙述的。故事中事件发生的大致时间基于布朗夫曼的演奏。方括号中的说明解释了我所认为的意象的起源。

00：00 管弦乐队开场，带来一股不祥的暗流。钢琴的旋律旋即进入，以八度音弹奏出简洁、干净的自然音阶。安娜，一个身披斗篷的年轻姑娘，踽踽独行，步履艰难地攀上一条乡村坡道。今天不同往常，她对自己说。她的人生即将改变。她确信这一点。她希望如此。她犹疑不定。她害怕自己可能会失望，或是遭到拒绝。她必须抗拒这种令人厌恶的希冀。可当她抵达顶峰时，她看到位于空旷山谷另一侧的小镇。[在我心目中，它看起来颇似一大片罂粟花田另一边的奥兹国[1]。] 情人正在等她。安娜甩脱了恐惧的重负,毅然决然地向前奔去,她感觉自己仿佛脚都没沾到地。[在我看来,她走路的样子就像尼尔·阿姆斯特朗走在月球上。] 她认清了她平生都不理解的事——没有什么比满足欲望更有意义。在这种意识的鼓舞下,她的衣裙如气球般鼓胀起来,带着她飞向爱情。

01:00 当安娜距离小镇越来越近时,阴郁的思绪不期而至,使她迷惑不解。她回想起暗无天日的过去,那时她活着,却毫无欲望可言。她在心中描绘出自己孤寂的生活:住在了无生趣的一幢大房子里,白色的墙壁,高高的天花板。房间几乎空空如也。白色封面的书本翻开着,散落一地。她每本书都读到一半,便失望地丢下。它们没能告诉她活着的理由。年复一年,她从一个房间游荡到另一个房间,她向上帝呼唤,请求他告诉自己为何得忍受这种孤独;她随即又咒骂起来,因为她得不到答复。她没有与别人相关的生活记忆,甚至包括她的父母。

02:10 当安娜走向她的情人时,她回想起自己明白人生将会改变的那一刻。昨天,孤独感变得难以忍受,为了避免发疯,她夺门而出,跑上大路,听任那阵狂怒将她带向无论什么地方。幽暗的森林,或是晦暗的大海——这又有什么关系?正当她在路上艰难跋涉,高声咒骂上帝时,她看见一个年轻男子迎面走来。两人彼此飞快地扫了几眼,就在即将擦肩而过的刹那,又同时停了

---

1 奥兹国:美国作家弗兰克·鲍姆的代表作《绿野仙踪》中的地名。

下来，四目相对地凝视着对方。仅仅是看着他的眼睛，她便已明白这些年来究竟是什么禁锢了自己：她从来不懂得什么值得渴望。她仅仅盼望孤独会消失，而她本该渴望爱情的降临。她曾渴望逃离疯狂，而她本应企盼获得激情。一种欲望阻碍了另一种欲望。认清了这一点，安娜便从压抑的孤独中解脱了。而今，她发现命运将这个男子带到自己面前。当她凝视他时，他透过她眼眸的入口进入她的灵魂。[这或许是我看过的所有白马王子类型的动画片的结合——无言的凝视与叹息不知何故就产生了颇具预兆性的意味。]她与这男子心有灵犀，正因如此，他都不必大声说出话来。她暗想，他多么熟悉我啊。他知道我一直钟情于他，此情恒久不变。她甚至意识到更令人震撼的事情：他竟也一直爱着她。他强烈地渴望得到她的爱，正如她渴望他的爱一样。两人默默无言地起誓：翌日再会，要竭尽所能地表达对对方的爱恋。现在，就在今日，两人将会初次倾诉衷肠，触摸对方。

02：50 安娜来到高耸的村子大门前，又发现自己正站在市镇广场上，街道从此处如辐条般伸向各方。她不清楚该走哪条路，但还没来得及心烦意乱，她就发现自己的鞋履知道该带她去往何方。她在一条又一条空无人迹的街上快步疾行。两旁的房屋看似无人居住，了无生机，只是窗帘偶尔会被扯动一下，露出好管闲事者的脸孔。转过街角时，她看到三个头戴白帽、系着围裙的女人，神情严肃，正在使劲儿搓洗衣服。她们停下闲谈与手头的活计，拉下脸来不满地瞪视她。她确信这些人知道她为何而来。于是，她收肩挺胸，径直走过去，毫不理会她们的看法。她告诫自己，她是不会被这些心中无爱的女人吓住的。她们嫉妒我，她对自己说。可现在，她的双脚变得越发沉重了，仿佛正在齐膝深的泥泞中艰难行进。为了迫使自己继续前进，她回忆起那近乎疯癫的孤独感。她不能走回头路。一想起情人的面庞，她就会重拾决心。她努力回忆着两人邂逅的情形，想着他的双眸紧盯着自己的眼睛，这使她对那几个女人带着奚落神情的脸孔熟视无睹。可现在，她却记不起他眼眸的颜色。再一次，每前进一步都有某种灾祸的重压。她为何不记得他的脸庞了呢——使她蜷缩的心灵因欲念而膨胀的那张脸庞？就在这条街上，它仍在不断膨胀，已然变成一颗充满欲望的心，胀大到足以杀死她。她能感觉到它正压在喉头，令她窒息。正当她要转身回去时，却听见内心深处有个声音问道：如果已经生无可恋，那要自尊又有何用？她快被自尊与规矩给逼疯了。倘若不是因为有了他的爱，她或许会自寻短见。她甩开关于流言蜚语的种种念头，将欲望当成温暖的、保护她的披风，紧紧裹住自己。新寻获的激情再次引领着她，每一步都变得更加轻盈。很快，她来到情人的门前。终于，她的人生要改变了。孤独就此结束。

04：05 安娜走进去。他的住处很简陋，就像木雕工匠或青年艺术家可能会住的那种地方。她猜想着他的职业。也许，他是贵族的后裔，但家道中落，就像她的家族一样。[童话故事和十九世纪小说中总有家道中落的贵族女子。]天花板很低，房间很狭小。一张桌子和几条板凳摆放在屋子中央的石砌壁炉前。房间另一侧有张窄窄的小床，她的情人正睡在床上，在梦中急不可耐地想要见她。一扇方形的窗户对着空荡的街道，一缕光线斜斜地落在他脸上，这可真是个英俊的年轻人啊。一头浅色金发，几近发白，眼睑和鼻孔犹似粉雕玉琢。他的鼻子长长的，下巴小小的。他显然是个贵族，或许是个俄国小王公，不习惯劳作，有一个只适于高贵目的的头脑。她热切期盼再看到他眼眸的颜色。

她脱去斗篷，到火边取暖。壁炉里的火光将整间屋子染成玫瑰色。过去，她从不留意自己的仪表。但在这柔和的光线下，她意识到自己光彩照人。她正欲叫他时，他睡醒了，奔过来拥抱她。他的凝视与爱抚表明，他视安娜为完全属于自己的爱人，这便打消了她对追随欲望是否正确的疑虑。他治愈了她；而直到那一刻，她才恍然明白自己此前一直病着。他温暖了她，而直到那一刻，她才意识到自己骨子里始终是冷的。她看到他眼中的自己的确很美。她令他感到惊讶。在摇曳不定的火光中，他的双眸呈现出灰色，继而是淡蓝色、青绿色、冰蓝色和银色。他带她来到床边，低矮的小床覆着一条兔皮毯子。她甫一躺倒便褪去了羞涩，衣衫旋即脱掉。从没有人触摸过她的肌肤。他的手也明白这一点。两人喁喁私语，倾吐毫无意义的傻话。她哭了，因为她听到他的喃喃细语是关于她的，他在向她倾诉对她的爱恋有多深。她听不真切他在说什么，过后还得请他再重复一遍——尽管她或许已经知道。毕竟，两人拥有完全相同的思绪和感受，两人躯体的精妙感受也一模一样。她纵声欢呼：这些时刻加在一起，早就够我憧憬一辈子了。

她的想法仿佛咒语一般，魔力被破除了。两人在一起的时光结束了。[有点"灰姑娘"的影子，粗心大意的计时员推动着情节发展。]他忧伤地看着她。他似乎想通过她的眼睛告诉她：时间虽然会将我们分开，但此刻我们拥有永恒。两人绕在一起的四肢松开了，从一个整体变为两个人。她立刻发冷了。他向她告别。当她迈出大门时，发现已是清晨。一夜过去了，那仿佛只不过是睡前的片刻光阴。

06：17 安娜走在回家的路上，神思恍惚，仿佛仍被困在梦中。旧日里孤独的痛苦已烟消云散。她几乎不记得曾有过那种感觉。如今她有了一个目的地，一个生存的理由。回到家时，她发现房间是多么肮脏，那些小小的卧房和长长的过道让人感觉有如洞穴般幽暗而又逼仄压抑。她以前怎能忍耐这么久呢？她想即刻去找他，向他倾诉自己曾经受过的苦，以及他所改变的一切。她究竟为何要离开他呢？她想不起他说过她该走了，他没说过这样的话。也许，他本想挽留她，一想到是她决意离他而去便受到了伤害。她此刻就该回到他身边去。可她转而忆起他颤抖的呻吟声。他认为两人应该细细品味欲望，而不是一下子被它吞没。他是对的。她要等，等到他无法忍受没有她的日子，当他也感到生活缺少欲望就毫无意义时，她就去找他。道路的另一头总会有些暖意，而她现在已懂得如何抵达那里。

06：55 简洁的自然音阶旋律响起。安娜再次动身去找她的爱人。她看上去苍老了一些。显然，许多年过去了。她的步履不复轻快，感觉上坡更加陡峭。这趟旅程通往她必须去的地方。开始下雨了，道路很快变得泥泞。她滑倒了几次。她思忖着要不要转身回去。她对他仍心存欲念，但当昨日回到家时，她奇怪为何欲望犹存，而它本该在很久以前就已得到满足。她的脑子里装了太多的忧虑，结果哪个都难以思考清楚。她不知道他姓甚名谁。他也不晓得她的名姓。她跟自己理论说这无关紧要，因为两人在更重要的方面彼此相知。可两人又是怎么做到的呢？她从没问过他，也从未扪心自问。两人交谈时只使用欲望的语言——嘟哝和喘息。

　　一阵风起，雨落更疾，瀑布般冲刷着安娜的脸庞，使她看不清东西。她心生恐惧，无法前行。她望见远处有个驼背的人影正朝她走来。她很快发现，那是个没有斗篷遮蔽的老妇。她披散的头发沿着脸颊垂下，仿佛长长的苔藓。她那曾经精致的衣衫如今脏兮兮的，袖孔处撕裂，衣服的褶边都碎成条了。安娜猜想，她是个遭逢厄运的可怜人，原本出身于一个受人尊敬的家庭，而今却会为得到一分钱而撩起裙子示人。老妇大笑起来，仿佛听到了安娜没说出口的羞辱。她摇了摇头，然后看了安娜一眼，眼神里满是怜悯。安娜简直怒不可遏：这个卑贱的淫妇竟会来可怜她。须臾之后，她惊诧地发现那个妇人尽管形容枯槁，却并不苍老。那妇人或许与她同龄，事实上，她们长得太像了，甚至堪比孪生姐妹。她们有着同样乌黑的长发，灰色的眼睛间距较宽，右脸颊上都有一颗痣。若非那个娼妇的衣服很脏，而她的却很干净，她们连衣着也会分毫不差。当她低头看自己的衣衫时，才第一次发现上面有个黑色的油点污渍，之后又发现一个，接着又是一个。她顿感寒意，冻得脊梁骨发脆，随时可能"啪"一声折断。那个女乞丐根本不存在，她对自己说。情况比这还糟。那人是她想象中恶毒的孪生姐妹，一直等待与她相认。安娜想要计算出，从她跑去与情人幽会开始，反反复复，至今已过了多少个年头。有多少个清晨，当她起身离开那张窄床时，他仍在酣睡？肯定有上千次了。她的肌肤经过那么多次抚摸，想必已被磨薄。她不敢看。这些年来，她坚决不许自己心里有对他的任何疑问。然而，一些小疑问仍在折磨她：他对她的爱并没有她爱他那么深。或许，他甚至根本就不存在。她第一次有此念头时，当即掉头飞奔回村。回去的路上，她注意到路途变得更远，也更陡峭。回到他家之时，她透过窗户向内张望，见他仍像往常那样熟睡。她有心想敲敲窗户，看看他见自己这么快便去而复返的欣喜模样。但转瞬间，和往常一样，她觉得最好还是别去打搅他对自己的一席春梦。于是，她就这样回家了。

可是现在，自从在路上遇见那个可怜的妇人，她便无法不再忧虑。他仍对她怀有满腔欲望吗？他对她的欲念是否跟他对妓女的欲望一般无二呢？这是不是妇人丢给她怜悯眼神的原因？她可真是没头脑的傻瓜呀。她本该猛砸窗户，打破玻璃，然后伸手进去把他摇醒，逼他开口。他也认定对她的欲望就是人生的意义吗？他还对谁抱有欲念？除了用她的身体来满足自己以外，他还做了些什么？她那个恶毒的孪生姐妹乐于见到她满腹疑虑。她告诉安娜，他那令人无法理解的呻吟和嘟囔并非爱的承诺，而是用异乡话讲的淫亵脏话。你只在从黄昏到清晨的几个钟头见过他？你的眼睛只盯着路的尽头有什么，根本没看清自己周围。安娜向四周一看。妇人不见了。谁在对她讲话？她看到周围的树木都枯死了。它们已死了多久？她将死树看作预兆。爱情正在枯萎，不只是他的，也是她的。很快，她也会像路旁这些僵直的枯树一样，了无生机的枝干向上伸出爪子，想要抓住更多的天空。[有几分《绿野仙踪》里人形树的影子。]

她转身回家。可她不能回去。她越是抗拒，迎面刮来的风就变得愈加猛烈。

10∶30 过去，她只能屈从于他爱她的幻想。如今再也没有幻想了。认知简直是个杀人凶手。她现在明白，自己从情人那里得到的一点点幸福不会再增加了。幸福感非但没有积沙成塔，反而在她踏上回家路时立即土崩瓦解。她对他的爱恋将一直是啃噬心灵的欲念。旧时的思想纠结再度浮起：如果她拒绝爱情，她将一无所有。她心里会空落落的。她奋力留住如水雾般缥缈的爱情幻觉。她无法再做决定，于是躺倒在路上，任由暴风雨吹打蹂躏。她对狂风毫不闪避。她早已放弃了自我意志。她很快就会变成骑在乞丐背上的欲望之鬼。何不就此做个了结——但了结什么呢，是她的生命还是欲望？

12∶45 暴雨停歇了。它涤荡了犹疑，而她庆幸自己还活着。她终于明白，她对欲望的抵抗只不过让欲望更加强烈。每当她想要回头时，欲望就会汹涌而起，变为恐惧，变为一种狂悖紧紧将她攫住，直至她再次推开情人的房门，躺倒在他的榻上。清晨，他放她离去，在她刚出门的那条街上，洗衣妇们能看到她。之后，她就走上回家的路，带着几乎无用的一点自知之明。她的头脑已被腾空。她欢迎他把她的身体当盛器用。她一无所求。她会一直这么做，直到自己消失——躯体、思想和感知。她执着于这个可怕的意念不放，现在终于转身回家。她顶着劲风，每走一步，道路在身后消逝。

13:17 安娜到家了。雨也差不多停了。她第一次感到独自在家的平静。头脑中不再争执不休。要是在过去，她本会因寂静和孤独而感到恐惧。可是现在，她明白自己只要愿意，随时都可以离开家。她不需要一个视欲望而定的目的地。她走出门去，第一次发现四周风景之美：小丘的缓坡上，大树枝叶繁茂，树冠被阳光照得发亮，看似覆了一层金色的纱。这棵树始终都在那里，她认出它来，记得有一次曾在树下躲避雷雨。她跑向大树，爬到弯曲的树杈上。树叶摩挲着她的皮肤。她透过树枝望见明亮而湛蓝的苍穹。眺望天空的方式真是太多了。她突然发现一只胖乎乎的蓝鸟在对她歌唱。原来，发现蓝色的方式也有许多种。可爱的事物不期而至，令人始料未及。她此前为何不知道这一点呢？她继续眺望着，又看见村里教堂的尖顶，乌云正朝它飘移过去。后来，尖顶刺破了乌云，昏黑的大雨倾盆而下。

15:50 简洁的自然音阶旋律复又响起。安娜再次走在路上。她步伐稳健，充满信心。她去见他——她欲望的幻影。这么多年，她看到的始终是在他充满情欲的凝视中被扭曲的自己。她曾经认定，他眼中的激情是从他身上散发出来的，而实际上，那只不过是她自己的影子和渴望。没有了她的欲望，他就是虚空。没有了她的激情，他根本就不存在。没有了她的耻辱，那些耷拉着脸的妇人会成为子虚乌有的人物。他们全都是她幻觉的一部分，而幻觉使欲望显得比实际上更重要。认清了这一点，她面前的路也不复存在。

第一乐章到此结束，另外还有两个乐章。这个安排不错，因为这个女人的故事在消逝的道路尽头确实仍在延续。

在过去的三十年里，我始终怀着想要作曲的秘密心愿。我曾梦见自己已经遂愿。我听到了，那是我的音乐，我一边作曲，乐曲一边被整支管弦乐队演奏出来。乐曲具有浪漫派的形式。曲调是抒情的。先是弦乐演奏，管乐随之加入，之后是钢琴独奏。情感深沉而宽阔。我知道乐曲要揭示的主题。我看到尚未写完的乐谱就在我面前，三英尺宽，四英尺高。我在为所有乐器谱曲，一小节又一小节，层层叠放着。我的手轻轻扫过乐谱，音符就会出现。可后来我醒了，却发现根本没有乐谱，我没有这种技能，自己在梦中听到的音乐，我一个音也写不下来。不过，我仍怀有一点惊叹：梦中的音乐如此容易生成。同时，我又颇为沮丧，因为我无力留住这份感受。或许，那是因为本没有什么可以留下。

关于音乐的梦犹如我反复梦到的一个秘密舞厅——总能在房子的深处找到一个无人使用的宽敞房间，要经过餐厅，或是穿过洗衣间的房门。在梦中，我常惊讶于自己以前为何从没注意到这个房间。它本可满足我的需要，需要额外的空间来藏书，或是需要一间更大的书房，抑或一间画室。在某个版本的梦里，舞厅位于一幢维多利亚式公寓三层的后部，那公寓是我上世纪七十年代的住所。在另一个梦里，舞厅能从一个地窖入口进去，地窖位于已摇摇欲坠的村舍的院子里，我还是加州大学伯克利分校的学生时就住在那儿。我梦见的另外三栋房子各不相同，但舞厅却一模一样。它曾经富丽堂皇，如今地板上却散落着塑料垃圾，墙上的法国蓝漆已开裂剥落，被人马马虎虎地黏合起来。有时，舞厅后面还有个小房间，里面乱七八糟，堆满了建筑材料、拖把、水桶、锯子和锤子，还有一个大大的水泥盥洗池，里面装着几罐半满的油漆。我得用这些物料来修整舞厅。这可是一项艰巨的任务。在有些梦里，我能在一天里做完大扫除，在晚上举行晚宴。在另一些梦里，我决定推迟修葺房间。我扫完地后离开房子，却发现自己其实住在另一栋房子里。我刚刚离开的房子是我二十年前住过的地方，但我已忘记那是我的房子。我目瞪口呆。我怎能忘记我拥有一幢房子呢？我很好奇它如今在房地产市场上能卖多少钱。

睡醒以后，我可以利用这些文字留住对舞厅的记忆，却无法利用文字留存乐曲。我不具备将乐曲从梦中带回的音乐才能。音乐只活在它自己的语言中——它是一切，唯独不是我捕获到的一缕余音。我刚一醒来，就赶在梦中的旋律消逝以前，用手机录下自己哼唱的片段。我按下了回放键。曲调严肃而忧郁，听起来几乎像巴洛克音乐。当我一个月后再听它时，它根本不像任何我能想出来的乐曲。据我推断，我哼唱的曲调隐约有些熟悉，因为它是我过去曾经听过的曲子，是我童年时听到的圣歌，又或是我曾在交响音乐会上，在收音机里听过的成千上万首乐曲中的某一首。它可能是某张唱片中的段落，也没准是别人梦中难以捕捉的旋律。

我尚未放弃这个念头：我在梦中听到的音乐可以在清醒的世

界中活跃起来。我也梦见过一些别的事情。猫咪们将尾巴伸进墨水瓶里蘸墨，然后像收到指令般书写，直到其中一只小猫遇到意外。这个故事变成了儿童读物《傻瓜，中国的暹罗猫》[1]。我梦见月圆之夜的船上派对，一个小姑娘落水，迷失了方向。当她被找到时，已完全变了个人。这个故事成了童书《月亮夫人》。我在梦里想到一个主意，让刚刚过世的母亲的幽灵成为一部小说的叙事者。在梦里，她提议，凭借全知视角，她可以为去缅甸度假的游客们当向导；依照她的心愿，她成为小说《拯救溺水鱼》中的画外音。为情节设计中的小难题所想的各式各样的解决办法都是在睡梦中得到的。我两年前做的梦最绝：那是一整部小说，包括背景、叙事者和其他人物角色，还有引发一连串故事、事故和阴错阳差的事的情境，以及其他人物角色的作用、在中国发生的背景故事、一套家谱、错综复杂的事件，甚至还包括琐碎的情景。醒来后，我怀疑这些是只能用梦中的逻辑去理解的莫名其妙的胡话。当我头脑中仍记着它们时，我便写下来，记住多少就写多少。一共十页。之后，我读了读写下的内容，发现竟完全合乎情理。

　　实际的写作过程仍令人气馁。每写一部小说，难度都会加大。我必须重新学习和领会我的写作技巧，克服同样的疑虑，回避曲折冗长的叙述；或该怎么叙述，就怎么叙述。我还会找到适合为创作故事情景作伴奏的音乐。我思忖着，那甚至也许是我将会梦

---

1 作者小时候曾救过一只中国暹罗猫，这只小猫伴随她一起成长，小猫去世后，作者非常伤心，夜里经常梦见小猫。作者创作了《傻瓜，中国的暹罗猫》这部关于猫的作品来纪念她的宠物，后被改编为系列动画片《傻瓜猫》。

到的乐曲。它不必是一支完整的管弦乐曲——还是让我们别抱幻
想吧。一个简单的乐旨就足够，只要乐曲中的四个小节延展出一段
旋律，让我能在钢琴上用右手清晰地弹出来即可。只需一个恰如
其分的梦，将近乎悬于一线的直觉转变为乐旨传达出来。我会哼
唱它，用录音机捕获它，然后把我听到的音符写到一页五线谱纸
上。我会恣意玩味乐旨，尝试不同的变化，之后将最具情感共鸣
的五个版本一一记到乐谱纸上。我会将那个好听的乐旨弹奏一百
次，直到它成为一段根深蒂固的情感记忆，成为我本人的一部分。
我会将那个乐旨弹奏一千次，为了写下我已梦到的、自己将要创
作的小说。

来自一个梦的纪念

2002 年 1 月 8 日，旧金山。在一个关于以往时代的梦中，我在为一首歌曲作词。醒来后，歌词仍萦绕在脑中。于是，我将歌词记下来，仿佛我从上世纪二十年代的梦中跨出来，带回一件纪念品。这些歌词在现实中存在吗? 还是当真为我梦里所编? 下次或许会梦到：摩登女郎连衣裙[1]。

两人康康舞[2]，

——良人独无助。

两人康康舞，

——良人独无助。

我若能康康，

---

1 在美国，20 世纪 20 年代又被称为"爵士时代"，在宽松自由的氛围中，女性的服饰特点不再是勒腰束身，而是改成较为宽松的剪裁，将腰线下移。

2 康康舞（can-can）：起源于 19 世纪末法国的音乐厅，通常由数名身着艳丽服饰的妙龄女郎表演。表演者一般穿着长及地板的裙子，从上到下有很多层，并且每层都是波浪形的皱褶。舞蹈的主要特点是跳舞时双手提着裙摆，不断左右挥动，并向前高高踢直腿，令人眼花缭乱。

你若能康康，
两人康康舞成双，
咱俩跳一场？

双唇欲对吻，
霜椿将凋零。
双唇欲对吻，
霜椿将凋零。

我能吻你吗？
不，那你可不能。
双唇欲对吻，
双唇不动。

咱俩快拍拖，
不，咱俩不怕拖。
咱俩快拍拖，
不，咱俩不怕拖。

若我前一步，
你能前一步，
你我跳起二步舞，

教堂升阶齐步入。[1]

---

1 此部分原标题为 Quirk，译者取其 "凑巧发生的奇趣事" 之意。所收诗作中有多处谐音文字游戏，将发音相近的两个不搭界的意象关联起来，从而产生奇趣效果。如 "two can（两人能）/ toucan（巨嘴鸟）" "two lips（双唇）/ tulips（郁金香）" "twosome（情侣）/ too soon（太快）" 等组合都具备这种谐音 "奇趣"；但由于中文直译很难兼顾原意与谐音，故译者尽量保留 "奇趣" 效果，同时考虑到中译全诗语意，将上述组合译成了 "two can（两人）/ toucan（良人）" "two lips（双唇）/ tulips（霜椿）" "twosome（快拍拖）/too soon（不怕拖）"。

第三章　　隐藏的天赋

在我父母看来，你可能是个天才，但是如果你懒惰，你甚至可能对此浑然不知。你必须勤勉努力，敦促自己去做有难度的事情，这样你才会明白自己的头脑有多强大。如果你只做容易的事，那就跟其他人没有区别。在童年印象中，我那懒惰的大脑就像一块松松垮垮的肌肉。倘若体育运动可以让皮包骨的小瘦子变成肌肉男，那么思维训练也能对我的大脑产生同样的功效。那样的话，如果我的确是天才，就将人尽皆知，而我也会被称为神童。"如果彼得能做到，"他们会说，"你也能做到。"

彼得比我大十八个月，天赋英才，命中注定要做大事。我听父母对我这么说过，也对亲戚朋友这么说过。我说不准他是否的确是天才，因为他去世时年仅十六岁，未及实现父母所预言的鹏程。尽管如此，在我记忆中，小时候没有哪一次觉得父母对他的夸耀没有事实依据。一年级结束时，他跳级到三年级，在父母看来，跳级后他仍比班里其他孩子学得好。他学什么都快，具有很强的专注力。他专门花了好几天工夫，利用不同种类的干豆子来制作南美洲地图——阿根廷是眉豆，巴西是小扁豆，智利是黄豌豆——

那么多国家，用了那么多豆子。父母将他的南美洲地图摆在我们各个时期的住处的壁炉架上展览，说到此处我才不禁好奇，令父母为之骄傲的这件重要装饰品后来不知去向了。

彼得从不自夸说比我更聪明。他在做的事，只要我做不来，他都帮助我。他教我如何用棒球手套接球，在送报时如何把报纸扔到订户家门口，如何骑车撒把，如何翻过篱笆墙或是从带刺的铁丝网下爬过去，如何繁育豚鼠，如何收集棒球泡泡糖附送的卡片，如何在辞典里查单词。他教我读《疯狂》[1]杂志里的笑话，告诉我最流行歌曲的名字，还教我如何偷窥邻居家吵架。无论他在玩什么游戏，他都让我一起玩。他戴着仿制的浣熊皮帽，假扮成大卫·克洛科特[2]的样子，我则扮作印第安少女。他收到圣诞礼物莱昂内尔小火车以后，自己组装了操控盒，又连上电线。他让我帮忙一起连通铁轨，搭起塑料布景。高中时，他竞选财务委员，我则竞选秘书。他允许我读他的书，起初是小学启蒙读本，后来是他高中时读的小说。

我总是认为，他做什么事都表现更出色，并且将一直如此。这倒不仅是因为他比我大十八个月，更因为父母公开评价他聪颖能干。就在几天前，我找到了自己一年级的成绩单，看到父亲写给老

---

1 《疯狂》是时代华纳旗下的杂志，创刊于 1952 年，内容以幽默、恶搞和讽刺著称，嘲弄范围覆盖美国的生活、流行文化、政治、娱乐和公众人物，每期都有不少经典漫画。

2 大卫·克洛科特（Davy Crockett, 1786—1836）：美国政治家和战斗英雄。他于 1813 年加入田纳西骑兵志愿军第二团，在军旅生涯中崭露头角。他曾被选为田纳西州众议员，反对驱逐印第安人，倾向于与他们和平共处。1836 年，他在阿拉莫战役中战死。

奥克兰，1955 年。玩伴：5 岁的彼得和 3 岁的我

师的话。他表扬了我，但效果被他给予彼得的更高赞赏抵消。自我幼年时起，他的这种评价便在我心中留下了如同评语墨迹般不可磨灭的痕迹：

> 恩美在哥哥更出色的聪明才智之下曾感到相形见绌。这份成绩单大大地鼓舞了她的士气。她仍需我们和您持续不断给予鼓励，让她能以这种精神饱满的状态继续阔步前进。

其实我不记得曾自认为不如彼得，至少没有自愧弗如。我只是接受了他更聪敏的事实。我在与周围别的同龄孩子相较时丝毫不乏自信。我的父母和其他孩子的父母会在各个方面拿我们做比较。我出生时重 9 磅 11 盎司¹，从一开始便注定在身高、体重以及脚长大的速度等方面雄踞冠军之位。我在亲友豆芽菜似的孩子们当中始终是"重量级人物"，直到我上大一为止：那时我被诊断患有甲状腺疾病，经过治疗便迅速消瘦了三十磅。去年，令我尴尬的是，父母的朋友们不无幽默地告诉我，每当几家人共聚晚餐时，他们都得耐着性子听我父母多次炫耀子女："彼得真是个天才"，或是"恩美的老师夸她读书的时候声情并茂"。

　　以孩子的眼光来看，我感觉别人每天如何评判我决定了我能获得多少爱。聪颖些的孩子会更招人喜爱，而身体更弱的孩子亦会得到更多怜爱。我记得自己曾力争获得各种爱——代表特别关注的微笑，或是被母亲叫过去看她如何准备一场派对，或是踩在父亲的脚上保持平衡，又或是母亲在烹饪什么特色菜时让我提早尝个鲜。父母觉得我可爱，因为我性格文静，干净整洁，举止得体，脸长得喜兴。我发烧时更惹人怜爱，但呕吐起来就不可爱了；如果打针时我没哭更可爱，但当我因不听劝阻而擦伤膝盖时就没那么可爱了。有一次，我仅仅因为自觉上床早睡便赢得了母亲的柔声表扬。为了维系住这份表扬，我佯装睡着了。我装得很像，母亲熄了灯，关门离去，随后我哭着坐起来，听着其他孩子在别的屋里大笑大喊。我会用绘画来博得老师的称赞，尤其是初到新环境时。当幼儿园里另一个小朋友的画作被选中，挂在园长的过道橱窗里展览时，我记得自己既震惊又失望。她画得糟透了，仿佛是将蜡笔

1　盎司：英美制质量或重量单位，1 盎司合 28.3495 克。

插在鼻孔里胡乱涂画。我画得明明更真实呀：人都有脚，房子都有门。

童年时期，我认为母亲有时不喜欢我，甚至讨厌我。爱并非恒久不变，其数量时增时减，甚至会彻底消失。每当母亲对父亲、子女或命运感到不满时，她便以死相胁或企图自戕，爱并不牢靠，这无疑增加了我的不安全感。

时下称职的父母或许认为让孩子生活在缺乏确定感的状态中危害很大。但哪有父母能做到不让敏感的孩子去想与他人相比自己处于什么地位呢? 从全家睡醒的那一刻起，每天都有上百种评判孩子的方法——小孩的吵闹程度，吃早饭或系鞋带的速度快慢，等等。虽然身为父母，但你无法保证孩子在操场上受人欢迎，或是老师如何给孩子打分。你无法改变家中的排行，无法改变你哥哥是长子的事实，对他如痴如醉的父母总将全部情感倾注在他身上，而他日后还将被视作你的领导者和保护人。在弟弟降生后，我就像许多排行在中间的孩子那样，在新的家庭排行中被推来挤去，地位不断地演变和变化。约翰出生那天，我身穿绣着百子图的中式新睡衣坐在门廊上，焦急地等待妈妈回到我身边。父母的朋友想安慰我，哄我跟她女儿玩。可我坐在门廊上一动不动，母亲就是在那儿丢下我走开的。

我的小弟约翰，昵称就叫"弟弟"，他只要一哭就会得到关爱。为他拍照时，或是当他没能挨着母亲坐时，他都会哭鼻子。彼得和我不让他玩我们的玩具时，他也会哭。父母不会要求他跟上彼得和我的快速步伐。父母对他没有明确的要求，不拿他跟别人比，因此他不会有自卑感。没人说他应当立志成为医生。不可能实现的目标和引发焦虑的各种预判在哪儿呢?"顺其自然"便是父母对他的规划。他们在彼得和我的教育问题上从不懈怠——或者说，他们对任何事都从不懈怠。但弟弟是不会犯错的。当父母撞见他嚼着从人行道上抠起来的口香糖时，只会责备彼得和我看管他不够细致。当他弄坏我们的玩具或是偷走我们的万圣节糖果时，父母便教导我们本该分享，而不该自私独占。父母无意间在彼得和我心中播下了怨恨弟弟的种子。弟弟总给我们惹麻烦，于是我们尽量躲着他。

在我成年以后，母亲告诉我，她和父亲对待约翰的方式不同是因为在他身上花的时间较少，他们对此感到内疚。她说，他们疏于照顾约翰。彼得和我降生之后，他们一直悉心尽责地照料我们，带我们到公园玩，指出我们的错误，辅导我们写作业，密切关注我们的进步，陪我们去图书馆，还让我们上钢琴课。随着岁月的流逝，父亲变得越发忙碌。他身兼数职:全职电气工程师、在读研究生、浸礼会替补牧师，同时还是创业者。二十世纪六十年代，许多硅谷工程师都在车库里初创了基于细分市场的利基公司[1]，父亲拥有和他们同样的抱负。母亲是治疗过敏反应的全职技师，还在家经营假发生意。他们疲惫不堪，没有精力再去督促另一个孩子提高成绩或是练钢琴。父亲没像对我那样，一晚上花几个钟头帮弟弟学会全部乘法口诀。弟弟也没像我那样，被迫在二

1　利基公司（niche company）:源于英文 niche 的音译，有拾遗补阙或见缝插针之意。利基公司的战略强调在竞争中集中力量后发，看重职能战略中的市场细分。

年级学书法以提高书写能力。父母任由他裹着破旧的毯子，四仰八叉地躺在沙发上，连续几小时看动画片。他们只想通过更便捷的方式让约翰感到关爱和快乐。

在彼得和父亲相继死于脑瘤的那十二个月里，我和弟弟都靠边儿站了，基本上同样被忽略，我也改变了对弟弟的怨恨心情。亲戚、朋友、牧师和教友围在我们的父母身边，祈祷能发生奇迹；他们对我昏迷的哥哥讲话，聆听父亲讲述医生最新的诊断结果，每次手术期间他们都陪坐在医院里。当父母回忆往昔快乐时光的趣闻时，他们也陪着一同欢笑，一同落泪。母亲将哥哥在昏迷中的每次无意识抽搐都视为有意义。那一年，他们无心关心约翰和我做的任何事。他和我都同样被忽视，同样被指责在危难时刻帮不上忙，同样受到母亲消沉情绪的反复冲击。当母亲把一批又一批信仰治疗者[1]和转运师带回家时，弟弟和我同样质疑她是否头脑正常。当母亲担心某种诅咒将会逼死我们全家时，弟弟和我也同样惊恐不安。下一个该谁了？当我们抱怨头疼或肚子痛时，就会被硬拖去医院做检查。我们不知该如何表达悲痛，可也不能像母亲那样发疯。

奇迹未能出现，约翰和我却在那一年里幸存下来。父亲去世后，我们不再在就餐前祈祷。日复一日，母亲的生存意志忽而崩溃，忽而高涨。她会哭喊着说："怎么会发生这种事？"随后细数她设想出来的原因。还有些时候，她会狂热地规划我们的前

---

1 指相信祈祷或超自然力量可以治病的人。

途——开餐馆，开纪念品商店，去中国台湾以便约翰和我学习礼节、规矩和中文，或是搬到荷兰去，只因为那里干净卫生。但我们完全明白这个家已支离破碎，也清楚为何母亲永远难以痊愈。约翰和我成了余生能够彼此依靠的骨肉同胞，这既出于自然，也基于必要。

父母非常爱我们，因此希望我们拥有移民家庭能得到的最佳机遇。这需要树立成功的典范，其中之一便是也身为移民的阿尔伯特·爱因斯坦。我无法想象父母当真认为我们能和爱因斯坦一样聪明。但志存高远而后稍有不及又何妨？这便是他们的思维方式。他们在我身上仅发现一个与爱因斯坦相像的闪光点，那就是他出了名的特征——沉浸在幻想中，对周围的一切视而不见。他们读过这样一则故事，当爱因斯坦待在自己的小世界里时，各种观点在他头脑中激荡和迸发。我的头脑可不是这么回事。我只是在走神。

还有一个阿尔伯特——阿尔伯特·史怀哲[1]医生。他是道德楷模，曾深入非洲丛林，冒着生命危险和被截肢的风险，为瘦骨嶙峋的孩子治愈可怖的消耗性疾病，因此荣获诺贝尔奖。身为牧师的父亲也盛赞他是基督徒的最高典范之一。美德和善举却激励不了我成为史怀哲医生那样的人。杂志在刊登他的英勇事迹时，展示了患者的双脚布满血痂，被麻风病侵蚀殆尽的照片。史怀哲医生的工作不适合过早就有焦虑心理和病态想象力的孩子。

---

1 阿尔伯特·史怀哲（Albert Schweitzer，1875—1965）：著名学者和人道主义者。1913 年他去往非洲，建立丛林诊所，从事医疗救援工作直至去世。他于 1952 年获得诺贝尔和平奖。

1959 年的复活节，参加礼拜后在公园里

　　另一类成功的典范是音乐家。在许多抱负远大的父母（包括我父母）心中，莫扎特堪称此类典范之首。母亲告诉我，莫扎特从五岁开始作曲。她说这话的时候我也五岁，这可绝非巧合。也正是在那时，一架乌黑发亮的沃立策[1]牌小型立式钢琴来到我家，占据了狭小客厅的一整面墙。沃立策钢琴顿时改变了我们的生活。父母告诉我们，钢琴价格不菲，这话使我以为我家一夜暴富了。母亲过去总抱怨家里穷，部分原因是我们捐了许多钱。父亲向教会奉献十分之一的收入，还寄钱给他在中国台湾的兄弟们及其家人。父亲给我们看他们的照片，他们的脸被太阳晒得黝黑，这

1　沃立策（Wurlitzer）：著名钢琴品牌，起源于德国萨克森地区的一个乐器工匠世家。19 世纪，家族中一个叫 Rudolph Wurlitzer 的人到美国发展，之后 Wurlitzer 逐渐成为美国重要的钢琴品牌。

使我们为当了心地善良的孩子而自豪。我们还得照顾母亲同母异父的弟弟及其家人，脱离殷实、优越生活的他们来到美国，不会讲英语，不习惯干许多中国移民不得不干的那种粗活。他们到来时，母亲正在上护士学校，同时在医院兼职做护工，需要给病人倒便盆、换床单和洗屁股。有一次，她还得忍耐一个新生儿片刻不停的啼哭。那孩子先天没有肛门，母亲说。她们没法给婴儿喂食。值夜班时，母亲听那婴儿一直在哭，非常痛苦。第二天夜里，孩子仍在哭。又过了一天，她夜里已听不到哭声。她向我们讲述那种可怕的故事，表明她为我们如何含辛茹苦。她将生活形容得那般凄惨，说她几乎"忍无可忍"。当那架昂贵的钢琴到来时，她非常开心，我还以为凄惨的日子已经到头了。

母亲告诫我们不许破坏钢琴完美的外表——严禁出现划痕、凹痕、刻痕、污点，或是黏糊糊的指印。她说琴凳也很贵，如果我们光着腿在凳子上滑过，发出放屁一般的吱吱声，那就会受到责骂。她成了侦探，能将指纹跟罪犯对上号。当最早的划痕出现时，她又成了可怕的审讯者。这是谁干的？是谁？由于没人承认错误，我们全体被罚饿着肚子上床睡觉。这件乐器具有如此的威力，却又那般脆弱，它成了母亲最珍视的财产。她经常让我们认识到，她和父亲来美国牺牲了许许多多，就是为了我们做子女的能过上更好的日子，包括学会享受音乐。

及至成年之后，我才明白她所谓的"牺牲"是指什么，那是她遗留在上海的一切。她的寡母嫁给了上海周边一个小岛上最富有的男人，所以从那时起，母亲便在那里过着优越、特殊的生活。

1955 年：三岁的我对着父亲的禄莱照相机摆姿势

我的外婆从一个为穷学者守节的孀妇，变成富人家的四姨太，这使她沦落到社会地位的底层。按照家史的一种说法，娘家人原本希望她能一直守寡，因此她的再嫁使全家蒙羞。但她若不嫁人，就得靠施舍过日子——更确切地说，是要依靠她那个视财如命、吸鸦片成瘾的哥哥。另一种说法则将她描述成被富人奸污的受害者，结果怀了孕。外婆生下儿子后不到一年就去世了。娘家人称她吞下了生鸦片，以结束她做小妾的耻辱。夫家则称此事纯属意外。母亲对两种说法都有些许认可。她说，她的母亲沦为妻妾成群的大户人家里身份卑微的小妾，感到这种生活忍无可忍。因此她让那个富人承诺，如果她生下儿子，他就允许她住在上海她自己的房子里。他同意了。我母亲是唯一听到他们达成交易的人。她发现母亲在谈起她们将返回上海的时候，情绪就比较好。她抱怨岛上的生活无聊。但当儿子降生后，富人的诺言成了泡影。我母亲见证了她的母亲在得知被骗后的愤怒。为了给丈夫一个教训，她吞食了鸦片。她只是想吓唬他，母亲解释说。她的母亲绝不会有意抛下年仅九岁的女儿，让她成为孤儿。"她非常疼爱我，绝不会做出这种事。她死于意外。"不过，她偶尔也承认我外婆是自杀的，因为"她忍无可忍"。母亲说有时她也有同感。

外婆去世后，我年幼的母亲仍住在大宅子里。富人感到内疚，于是在四姨太死后尊她为自己儿子的母亲。她死后在家中的地位变得无法撼动。富人保证对我母亲视如己出，让她随他的姓，表明正式承认她与他家的关系。他送我母亲到私立女校读书，还花钱让她学钢琴。他为她买来漂亮的衣服和一只贝德灵顿㹴。母亲说，她的继父很喜欢她——甚至允许她跟他同桌用餐，而其他人只能坐在另一张桌上。不过，她对继父的感情始终很矛盾。她因母亲的死而怪罪他——首先不该纳她为妾，其次不该食言。我想象她出于尊敬称他为"父亲"，但每当她对我说起他时，并不称他为继父或母亲的丈夫，而是连名带姓地提到他。她提起其他几房姨太太的子女时也不称兄弟姐妹，而是用名字，以及那人的母亲在姨太太中的排行，比如："三姨太的二女儿某某"。尽管从小在大宅里长大，可她对我说从不觉得那是自己的家。她的母亲是妾，又自尽而殁，给家里投下了阴影。亲戚们总是提醒她，说她真有福气，虽不是富人的血亲，却被获准住在那座宅子里。母亲说，他们提醒得太频繁，所以她听得出他们言下之意是她其实不配住在那儿。"我孤苦伶仃，没人像我对你这样疼爱我，指引我。"她说。少了母亲的指引，她就没能认清想要娶她的男人是个坏蛋，后来几乎摧毁了她的心灵。

我猜她结婚时大概十八九岁。她形容自己当时幼稚而愚蠢。他出身书香门第，是岛上第二大富家的长子。他的父亲是她继父的生意伙伴。他还接受了飞行员训练，隶属一支精英队伍，这使他成了颇有名气的英雄，社会地位堪比电影明星。母亲说，他本该迎娶继父家的长女。这场联姻本是父母之命，是上流社会两个豪门富户的强强联合。飞行员却想娶我的母亲，更漂亮的自尽小妾之女。大家都对她说，这可是天赐良机，那个男人愿意娶她是她的福分。"你为什么想长得漂亮呢？"有一天，当我因害怕自己长相丑陋而哭泣时，母亲这么对我说，"我就是因为漂亮吃的苦。"

新婚之际，丈夫就告诉她，他不想抛弃那些情妇，其中一个是当红电影明星。他几乎每晚都带女人回家。"那个混蛋说，我应该跟她们睡一张床，"母亲说，"你能想象吗？我不答应，这让他很生气。他居然生气？那我还不该气死？""那个混蛋还是赌徒，花光了我的嫁妆。他根本不是英雄。他是个懦夫。在一场大战中，许多飞行员都阵亡了。可他却掉转机头逃跑，谎称迷了路。"在十四年的婚姻生活中，她生育了一子三女，还有个十磅重的女儿生下来是死胎，皮肤发青（在我的想象中，夭折的同母异父姐姐是个表情愤怒的小娃娃，肤色如同海水）。当三岁的儿子死于痢疾时，母亲对生活绝望已极，于是对怀中的孩子说："这下好啦，小家伙。你解脱了。"甚至在她企图自杀之后，丈夫仍不放她走。她是他的财产。他可以折磨她，扇她耳光，每当她拒绝跟他做爱，他就用枪抵着她的头。

几年前一次家庭聚餐时，此前与我从未谋面的一个远房亲戚对我说："你妈在中国有很多情人。"另一个我不认识的女人也附和道："好多啊。"她们脸上一副津津乐道却欲言又止的样子。她们透露的事令我感到震惊，不仅因为消息本身，还因为她们说话时的神情。倘若母亲仍在世，她听了一气之下会想死。我本想替母亲说话，却又因想多了解内情而内疚。这是真的吗？她真有情人吗？如果有，那些男人都是谁？他们爱她吗？她爱过他们当中的哪一个吗？然而，我没问，她们也没再说。

以我对母亲的了解，我能想象她以找情人的方式气那玩弄女性的丈夫。她在表达愤怒时从不消极被动。我还能设想出另一个原因：她感到自己并不属于任何人，因此希望有人来关爱她。我也确知她在婚内有过一个情人，那便是我父亲。他们大约相识于1939 年或1940 年，当时正同船从香港起程。我的叔叔（父亲的弟弟）也在那条船上，他向我描述了当时的情形。父亲正要前往桂林，他在那儿的一家大型收音机工厂里担任无线电工程师。母亲要去昆明，她那个飞行员丈夫的飞行基地在那里。叔叔说，我的父母一经邂逅便擦出火花。叔叔称赞我母亲美丽活泼，企盼她对自己而不是对我父亲感兴趣。父亲和叔叔当时都不知道她已婚。或者父亲即使知情，也没对弟弟透露过。

1945 年，母亲和她嫂子同在天津。有一天，她认出了向她迎面走来的男人。他的长相不容错辨——向下弯曲的眼角皱纹，露牙的咧嘴笑容和垂在前额的波浪式刘海。母亲回忆说两人的相遇纯属天意。倘若她晚到一分钟，就会和嫂子登上火车，目的地是延安。那时，父亲在驻天津的美国情报服务机构担任业余无线电台操作员。他讲一口地道的英语，衣着时髦，中美两国的男男女女都很欣赏他，认为他魅力十足，英俊潇洒，脾气又好。他温和地与人打趣，总是笑呵呵的。"他想娶哪个女人都可以，"母亲特别强调，"好多姑娘的母亲呀，都想招他做女婿。可他选择了我。"两人开始交好那年，她二十九岁，他三十一岁。

我有他们在浪漫的早期生活中拍摄的许多照片。她眼中的神情毋庸置疑。她在午后露出羞怯的微笑，清晨时则笑得光彩照人。我不知道两人秘密地共同生活了多久，但从照片中她变换的衣着来看，我能想象出那段时光长到足以跨越冷暖两季。

母亲的丈夫，那个名声在外的战斗英雄，因她离家出走而狂怒。他雇了一个侦探，把她的照片挂在各家美容院里。一天，她做完新发型刚走出美容院就被抓住了，然后被押回上海。在那里，她被关进监狱，跟妓女同在一间牢房。八卦专栏中出现了相关新闻：漂亮的交际花对英雄飞行员丈夫不忠。在牢里等待审判时，她企图自杀。当别人告诉她在审判前可以获释回家时，她自称宁可待在狱中，也不想冒着被丈夫毒打的危险回去。就算获释，她又能去哪儿呢？一个亲戚告诉我，没人敢收留她。她犯了重罪，使家族蒙羞。她的继父一家在幕后收买了许多人以确保指控被撤销，八卦专栏里也不再出现更多消息。她走投无路，只好回家，她的三个女儿、丈夫和他强势的姨太太都等着她呢。好些时候，她实在无法忍受这种生活，就住到别的亲戚家里。丈夫则指使女儿们到她的窗下，哭喊着央求："回来吧，妈妈！"姐姐锦多告诉我，她哭得最响。另一个姐姐丽君当时年仅四岁，她回忆说自己不明白出了什么事，只知道妈妈太难过，没法照料她们中的任何一个。

我的父亲仍在天津，最终任职于美国陆军。他已于1944年收到麻省理工学院和密歇根大学两校的研究生录取通知书，却因正逢战时无法出国。1947年，他受雇于美国经济事务委员会，最终以"经济事务委员会工作人员"的身份取得了赴美签证。他到美国后不久就申请了留学签证。

我父母的情史中有重大信息缺漏。两人曾在某个时候盟誓相许。父亲在护照上注明自己已婚。母亲说他那样做是为了向她证明，两人在精神上已经结婚，即使尚未履行法定手续。两人想必也讨论过母亲如何去美国。为了做好准备，她拿到了学士学位，不是通过录取入学的惯常方法，而是靠某个亲戚帮忙，把她自己在上海大学的学位证书给了我母亲。她们的名字很相近，一个是杜娟（Tu Chuan），一个是杜琴（Tu Chan）。母亲的申请表上显示她的中文名字是"琴"[1]。这个差异不是大问题。中国人用英语拼写姓名时通常有几种方法。父亲拼写姓氏"谭"时用过不同的写法，包括"Thom""T'om"和"T'an"，最终才定为"Tan"。有了学士文凭，母亲向旧金山的一所大学提出申请，声明她计划攻读美

---

[1] 关于谭恩美母亲的姓名，翻译时依据《美国小说背后的中国家族故事》，原载《南方周末》，"中国网"亦有转载。

国文学的硕士学位。我曾认为这是个奇怪的选择，因为她的英语
水平令人生疑，对小说也缺乏兴趣。可我现在觉得她的选择很精
明。倘若她说想学习钢琴，美国领事馆就不会发给她留学签证，
因为她也可以留在上海，到著名的音乐学校深造。再说，一个想
得美国文学硕士学位的学生还能去哪儿呢？

1949 年，函内附件：杜娟的文凭，母亲用于申请留学签证

　　我不清楚母亲在与父亲分离的那些年里，在感情方面是如何
熬过来的。但我确切地知道她当时处境凄惨。1948 年的一张照片
上，她脸上毫无笑意，显得清瘦无神。当时她的体重只有七十磅。
母亲与父亲分隔两地期间，收到过他的信吗？她丈夫是否截获了
信件？我想知道母亲是否放弃过两人能够重逢的希望。她想象过
他或许会爱上不受丈夫、孩子和丑闻拖累的其他女人吗？

1949 年，随着政权更迭，与婚姻相关的法律也发生了变化。男人不能再三妻四妾，而是只能娶一个妻子。女人也可以提出离婚。[1]母亲抓住机会，在她继父一家的帮助下，通过复杂的谋划，在一个公开场合，迫使丈夫回应他的小妾是不是他的妻子——当时小妾正站在他身旁。在小妾的瞪视下，他承认小妾是自己的妻子。母亲给他提供了一份文件，他一签完字，她在法律上就是自由身了。

1949 年春，她发电报问父亲是否仍想跟她在一起。他的答复是"速来"。那个小妾盼着她早点走，还说在她安顿下来以前，应该暂且留下孩子。母亲登上离开上海的最后一艘轮船去了香港，同行的还有许多对自己的前途感到忧心的人。她在驻香港的美国领事馆申请了留学签证。由于英语水平差，她去攻读美国文学硕士的打算想必引起了怀疑。幸运的是，美国的大学致函领事馆，表明她到美国后将修读英语语言强化课程，包括"练耳"和口语表达。一个月后，她拿到了留学签证。那时，她已迫不及待地想奔向命运的安排。她改变了乘船去美国的主意，因为那样的行程会停靠许多站，一个月后才能抵达旧金山。她花 700 美元买了一张菲律宾航空公司的机票。

抵达旧金山以后，她得知父亲没按原计划在麻省理工学院登记入学。我料想他始终感到痛苦，因为他，母亲的婚姻破裂，她受到犯罪指控，酿成公开的丑闻，并且失去了孩子。他自小是基

---

1 此处对相关法律沿革的描述为作者或作者母亲的个人记忆。

督徒，一直读钦定本《圣经》[1]。在一份书面的个人声明中，他说自己感觉在精神上已迷失方向——如同旷野中的扫罗[2]——直至最终听到上帝要他成为牧师的召唤。因此，他没去麻省理工学院，而是在伯克利浸礼会神学院注册入学。

母亲几乎没有宗教信仰。她恐怕根本不知道自己正走向何种生活。起初，她接受了贫困的生活条件，自己洗碗，打扫屋子，在没有保姆帮忙的情况下抚养孩子。当家人在进餐前祷告时，她垂下头，闭上眼。然而年深日久，爱情便不足以平息对某些牺牲的抱怨。作为华人浸礼会的牧师，他为何应从200美元的月薪中缴纳"什一税"[3]呢？为何一家人就该住在由教堂配备了没人要的旧家具的地方呢？父亲在日记中记载了通宵达旦的争吵，我从中读出母亲的不快。在第三个孩子出生前，夫妻间关于金钱问题的争论促使父亲放弃了牧师的工作，转而重操昔年旧业，重拾稍稍不那么穷的工程师行当。他加班加点地工作，母亲则去上夜校，不是攻读美国文学，而是学习专业护理。两人继续给我父亲在中国台湾的兄弟们寄钱。母亲同母异父的弟弟——她母亲和那个富人的儿子——也去了台湾。从显赫公子沦为落魄穷人，他极度惊愕，后

---

1 钦定本《圣经》（King James Version of the Bible，简称 KJV）：由英王詹姆斯一世钦定，于1611 年出版。

2 扫罗（Saul）：在《圣经·旧约·撒母耳记上》中，以色列第一位国王扫罗因为嫉妒大卫，惧怕王位被大卫夺取，多次想要谋杀他。为了追杀大卫，扫罗带兵在旷野中奔波，多次迷路，内心充满了惶恐不安。此处所指应为这一经历。

3 "什一税"起源于公元 6 世纪，当时的欧洲基督教会根据《圣经·旧约》向居民征收捐税，要求捐纳本人收入的十分之一供宗教事业之用。

来眼睛坏了，成了瞎子。他的妻子变卖珠宝首饰，使家人得以糊口。夫妻俩写信给我父母，称家财已尽，走投无路。我父母资助他们及子女赴美。母亲说她很乐意这么做，不仅因为他们是同母姐弟，也因感念他父亲曾帮过自己。1957 年，就在母亲离开中国八年后，我们两家人搬进位于奥克兰市第 51 街的一幢双层公寓。我们家住在一层，舅舅[1]全家住楼上。就在那一年，母亲终于攒够了钱，买下钢琴、洗碗机和电视机。

旧金山，1949 年：从上海突然到来的新娘

我不知道在母亲看来，哪些算是她为了让我们过上好日子而做的牺牲。她的某些牺牲是物质上的，包括漂亮的连衣裙和毛皮大衣。某些牺牲与她从前的生活方式有关——拥有女仆、司机和厨子。她还不得不放弃一些习惯，比如抽烟。当然，她还被迫放弃了许多的自尊和骄傲，因为她在别人心目中已不再是那个口齿伶俐、机智诙谐，言谈和文笔都颇为雅致的女人。在美国，她没法跟任何人轻松自如地谈话，她的英语实在不灵。她在美国遇到的大多数中国人讲广东话，而非普通话或上海话。她后来也被迫放弃了每周去发廊做头发。四十岁刚出头，她的头发已有些花白。工作日时，她穿着白色护士服和笨重的白鞋回到家，然后坐到沙发上，抱怨腿都"酸"了。我们哪里知道曾有女佣为她做足部按摩。四十多岁时，她虽仍漂亮，却已不再捯饬，只在参加社交活动的晚上才卷发，之后穿上中式绸缎衣裙，描好眉毛，涂上口红，焕发出往日的些许风采。

所以说，这些就是她做出的牺牲。当年的牺牲与我们却毫不相干，那时根本还没有我们。她牺牲那些东西是为了爱情，为了托付终身。那种对爱的渴望极其强烈，结果她确确实实做出了重大牺牲：她的女儿们，分离时分别是四岁、七岁和十三岁。离开了中国，她就无法再要回她们，除非她买一张单程票回去，要求前夫交出监护权。她没法抚养她们，其实无论怎样，他出于积怨也会拒绝她，并非因为他喜欢做父亲。他是个禽兽，后来被判处十五年徒刑，因为强奸女学生——他女儿的朋友们。母亲想不到他会如此狠心地虐待女儿们，也不知道女儿们还被那个小妾继母虐待。那女人宠爱亲生的儿子，却讨厌抚养我母亲的孩子。她把她们关进壁橱里。她使劲儿掐锦多的腮帮子，指甲几乎戳进她的脸颊。她用痰盂当儿童便盆，强逼丽君坐上去，还不让她起来，结果当她最终站起来时，她的臀部因被虫咬而感染。她不让她们吃饱饭，导致丽君患上佝偻病。

在中美两国不通邮的那些年里，母亲只能靠生活在与中国有外交关系的国家的朋友转寄信件，偶尔获悉女儿们的消息。前几天，我找到锦多二十岁出头时的一张照片，颇似母亲年轻时的相貌。照片背面是工整的中文题赠："最亲爱的母亲惠存。我日夜梦想见到您。"这句话使母亲感到痛苦与内疚吗？我从未听母亲表达过懊悔。她表达对现实的屈从时，倒有一些不同的表述，像"无可奈何""别无选择""无法避免"等。其他家庭，比如我们的亲戚朋友家，也无法避免这种事。母亲的嫡亲哥哥和他妻子，在战时将刚出世的女儿留给一个贫苦的农民收养，这样他们这群年轻的革命者就不会因婴儿的啼哭声而暴露在日军面前。舅舅和舅母在七八年后与女儿团聚。而母亲直到三十年后才与女儿们团圆，那时女儿们比母亲离开她们时的岁数还大。

父母没向美国的新朋友们讲述过母亲以前的婚姻和仍在中国的孩子。父亲也没向神学院的导师吐露此事，尽管他可能是因为爱上有夫之妇、自觉有罪，才成为神职人员。父母也没告诉出生在美国的彼得和我，我们讨厌听母亲提及一堆她为了让我们享受音乐而做出的、我们并不知晓的牺牲。

弹钢琴时，母亲的手指敏捷得仿佛有魔力一般。她端然稳坐，我们站立两旁观看，父亲则带着热恋般的神情痴迷地看着她演奏。真是天才爱妻啊！她喜爱的乐曲有肖邦的练习曲、波洛奈兹舞曲，尤其喜欢华尔兹舞曲，经常引得父亲情不自禁地携起她的手，领着她翩翩起舞。两人舞姿潇洒，在许多婚礼的舞场上都是跳得最棒的。两人步调一致，在舞池中逦迤游走，当两人在完成上摆荡¹动作后定格时，母亲会翘起鞋跟，父亲则让她的身体向后微倾，作为这个动作的收势。在家里，他有时会将她揽入怀中，带她在客厅里快速旋转，然后穿过狭窄的过道，一边还哼着《溜冰圆舞曲》之类的调子。最后，他会将体重八十磅的母亲抱举起来，亲吻她的嘴唇。当母亲发现孩子们在旁边观看时，总会出声嗔怪。

每晚，兄弟们和我都会换上配套的睡衣，和父母一起，围在钢琴旁边。母亲会弹奏父亲钟爱的旧时基督教常用的赞美诗曲目：《基督精兵前进》《我独自来到花园中》和《古旧十架》。父亲会以浸礼会牧师那铿锵有力的声音吟唱。当时七岁的彼得早已学会熟练地阅读，认得赞美诗中的许多词语。我会用手划过书页，仿佛我也能读，尽管如今我想象得出，假使自己认识什么词的话，也仅限于经常重现的那几个："上帝""耶稣基督""神圣的""主""阿门"。钢琴使母亲心情愉快，或者至少使她不容易勃然大怒和陷入不可预料的忧思魔咒中。这让我们觉得钢琴可真是一件好东西。可就

---

1 上摆荡：交谊舞中一个常见的动作，一般指胯部位移转动，其作用是加大步幅，增强身体舞动幅度，有如荡秋千一样从下向上荡起，从而增强动作美感。摆荡技巧适用于除探戈舞以外的其他各种交谊舞，尤其在三步舞中常用。

在那时，父母找来一位钢琴老师。我的钢琴老师陶勒小姐一头白发，态度慈祥，她的声音柔和，举止老派。她跟她的母亲住在一起，那位老太太喜欢笑眯眯地坐在楼上露台阳光房中的藤椅上，彼得上课时我就在那儿等候。

母亲担保我们会像她一样热爱钢琴。"你越多练，就会越快地喜欢上它。"起初，我们相信了她。她说我们的钢琴课非常贵，彼得和我每人每周五美元。这又是父母为了我们做出的另一项牺牲。父亲只得靠加班来负担这些学费。作为回报，我们每天必须练琴一小时。只有极其自私的小孩才不肯答应——每天一小时，算什么呀！对成年人而言，一小时在不经意间就匆匆流逝了。但在幼儿园的小孩眼中，那一小时可是放学后玩耍嬉戏的黄金时间，你终于能摆脱在上学时蓄积的烦躁不安，然后尽情尖叫，开怀大笑。下午也是全世界最棒的娱乐节目《米奇俱乐部》在电视上播放的时间。在彼得和我练琴的两小时里，我们不能看电视。每天一小时，一年三百六十五天，我坐在那张昂贵的硬琴凳上，移动着手指，瞪大眼睛吃力地看乐谱。

那些钢琴课改变了父母对我的印象。我成了懒丫头，因为我在坐上琴凳之前尽可能地磨蹭。我是个坏女孩，因为我在练琴时间上撒谎。我是个粗心大意的姑娘，因为我弹错了许多次，还不用心去克服。我不知感恩，因为我没微笑着感激父母为了我能享受音乐而做的所有牺牲。有许多个下午，我懒懒散散地坐在钢琴前，眼睛盯着窗外，注视着表兄弟们奔来跑去，绕着房子玩捉人的游戏，还高声尖叫着，而我却坐在那张琴凳上自叹自怜。

对我而言，学习钢琴可不像五岁的莫扎特学琴那般轻而易举。想想看，我得牢记多少东西啊：准确计时，注意节奏。全音符中间有个大洞——用脚把拍子敲出来：一、二、三、四。有连线的黑色音符节奏更快。我响亮地奏出一串音阶，想象自己的手指是转圈行进的小小士兵。钢琴老师曾教过我，每根手指都有指定的数字，从一到五，大拇指是一，小拇指是五。如果我不注意指法，在弹完音符以前手指可能就不够用了。我的手指反复不停地操练——弹奏一个八度音阶，来回上行、下行，然后是两个八度音阶上行、下行，之后是三个。最后，八度音阶中还会出现升降音，为了力度均匀地弹奏音符，我的手指不得不像做体操动作一样，快速扭转，这根掠过那根，那根掠过这根，还得与木质节拍器强加给我的专横节拍保持同步。我时常感到手指疼，于是将它们向后扳，再用力拉长，以为能将它们抻到一定长度，这样我伸展手指弹奏大和弦时就不会那么疼了。我怎会爱上弹琴呢？它盗走我的游戏时间，使我双眼疲劳、手指痉挛，还让父母冲我大喊大叫，责备我自私懒惰。你很聪明，父母会说，这对你来说应该很容易呀。你只需要更努力一些。如果彼得能做到，你也能。

至今我仍百思不得其解，为何我在甚至不识字的时候就被要求认识乐谱上的小小音符。我的眼睛必须飞快地扫过纸页上丛生密布的黑点，然后将它们转换成协调一致的左右手神经肌肉连贯动作。我惊叹于一些很小的孩子能用双手弹奏。他们能同时用左右手写出不同的单词吗？如果他们每天被迫这样写一小时，双手写字会成为一种可习得的普通技能吗？很小的孩子如何根据"中弱""弱""中强""强"等记号来控制弹奏的音量呢？我很少见到有小孩能在婚礼和葬礼上控制说话的音量。什么样的孩子刚勉强学会走路，便已拥有充足的仪式感与情感体验，能以缓慢而庄严的情绪来弹奏呢？

为我们未来的职业而进行的训练早早地开始了。彼得和我被指派在家宴上表演。每当家里来了客人，我们就会听到这句可怕的话："让叔叔阿姨看看你们学会了什么。"当我们做客的朋友家也有钢琴时，父母就会让我们跟人家的孩子比试弹钢琴。我家的朋友都是华裔，大多生于美国，又与华人社群联系紧密。只要他们开口讲中文，那一定是广东话。我的父亲会讲，母亲却不会。许多朋友都是一个投资小组的成员，他们称其为"喜福会"。他们每个月都根据缜密的分析买入股票；倘若形势按他们的计划发展，他们有朝一日定会发财。同理可见，孩子们的钢琴课是对未来的一种投资。五美元的钢琴课能使我家每晚叮叮当当的折磨变为在卡内基音乐厅举办的演出。志当存高远。随着时间的推移，成功的榜样一个接一个地出现，父母要求我们更努力地练琴，这样我们也能像他们一样。榜样之一是范克莱本[1]，他战胜了苏联钢琴家，因此被美国媒体极力宣传。志当存高远。后来，我们又得跟华裔小神童金尼·蒂[2]竞争，她在埃德·沙利文的真人秀节目中频频出镜，

---

[1] 范克莱本（Van Cliburn，1934—2013）：美国钢琴家。他4岁登台演出，1958年参加柴可夫斯基国际音乐比赛，获得一等奖，蜚声国际乐坛。

[2] 金尼·蒂（Ginny Tiu）：二十世纪五六十年代美国著名华裔钢琴神童，出生于1954年，3岁半时便无师自通地学会弹钢琴。此处"蒂"为"Tiu"的音译；作为华裔家族的姓氏，"Tiu"也很可能为"刁"姓按粤语发音的拼法。

在以惊人的速度演奏乐曲时，还会冲着镜头露齿笑和挤眼睛。母亲会说，你看她多爱弹琴，为什么你就不喜欢呢？

在几家朋友聚会的钢琴之夜，所有父母为了赢得赞美都会说一些标准的自谦之词："他刚开始学，弹得不是太好"，或者"她练得不够努力"。我们这些小孩本该证明他们完全说错了，但都没能成功——只有一个男孩例外，我将称他为查尔斯。他比我们大多数小孩年龄大；我现在估计，他当时十或十一岁。我记得他的脑袋形如一个硕大的倒置的梨，相比之下，他的五官显得较小，有些紧巴巴的。当他坐在琴凳上时，表情并不垂头丧气。他显得镇定自若，甚至乐于被叫去弹奏。他不用看乐谱，手指就忽然弹奏起来，在琴键上如行云流水般地游走。他的身体随着乐曲自然摇摆，演奏得分毫不爽，曲终时双手悬在半空，此刻余音渐退，取而代之的是热烈的掌声与喝彩。我们注定相形见绌。在我们表现平平之后，父母会说："学学查尔斯。刻苦练琴吧！"有的大人会对查尔斯说出标准的溢美之词："又一个莫扎特！"查尔斯引起了许多家庭骚乱。

我们都不情不愿地当着"未来的神童"，忍受着被别人以孰优孰劣的浮动标准评头论足，结果取决于跟哪些来赴社交晚宴的小孩相比。我体会到竞争带来的情绪——恐惧与绝望，尴尬和耻辱，羞愧与内疚、厌恶，甚至是憎恨，还有复杂的幸灾乐祸心理——因别人弹奏失误而窃喜，接踵而来的是基督教徒的畏惧心理，害怕上帝知晓我内心的自私刻薄。我讨厌被人寄予厚望，讨厌父母的朋友在我表现不佳时虚情假意的夸赞，即使是父母发自肺腑的赞美也令我难以接受。赞美使我焦虑不安，那只是暂时的慰藉，可能会随着下一曲被迅速夺走。六岁时，我周围的孩子自然形成两拨：赢家或输家，聪敏过人或愚不可及，深受喜爱或是毫不讨喜。我属于哪一类呢? 我的地位不断波动，然而失败总会占上风。生活变得严峻起来，充满烦忧与自怜，还不容我表露出来。

大约在圣诞节时，即钢琴课开始一年以后，彼得和我得知，父母已为我们报名参加教堂举办的才艺表演。我得到一身漂亮的新装，笔挺的紫罗兰色雪纺绸连衣裙，还有新颖别致的皮鞋，这让我觉得才艺表演或许不是那么糟糕的主意。陶勒小姐指点我在坐下弹奏以前向观众微笑致意，教我如何庄重地行屈膝礼，以便曲终时我在经久不息的掌声中谢幕。我必须将裙摆尽量向外提起，足尖点在地毯的花朵图案上，随后伸腿以顺时针方向一扫，低头行礼时眼望地板，然后抬头粲然一笑，最后优雅地挺胸昂立。

我知道这次演出很有风险，于是每天都用整整一小时来练习巴赫的小步舞曲，还练习行屈膝礼。通过如此严格的训练，我成功地背下了谱子。乐曲以小调开始，在我听来有些哀伤，但之后转为大调，带来一个欢快的结尾。当时这支曲子给我的感觉就是这样。出发去教堂之前，我将乐曲准确无误地弹奏了三遍。我已准备就绪，兴奋而自信。

当我到达教堂的大厅时，由于父母一路上紧张兮兮地担保我能弹好，反倒使我担心自己可能弹不好。对他们而言，许多事的成败在此一举，包括他们的牺牲、尊严和良好的家教。大厅有篮球场大小，宽敞而有回声，里面挤了好几百人，他们烦躁不安地坐在吱吱作响的折叠椅上。绝大多数教友是白人，但也有二十来个华人及其子女，竞赛即将开始。其实，招贴告示上写的不是"竞赛"，而是"才艺表演"，传递了积极向上的美国式思想：每个孩子都是各自星系中一颗闪亮的小明星。我可不是在美国星座的思想体系下长大的。因此，每颗星星相形之下不是更闪亮，就是更晦暗。只有一个小孩能成为最棒的，也有一个将是最差的，最差就相当于最愚笨，最不招人喜欢。父母不可能指望我成为最棒的。毕竟我只有六岁，才练琴一年，许多孩子都比我大。父母为我提出的目标是比同龄或稍大些的孩子弹得更好。志当存高远。

我和年龄小些的孩子坐在前排，看着每个人依次登台。我已不记得那天大家展示的才艺，但我敢肯定，它们都是那个年代在才艺展示上常见的感人表演——指挥、口技、踢踏舞，朗诵《海华沙之歌》[1]，唱名为"橱窗里的小狗多少钱"的歌，或是演奏乐器，比如，小提琴、歌笛[2]或钢琴。我记得就在自己被点名前，我满怀期待，感觉心脏飞快地怦怦直跳，简直跳到嗓子眼儿了。母亲不停地揉搓着一小团纸巾，父亲则礼节性地为每个孩子付出的努力报以同等赞赏的掌声。

轮到我登台时，我茫然地走向一架毫不熟悉的钢琴，它矗立在那里，全然不像我家小巧精致的黑色立式钢琴，或是钢琴老师

1　海华沙：相传是北美印第安人奥农多加部落的传奇领袖。美国 19 世纪著名诗人朗费罗曾以此为题材，创作了不朽的长篇叙事诗《海华沙之歌》。

2　歌笛：一种美国常见的初学者使用的七孔吹奏乐器，其构造特殊，吹奏容易，有些乐队偶尔也用它来表演。

家里那架气势宏伟的施坦威三角钢琴。它也不像朋友家中短小的金色或栗色小型钢琴。以前，琴凳的高度是用靠垫或厚厚的电话簿来调节的，使我的手臂、手腕和双手能在琴键上方保持水平。我现在坐的琴凳太矮，结果琴键就太高了。我没法请任何人来调节高度。钢琴闻起来也很怪异，如同我家以前房子里陈腐发霉的壁橱，而我们小孩子都认为那幢房子闹鬼。我不喜欢象牙琴键，它们已经泛黄，看似老人坏掉的牙齿。

开始弹奏时，我的手指漫不经心地移动着，习惯性地触碰着琴键。琴键的触感不大对劲，中部的由于常按而向下凹陷，有些琴键太紧，其余的则松松垮垮，好像即将脱落的牙齿。弹出的音符听起来与我练习时不同，先是软绵绵的，随后又太响亮。突然间，我的手指绞在一起，停住了。出错了。钢琴和观众都静默无声。我已经失败了。我来回摇动手指，寻找能引领我往下弹的正确琴键。问题在于，我从头至尾背下的是一整首乐曲，但不会在中间随便哪一节开头往下弹。我眼前没有乐谱可看，也没有陶勒小姐坐在旁边暗中提示。我别无选择，只得从头再来。我的双手机械地弹着，我再次发觉那些琴键看起来像大黄牙，意识到琴凳太矮，音符太响亮，之后又太轻柔。再一次，我的手指在同一处绞在一起。我又重来，我这次用力敲着声音发闷的琴键，仿佛加大力度、提高音量便能帮我挺过这道难关。可是我的手指现在甚至连头两个小节都弹不下去。还没等我再次开始，我已听到寥落的掌声，随后渐渐响亮起来。这可不是赞美，而是一个信号，轰我退场，我该赶紧下台了。我冲进一条昏暗的过道，惊吓得浑身打战，痛哭失声。我完全变了一个人，成了最蠢笨的女孩。别人会嘲笑我一辈子。所有小孩都会因我的失败而幸灾乐祸。最糟的是，父母会大发雷霆，责怪我给他们丢脸，埋怨我练琴不够刻苦，还白白浪费了他们为钢琴课交的钱。我想像卡通人物那样顿时消失。在拔腿跑掉以前，我看到父母快步向我走来。但当他们来到我面前时，我发现他们并未生气，而是面带一种伤心的微笑。母亲伸出双臂，我奔向她，把脸埋进她的裙褶里，呜呜大哭起来。过了一阵，父亲抱起我，温和地叫我别再哭了。这下我哭得更厉害了。几个路过的教友轻拍着我的头，告诉我重要的是我努力尝试了。那时，我看到了彼得。他脸色严肃地盯着我，随后垂下目光，显然为我感到难堪。我使劲地抽泣，大口吸着气，直到我的肺再也吸不进更多空气。由于过度吸气，我扭着身子，挣扎着呼吸，结果人们都来安慰我："嘘——嘘——别再哭了啊。"

接下来的钢琴课上，老师让我不看谱子弹出那首演砸了的乐曲。我的手指依照它们新养成的恶习移动着，又在同一处绞住。老师当即找到原因：指法不对。这很容易纠正：只要多留意指法，下次我就能出色地弹奏此曲了。可我明白事情并不如此。我的手指还会再次背叛我，即使不是这一曲，也会发生在别的曲子上。不会有下一次。我要拒绝登台。如果不这么做，我还会再次当众受辱，那是我在六岁时经历的极糟感受之一。我告诉父母，我不想再弹钢琴了。实际上，我宣称自己永远都不再弹了，他们不能逼我。

此后的十四年中，我每天弹奏一小时。在那段日子里，琴凳上出现了许多划痕和凹痕。母亲对最先出现的几处痛心疾首，责怪我们几个孩子粗心大意。我印象中是这样，最近在读父亲的日记时也得到证实。继而，琴凳上又有了不少缺损和深痕，多半是数次搬家时磕碰造成的。我们经常搬家，而钢琴在我家不同住处的客厅里，始终占据显眼的位置。我在练琴一小时中的专注度与我写作业和洗碗时的专注度是一样的——只是在完成例行的、乏味的任务。父母仍坚信我总有一天会爱上钢琴，但已不再使用"神童"一词。我觉得，他们对我成为钢琴演奏家仍抱有希望，哪怕只是当爱好。志当存高远。在十五年的学琴历程中，我有过好几位钢琴老师，每一位都有行之有效的教学技巧。有个女老师让我握住一个红苹果，以便我能用已成形的手掌手指姿态来弹奏。另一位当过指挥的老师用力按我的右肩，让我感受到自己难以用耳朵辨识的节拍。母亲向他们打听过，但没有哪位老师说我天赋异禀。整个小学期间，我必须在各个钢琴老师家中举办的汇报演奏会上弹钢琴，年龄最小的先上场，最大的压后阵，我总是排在漫无尽头的中间位置，而那时的比较效果也最明显。随着年龄增长，我渐渐懂得了如果我预计自己会弹得很糟，便不会在预想之事成真时遭受惊人的打击。有一次，当我即将弹完一首长长的回旋曲时，竟意外发现这一曲弹得非常精彩——直到弹最后一个和弦时，我的手指重重地砸错了一个琴键。高中时，我是欢乐女生合唱团的伴奏。有一次我突然僵住了，没法开始弹《我喜欢做女孩》。音乐老师把指挥棒举了三次，最后他狠狠瞪着我，厉声命令我开始弹奏。

独自练琴时，我的心思始终飘忽不定。每当母亲打断我时，我就回击道："你在跟我说话，我怎么集中精力啊？"我经常想象自己身在别处。我在头脑中构思不同的场景，都是根据乐曲塑造的——小调式的低音区预示着不祥的昏暗地带，完整和弦的乐段使我联想到皇家仪仗队，一节拨奏犹如踮着脚初涉魔幻之境，三连音仿佛是冲向一场舞会、一座城堡，或是动画片中王子的怀抱。乐曲不只是故事的背景，还创造了我头脑中的场景。我步入森林，踏上草地，潜入水下，那里有长发漂浮的少女在歌唱。我想象自己看到人行道对面有许多宝石。这些场景是童话故事中的，但其中蕴含的情感是我自己的，它们大都在希冀与忧伤之间摇摆不定。在父亲和哥哥彼得死于癌症的那一年里，我在阴郁忧伤的乐曲中寻到了慰藉。我偏爱《肖邦前奏曲 Op.28 No.4》慢板部分葬礼般的情绪，其中蕴含了孤寂的绝望，还有对生命终将悲哀落幕的惯常认识。每隔两三个星期，我都会拿到一批要学的新乐曲，有些里面有适合我的情感，其他曲子则有如算术般呆板枯燥。还没等到弹奏娴熟，我就得把它们抛到脑后，学习新的曲子。

在读大二时，我决定放弃钢琴课。我已经长大，可以选择自己想做的事情了。母亲和我都清楚，我绝不会成为钢琴演奏家，这一认识已存在了一段时日。我的决定令我害怕。我将要改变已与自身融为一体的东西，那个被努力和期望的重压所打磨的讨厌东西。我不得不承认，十五年的钢琴课程，以及所有泪水、胁迫和羞辱最终毫无成效。事实上，我失败了。父亲已于三年前去世，我很欣慰宣布此事时不会看到他失望的面容。我料想母亲会哭，还会以父亲的名义来打动我。当我终于告诉她时，我摆出自己不得不放弃的理由——我需要时间完成必修课，穿过校园去琴房会占用过多学习时间，走夜路很危险，等等。她没像我预想的那样发脾气，也没怪罪我浪费了多年的学费。她说，她已料到我总有一天会放弃。我没觉得释然，反倒有种奇怪的失落感，如今我只能推断自己受到了震撼——她早已不再不切实际地高看我了。她对我弟弟几乎没什么期望，对我的期望也比我设想的少。我能察觉到她很难过，她加上一句说，只盼有朝一日我能享受音乐。我请她放心，我已经在享受音乐了。

　　母亲有生之年没能看到音乐在我生活中所扮演的重要角色。假使她看到了，她会十分欣喜地穿上礼服，随我一同去听交响乐、看歌剧，甚或去参加爵士音乐会。她将措辞谨慎地向别人夸耀我为一部歌剧创作了脚本。"那是真事儿，"她大概会这么说，"故事的原型是我和女儿相处时的所有麻烦事。她可真讨厌。"她会很乐意让我支持年轻的音乐天才和神童，他们勤奋刻苦，喜欢在观众面前演奏。为了让她高兴，我甚至可能会坐在钢琴前——施坦威三角钢琴——弹奏一首我反复练习、驾轻就熟的乐曲。我会与她一同回忆那些可怕的日子，那时我们为了我练琴是否练够了时间而争论不休。我们俩都会开怀大笑。

　　我想要告诉她，音乐已不限于我用手指来弹奏，它能陪我去任何地方，甚至进入我的想象，来到思想与情感的隐秘之处。我与别人分享它，在音乐会结束后谈论它。我已学会享受音乐。更重要的是，我爱音乐，它在我的日常生活中占据了重要地位。

昨晚，我找到了宿敌——巴赫的《G 小调小步舞曲》，六岁时我曾尝试在才艺展示上演奏的曲目。收录乐谱的薄书已破损泛黄，有几页都开胶了。"巴赫初级，"书上说，"练习重拍及音的匀称。"第一首就是我曾背过的曲子，带两个降号的简单旋律，在持续稳定的音符和带附点的拨奏音之间波动起伏。在试着弹奏它时，我惊异于自己竟在那么小的年纪被要求学习这首曲子。随后，我弹到了五十九年前手指绞在一起的那个地方，这次又弹乱了。就像那时一样，我指法错了，误将第三指而不是第二指按在黑键上。我试着正确地弹奏，但童年记忆中的那个错误被恐惧强化了，很难克服。我遇到曾经弹不好的音符时就格外谨慎。它们包含着诸多情感：我在相当长的一段时间里厌恶当众表演的原因；我讨厌被迫参加无论何种竞赛的理由；只有独处时我才会弹钢琴的原因；以及为什么我至今仍厌烦别人对我寄予任何期望，包括与我正在写的书有关的期望。无论期望的事是否实现，我一想到公众的审视就会突然觉得胃痛。

我将小步舞曲弹奏了几个小时，试图克服旧时的习惯，再将新习惯深深印在心里。我走进对教堂大厅的回忆，回荡的掌声，气味古怪的钢琴，冰凉的折叠椅，低矮的琴凳，松垮的象牙琴键和没有谱子的乐曲——我回忆起阻碍我前进的一切。我最终出色地将曲子弹出来——一遍又一遍，直到凌晨两点，弹得手指酸疼。我已战胜错误，改变习惯。我记得母亲的裙褶，我曾将脸藏在里面，因失败而抽泣；而当我发觉自己已被他们原谅时，我啜泣得更厉害了。

重新定位：阿拉斯加，荷马市

[摘自日记]

阿拉斯加，荷马市，2005年6月9日。我们把船划了几英里[1]，横渡卡彻马克湾，途经加尔岛和岛上的一大群鸟：三趾鸥、海鸦、松鸦、北极海鹦、鸬鹚、海鸥和各种鸽子都蜷缩栖居于岩石的罅隙中。峰顶栖着一只鹰，犹如旗杆上的装饰。它的位置只要一动，就会引得成千上万只鸟儿振翅尖叫。

我们抵达了东道主居住的岛屿，看到漂亮的乡村房舍，带有顶棚的庭院，能一览无余眺望海湾的客厅。他带着我们走了不远就到了海滩，我们聊起某种翻搅的潮汐运动能产生涡流效应，力量之大足可撕裂和吞噬整条船。此事或许是我记错了，可它足以令我心惊。阿拉斯加人的传说。

后来，他向我们讲述了冬天发生的一件事：一层薄薄的淡水流到海面上，结了冰。阳光切开冰面，海水的这个保护层断成形如蜡烛的碎冰。冰面坍塌后悄无声息地滑入水中。不过，如果风

---

1 英里，英美制长度单位，1英里合1.6093千米。

100

将那些"冰蜡烛"推到岸边，它们就会堆在一起，直到被挤得竖起来，好似亮晶晶的玻璃。当它们一排排地倒塌时，会发出叮叮当当的铃声。

他邀请我住在他那儿，把那儿当成作家的静居之所。如果你冬天来，那你可就被困住了，没法划船返回。我憧憬着，如果花上一两个月在与世隔绝之地写作，弹弹他家的钢琴，观赏鸟儿，聆听冰蜡烛的声音，那该有多美好啊！他说，你没准得把耳朵贴到冰上才能听见。那声音并不常有。你或许得在这座岛上度过五个冬天，与荷马之声及其他一切隔绝。在这座岛上，即使你尖叫，外面的人也听不见。

第二部分

情感中的记忆

第四章 真情实感

2004 年 10 月，我每天一醒来就有一种强烈的幸福感。这可不是我往常醒来最先有的正常情绪——好几轮闹铃打断了我的梦，它们兀自响了一阵后，声音逐渐变着调减弱，直至最后消停下来。

这种幸福的清晨情绪启动时，我的生活的确充实而喜悦。我实现不了想实现的事只不过是因为没时间和缺乏自律。当然，我跟所有人一样，有一大堆问题和烦恼，比如：我家的车停在路边时被人喷了漆；或是臭鼬在我家窗户洞开时造访，而客人马上就来；又或是要对付莱姆病[1]残留的少许疼痛症状（我已通过药物治疗控制住这种慢性病，目前情况好到终于能让大脑再次开始写作）。若从总体上来评价我的生活，那些真正重要的部分——家人、朋友、有意义的工作、家庭生活和狗——造就了我的幸福生活。但是，对于我或任何人而言，醒来就想高喊"早上好呀[2]"毕竟还是不太正常。我所感

---

1 莱姆病：通过蜱虫叮咬传播，最常见的症状是皮肤出现不痒也不痛的红斑，通常发生于被叮咬后一周。其他常见症状包含发烧、头痛和疲倦。如未及时治疗，可能会出现脸部麻痹、关节胀痛、严重头痛合并颈部僵硬、心悸等症状。

2 原文为"Top o'the morning to you"。这是一句传统的爱尔兰问候语，意思相当于"早安"。但是这句问候语现今已很少用，除非是带有某种讽刺或幽默的语气。

到的是喝醉时可能产生的那种微醺的喜悦，却没有酒精的余味。到中午时，我的情绪稳定下来，不再那么欢腾雀跃。在为十个人准备午餐时，废物处理机坏了，这当然让我高兴不起来。但是翌日早上，循环又开始了。我真高兴！当我把这奇怪的感觉告诉丈夫时，他回应道："感觉高兴过头有什么问题吗？"

在变得高兴过头之后不久，我来到机场，准备前往森瓦利[1]，那里将举办一次作家研讨会，我计划在会上发言。在航空公司柜台，客服代表通知我，去往盐湖城的航班被取消了。我询问有无其他选择。她输入了一长串代码，然后告诉我下趟航班将在一个半小时后起飞。棒极了！但是舱位超卖了。哦。但如果我不能坐那趟航班，还有另一趟。太好了！但飞到盐湖城后，我得跑着去赶飞往森瓦利的航班，那也是当天的最后一趟。我开玩笑说，我总能在盐湖城机场里睡着。结果，我确实错过了转机的航班，转而飞到博伊西，之后乘巴士前往森瓦利，抵达目的地时只比原计划晚了九个小时。在机场里东奔西走时，我根本不觉得生气或心烦。甚至在事发当时，我就觉得，自己能如此镇定，不太真实吧。我至少应该感到担忧，而不该像一望无垠的草地上的奶牛那般心满意足，从容自在。

我思忖着生活中有何变化，随即想起一周前刚启用的控制颞叶癫痫发作的新药方。癫痫发作从不会使我过于虚弱，我也没有严重抽搐过。其实在很大程度上，我只是经历了一些有趣的感官偏差，

---

[1] 森瓦利（Sun Valley）：亦译为"太阳谷"，美国爱达荷州著名的滑雪及旅游胜地。从犹他州的盐湖城直飞森瓦利仅需一个多小时，每天有多次直达航班。从其他地点前往森瓦利的游客多选择在盐湖城中转。

唯一的问题是有时会突然昏迷。大脑将突发的过度脑电活动视为三天不眠不休，因此让我的意识停工大约十五分钟。有一次，一同坐在餐厅里的人仿佛从我面前荡了开去，随后又荡回来，好像他们在巨大的转盘上。有几次，雷诺阿的油画在我眼中如同现实景物般大小，我还看到了 B 级片[1]中造价低廉的外星生物。我清晨刚睡醒时，出现最频繁的幻象是：一个汽车里程表，约有十五个数字那么长，它飞速地旋转着，结果数字都碎了，好似雨点般滴下来。我在数字掉落时报出数来，仿佛在做游戏。二十秒过后，游戏结束。这些怪异的感觉对我都毫无意义。它们既不可怕，也不象征我生活中的任何事情（著名神经病学家奥利弗·萨克斯[2]将我的事例写入他的一本著作中，证实癫痫引发的幻觉通常是无意义的）。当我被确诊患有癫痫时，神经病学医生告诉我，癫痫发作可能是由我脑部的十六处损伤造成的，这是莱姆病留下的神经病学纪念。他给我看那些损伤的磁共振成像。左颞叶的损伤可能会刺激大脑皮层，而过度的脑电活动有时会引发癫痫。在开抗癫痫药方时，神经病学专家告诫我，要留意任何不同寻常的征兆，比如：扩散的疹子，那可能会致命。他却根本没提到突发的、持续一天且时强时弱的喜悦之情。我找出随药附带的薄薄的说明书，读到小字部分，得知此药也可用于药品提

1　B 级片：指低预算拍出来的影片，此处的分级是制作投入分级，而非内容和观众年龄分级。
　　B 级片拍摄时间短且制作预算低，所以普遍布景简陋，道具粗糙，影片品质不够理想。

2　奥利弗·萨克斯（Oliver Sacks，1933—2015）：英国著名脑神经学专家，也是具有诗人气质的科学家，在医学和文学领域均享有盛誉。

示范围外的病，如较小剂量可治疗抑郁症和双相障碍[1]。换言之，我的抗癫痫药方也是一种情绪稳定剂，可我怀疑，我本已稳定的情绪被它搞得紊乱、出毛病了。

过去，我曾有过阵发性的抑郁。这种情况出现在我的生活发生重大变化以后，常常在一些本该快乐的时候——包括我的处女作《喜福会》取得意想不到的成功时。此书出版当天，我哭了，那不是梦想成真的幸福泪水。其实我很害怕。我从未梦想过出版小说。我太务实，以至于从未想象过以写小说作为自己的事业。作为商业方面的自由撰稿人，我的生活已经过得很不错了。我拥有一个家，嫁给了一个理想的伴侣，两人拥有共同的信念与价值观。而现在有征兆表明，我的生活即将在许多方面发生重大变化。与我的编辑、出版商和代理商日益高涨的兴奋情绪截然相反，我已准备好蒙辱和快速复归默默无闻。我强烈感到这本书会终结我本已拥有的幸福。大家期望过高，而我确信自己将会令人失望。我拒绝让自己从眼前的事情中享受任何喜悦。意想不到的赞美使我想起童年时代，随称赞而至的总是更高的预期、更大的希冀，之后便是挫败、羞辱和别人的失望。我已懂得赞美只是暂时的，是由别人掌控并限量发放给你的。如果你接受了它，让它来决定你的幸福，那你将成为情感上的乞丐，当它事后被收走时，你就会遭受痛苦。对我的赞美铺天盖地，而我不得不在情感上置之不理。在领取不同奖项时，我的获奖感言都很沉闷，其中一篇大致如下：月圆时总比月亏时更受人称赏；然而，即

---

1 双相障碍指抑郁、狂躁这两种相反的极端情绪交替出现，强度与持续时间均超出正常范围。

使人们的态度变了，月亮还是那个月亮。当地报社的书评人写道，我的获奖感言是他听过的最阴郁的一篇。对我的批评也同样积聚起来，包括负面的，甚至是重创性的评论。我无意中听到或是被告知某些人谈论的内容，说我连一个像样的句子都写不出来，说我不配取得成功，或称我并非真正的华裔。这些评论者曾被我当作朋友。

机缘巧合、混乱无序与戏剧性事件支配着我的生活。无需心理医生告诉我，我也明白自己对稳定生活的需求与持续动荡的童年有关，它迫使我两害相权取其轻：麻木还是痛苦，承受抑或逃避。我开始使用抗抑郁药物，我发现药物抑制了我对厄运迫近的感知。最终，我就觉得这是常态，这种永远不会正常的生活我也能继续过下去。然而，抗抑郁药物不同于抑制癫痫的药方，从不曾使我情绪高涨。倘若它确有这种效果，我大概就不会停药了。

在"快乐效应"开始几个月之后，我参加了一个女作家朋友的节日派对。当我们的谈话转向对忠诚的讨论时，有位朋友举了个例子。幼年时，她去看的那位牙医多年来一直负责她全家人的牙齿保健。甚至在牙医由于事故失去一条手臂之后，她的家人仍继续找他看牙。派对上的每个人都觉得这个故事感人至深。朋友说，他们家无疑应该忠于这个牙医，不另投他人，但当他姿势别扭地将失去胳膊的那一侧身体倚在她身上以保持平衡，同时用另一只手为她补牙时，儿时的她感觉不大舒服。这一形象实在惊人，结果我没控制住，忍不住笑了一声。朋友跟其他人一齐瞪着我，我赶紧道歉。我很震惊，自己居然在一个男人的不幸和一家人的忠诚中看出了幽默，但随即又忍俊不禁。我想努力忍住不笑，我忍着忍着，结果却哼出声来。那些

"噗嗤噗嗤"的鼻息声如放屁，又令我笑个不停，结果我开始喘气，几乎无法呼吸，只能间或稍稍止住，我为自己有失体统向宾客们低声致歉。这种无端嬉笑的事，我后来又经历过几次，最终注意到某种情况有些奇怪：伴随着压抑不住的笑声，一种怕痒的感觉出现在我的肋骨周围，使我弯下腰去——当真是笑弯了腰。

情绪继而又有更多变化。有一天，当我专心写作时，我的两只小狗摇着尾巴，蹦蹦跳跳地进了办公室。它们经常这样。但是这次，我感到心中瘙痒难耐——你或许会称之为"撩人心弦"。这个说法形容得的确没错，就相当于说出："噢，多可爱呀！"我曾有过那种感觉，但只出现在罕有的场合，比如：在婚礼或葬礼上目睹感人情景的时刻，或是当深情流露带给我惊喜的时候。眼下的问题在于，这些感人时刻出现的频率。每当狗狗们在我面前活泼摇尾巴时，我都会怦然心动。问题是，狗可是经常摇尾巴的。有时，那种怕痒的感觉纷至沓来，使我在写作时很受干扰。有位朋友建议我咨询医生，以确认那种感觉不是初期心脏病的症状。我确信它不是，因为那种效应只出现在我感到亲切、愉快的时刻，却从不在我有其他感觉——譬如，愤怒或无聊——时发生。

最终，我在互联网上搜寻了一番，渐渐拼凑出一种可能的解释：瘙痒效应并非源于心脏内部。实际上，它是迷走神经传递的一种感觉，途经颞叶、脖颈下部、肺、心脏和胃。在本质上，这是大脑情感控制中枢在起作用，这能引发内脏的各种反应，又被称为植物性神经系统反应，比如颤抖、眩晕、低血压、心跳加速、心慌、恶心反胃、起鸡皮疙瘩，或是感觉毛骨悚然——这些"或战或逃"的应激性直觉与畏惧和平相处。在恋爱时，大脑情感控制中枢会模糊你的判断，让你体内的多巴胺升高，使你无法辨别所迷恋的对象究竟是什么样的人，而朋友们一直在旁边提醒你，他是一个花言巧语、工于心计的混蛋。我猜想，我的左颞叶现已在抗癫痫药的化学作用下发生变化，生成对可爱事物和酸楚场面高度敏感的最佳接收点，幸而不是对混蛋。我应当心怀感恩，因为生活中有诸多美好与光明。不过，我也不需要每小时被提醒二十次我有这种好运。好些时候，我只得揉揉胸脯，摆脱迷走神经的阵发性过激反应带来的那种有蠕虫在爬的感觉。

在真正令人心碎和伤感的时刻，我的迷走神经极易受到刺激。当注视着两位年逾花甲的朋友交换结婚誓言时，我会突然感到一阵心酸。当看到"伟哥"的广告向老年人传递希望，称跳舞之后会产生性欲时，我同样感到一阵酸楚。我的迷走神经在识别真情实感时，有算法方面的缺陷，会为平淡无奇的爱情场面挤出泪来。当我在几乎不认识的人的葬礼上听到悼词时，我会潸然泪下，让身旁的人误以为我与逝者特别亲近。电视上播奥运会颁奖仪式时，只要一见升国旗、奏国歌的场面，不管是哪个国家的，我眼里都会噙满泪水，哪怕是我平素并不认同的国家。我几乎要变成巴甫洛夫的流泪狗了。

我有时思考，已发生改变的大脑会如何改变我的个性。我或许即将变成国际黑天觉悟会[1]的信徒，那些信徒边唱颂边抛撒花

---

1 信仰黑天的印度教分支。黑天是印度教中深受崇拜的神。

瓣时，浑身洋溢着幸福。如果我笑得太多，别人可能会觉得我要么磕了药或喝多了，要么在自鸣得意。我记得有个关于微笑效应的实验。那些有意经常微笑的人，幸福感在量和质这两方面都更高。面部肌肉系统当真能改造大脑，增进幸福，减少恐惧吗? 过分的乐天态度会妨碍我创作小说；而如果我过分陷入感伤，我对人的本性、意图和情感真相的细微差别可能就不那么敏感。我将变为低劣品的探测杖，我的作品将成为陈词滥调和滥用惊叹号的文学典型。我咯咯笑! 我倒抽气! 我长吁短叹! 我抽抽噎噎! 我会对别人尽情倾诉：我的狗狗们实在太可爱啦。我的丈夫可真好。我最好的朋友是世界上最棒的。或许，变化早已发生，体现在我的作品中。

有个朋友提出建议，如果情绪变化给我带来如此多的困扰，那就应该停药，改用其他治疗方案。我不愿这么做，因为这个药方不仅相当有效地控制住癫痫，还抑制了我脚部的周围神经痛。这两件事才是值得高兴的真正原因。倘若我停用这种药，新药或许没那么管用，一旦病症复发，七成的概率是我局部的小病将演变为癫痫大发作。如果脚痛复发，我的活动自由将再次受限，忍受剧痛方能走到一街区以外的餐馆，更不消说远足或滑雪了。户外活动使我由衷地感到快乐。我担心，停用使我情绪高涨的药物也许会导致情绪低落，使我陷入持久的抑郁。那样的话，我就不会因不真实的快乐而高喊，而会面对禁行的标识哭泣。所以说，比较风险与收益，感觉太幸福又有何妨? 无论药物对我的大脑做了什么，我都要袒护这位富于同情心的神经系统的新伙伴。

时间消解了部分顾虑。药物的副作用稳定下来，突然高涨的乐天情绪的出现频率也降低了。我醒来时不再快活得想要高歌一曲，我需要喝咖啡。我在机场确实变得紧张了，也的确能停止放声大笑。我心里仍觉得痒痒，大脑却多了几分辨识能力。当我的小狗屡次试图让我这个懵懂的人类拿一个比它还大的玩具和它玩"你丢我捡"游戏时，我的辨识能力发挥了作用。

由于心里痒痒的情感反应已变得没那么频繁，我开始进行分析：例如，将这种反应持续了多长时间与刺激因素究竟有多暖心相比较（这样一来，我家的可爱小狗与狗粮广告中的可爱小狗成了竞争对手）。就这样，我有个奇特的发现：在我的头脑意识到这种情感之前，我总感到内脏先有反应——突发的痒感。二者的先后之差不到一秒钟。不过，由于经常有这种体验，我已了解它们的时间排序：心痒。噢！真可爱。心痒的感觉就像有人轻拍我的肩膀，让我注意狗狗充满渴望的神情。身体的反应比意识超前，这引我发问：在令人畏惧的情形下是否同样如此？在我有意识地感到地震发生之前，心跳会加速吗？我向别人问起过这些感觉，可是没人明白我在说什么。也许，只有我的情感与迷走神经总是稍稍不同步。又或许，你需要体验上千次突发的身体感觉和随之而生的感情，才能分辨二者间细微的时间差。无论是何种情况，我都由衷地高兴，原本旨在减缓神经活动的药物也干预并影响了我的情绪。它促使我追根溯源，由此发现情感与迷走神经之间存在关联。

对意识与身体反应的持续兴趣使我注意到另一个对身为作家的我而言非常重要的神经过程：在情感加剧的情形下，迷走神经释放出一种荷尔蒙——去甲肾上腺素，它进入大脑中被称为"扁桃核[1]"的部位，那里储存着感情最强烈的记忆及其最初反应。经历越是可怕，进入扁桃核的去甲肾上腺素增多得就越迅猛，从而增强扁桃核的能力，储存生动且更加强烈、持久的记忆。这种过程又被称为内脏反应，因为当受创时刻的记忆浮现时（通常出人意料），内脏会发生潜意识的反应。对遭受过枪击的受害者来说，骤然炸裂的气球即刻勾起他们被枪击时的记忆。你不会在其中找到有关生日派对或动物园的快乐记忆——除非生日蛋糕爆炸了，狮子逃出笼子，咬掉了你的耳朵。我们生活中的恐怖事件——最糟的经历——存在扁桃核中。这是患有创伤后应激障碍的人的记忆通道。

我记得有一次在意大利，卢和我坐在租赁汽车的后座上，我们的一对夫妻朋友坐在前排。其中的丈夫以八十英里的时速在高速公路上行驶，按当地人的标准这算慢速，他们在高速路上飞驰时真叫人不放心。过了高速路岔道大约一英里，我们听到了神秘的、节奏如心跳的哔哔声，这种声音很快变得更快，好似加速的心跳。"那是什么声音？"我问道，声音却停了。片刻后，声音再次响起，起初很慢，之后逐渐加速，接着是持续了一秒钟的一声巨响，一辆汽车猛地撞了上来，我们的车被撞得沿着高速公路连弹带转。卢和我紧握着彼此的手，但在汽车打转时我们没发出任何声音。随后车子撞上隔离带，急转，往另一个方向冲去。那一刻，我确信我们要死了。我们对命运毫不反抗，也不祈求上帝。我只希望我们不要受罪。就

---

1 扁桃核：位于大脑底层，是产生、识别、调节情绪，控制学习和记忆的脑部组织。

在我们看似要翻车的刹那，车又撞到另一处隔离带，车身歪了一下，随即又正过来，滑行一段后慢慢停住。车子到处都撞烂了，车窗全掉了，下面的轮子也变形了。但我们竟然没受伤，另一辆车里的乘客可就不同了。其实，我的右手肘的确擦破了皮，尽管没流血，却留下一个疤。至今疤痕仍在，提醒我那次奇迹。事故残骸导致高速公路被封了三个半小时。当晚，我们赶上了一位朋友家的户外晚宴。我本以为自己已经复原，但在描述我们死里逃生的经历时，我仍浑身打战，声音发颤。之后的那个星期，我只要一醒来就会半开玩笑地问卢："我们死了吗？"从我们的窗户可以远眺连绵起伏的山丘和柱子似的林木，犹如文艺复兴时期油画中的背景。我陷入沉思：也许我们已经死了，只是不知道而已。我们是度假的幽灵，如同上世纪五十年代电视剧《逍遥鬼魂》中的乔治和马丽恩，两人在瑞士滑雪时死于雪崩，化作游魂。我们死后不在格施塔德的滑雪坡道上，而是在俯瞰意大利卢卡市的山坡上，在一座有四百年历史的猎户小屋里。我们回到家，而关于那场车祸的记忆经过一番辗转，成为我们常讲的大难不死的逸事之一，只不过讲述时略微加了一些幽默的点缀。

"当汽车打转时，我在想我终于可以不用写完那本小说了。"如果我们都能这样一笑了之，我们显然已经恢复正常。事故发生几个月后，我在墨尔本搭乘租来的轿车去参加活动。当司机倒车准备掉头时，我听到哔哔声，立刻惊叫起来，整个人扑倒在座位上。几秒钟后，当我尴尬地笑着坐起来时，心脏仍狂跳不止。这种哔哔声属于汽车警报系统的一部分，在美国尚不常见，作用是让司机知道与其他物体的间距，无论是停着的车，还是在意大利高速公路快车道上的尾随车辆。在那以后，我的扁桃核便将哔哔声从引发恐惧的刺激物清单中剔除。这很好，因为我们买的下一辆车就装备了同样的警报系统。

我还经历过这些恐怖时刻——被人用枪逼迫，被泥石流所困，险些溺水，从冰川上翻滚下来，立于街头眼睁睁看着世贸中心的第二座高楼倒塌。这些事件为饭桌上的交谈与冷静清醒的思考提供了真实生活的现成素材。我也经历过令人惊恐的情感创伤，比如那一次，我们陪同警探进入前室友的公寓，我看到了床上的血迹、曾用于勒死他的绳子，还感到强烈的恐惧气息。我们必须确认可能失窃的物品，后来又看了在停尸房拍的照片以确认死者。多年来，即使我自以为在心理上已复原，但每年他祭日的前一天我都会失声，而那天恰巧是我的生日。由于潜意识，我仍旧骇然无语。

还有一些经历是我的个人秘密。它们可能不像谋杀那般富有戏剧性，但或许在其他某些方面具有危险性——可能是在我的心理和精神方面。每个人都受过大大小小的惊吓，心里有长久埋藏的情感伤痛。它们常在我创作小说时浮现，总是让我吃一惊。有一件事令人震惊：母亲险些杀死我。我怎么可能忘记此事呢？我不是有意识地选择遗忘。我的潜意识将一些记忆推到了密室的最里面。这是在为我的幸福着想，替我决定这样做对我最有利。潜意识为了保护我，于是安抚道：好啦，好啦，都过去了，多想也没用。它如何决定应该隐藏什么，如何决定应该让我规避哪些危险？也许我年轻时必须遗忘一些事，但年龄的增长和事后的洞见显然已清除危险。谁想回到闹鬼的房子里，去看被砍掉的头颅和死者的鬼魂？我想。我想找回被潜意识隐藏的那些时刻。我的好奇心尤甚——这倒不是因为我写小说，总在寻觅能当素材的好故事。那些故事本身在促使我创作小说，而我永不餍足地需要明白事情为何发生。扁桃核里储存着大量的失望和震惊，还有伤痛与残骸。有些时候，我迷失在商店或街头，能想到的原因并不只是我走错了方向。没有人爱我，我被遗弃了。那些负面的东西赋予我如今的情感反应——个性中的怪癖，反复无常，深藏不露，还有我的耻辱感和愤慨，我的恐惧与痴迷执着，还有希望的延展和压缩。那些记忆使我的想象力成为随时待命的生存机制。我想了解那些到底是什么样的经历。

请注意，我的目的与自我心理分析无关，也不是想以夏洛克·福尔摩斯式的方式破解侵犯我灵魂的罪行，使我能够一键复原。我不想改变自己，不想胆子更大，不想变得更加开朗，更有雅量，或如此等等。我乐意接受这些事实：某些事物使我不开心，我的恐惧在别人看来是多余的，或是我每天都在私下里思考死亡。这些没有一样是我无法忍受的，它们都是我的癖性、我的个性。它们造就了我。但我也想知道扁桃核里保存了什么，因为其中包含的成千上万个故事解释了我如何渐渐变为现在这个样子。我要如何回溯自己的本原呢？

就在今天，我悟出了答案，正如多萝茜在《绿野仙踪》中所说的那样："原来它一直都在那儿。"小说的思维能带我去它熟知的地方，使认知浮出水面，并跃然纸上。显然，我无法说明虚构性思维与有意识和潜意识的记忆是如何合作的。不过，基于我对虚构性思维如何在我这里起作用的直觉，我得出了一种假设。它与虚构性思维允许想象力将自由浮动的情感作为线索带回的方式有关。我指的不是与编造细节相关的那种虚构想象力，那犹如从调色盘里选取一种颜料。我所谓的虚构性思维，能放手让自由形式的想象力来接班。那种被释放的想象力浮起来，变出看似随意、不那么有意义的东西，譬如在我癫痫发作时显现的里程表。虚构性思维的运作方式是任由"各色念头联翩而至"，不固守真实发生的事情，而是即兴发挥。它要求我抛开逻辑、假设、理由和有意识的记忆。直觉引导着我，而当我整合出故事时，直觉的本源就会回归，它不仅仅是对发生了什么的遥远记忆——我仿佛正在亲身经历某个时刻，并由此体验着惊心动魄的悬念。

奥克兰，1955年7月：右边咧嘴大笑的是我，比左数第二个女孩大一个星期

　　我的写作可以这样开始。首先，我选择一个场景作为虚构的世界。如果我愿意，之后我可以改变它。因此为方便起见，让我们就当它是一场生日派对吧，发生在我八岁时曾住过的一个小区的房子里。朋友们都来了，有小孩，也有他们的父母。所有人都聚在厨房的餐桌旁，桌上摆着一个自制的蛋糕，上面点缀着八支蜡烛，女孩的父亲很快就会点亮它们。桌上还放着包好的礼物。（此处，我以作家的理性思维快速评估一下：八岁时适合举办生日派对。那个年龄的孩子想显得更成熟，但作为主要礼物，父母送给她的东西也很重要。那会是她想要并暗示了好几个星期的东西吗？比如，一个娃娃？如果她得到了，那将成为爱的证明。又或者，那会是她父母曾暗示过的她实际需要的东西吗？比如，一双便鞋？）

　　作为作者，我设想出礼物可能的备选项：（A）她想要的东西；（B）父母想给她的东西；（C）父母想给她的东西，但还给了她第二件礼物，即她想要的东西；（D）她想要的东西，但在收到礼物时，她发现自己并不想要，而又必须隐藏这一事实。诸如此类。作为作者，我会剔除这些选项。它们是作者有意识地进行创作时把玩情节的产物，而这些东西都很普通。现在是时候放开手脚，想到什么就写什么，即使并不合乎情理。我就在此处找到了惊人的直觉。从这里开始，我即兴发挥这种"身临其境的体验"：八支蜡烛插在白色蛋糕上，上面用花式字母写着女孩的名字。蜡烛的大小和颜色各不相同，有粗大的粉色蜡烛，棍状的蓝色蜡烛，还有带螺旋线的……这些杂色蜡烛都是以前生日派对剩下的。她的弟弟指着黄蜡烛，说他喜欢那支。三个邻家女孩也指出自己喜欢的颜色。在父亲点亮最后一支蜡烛——一支看似拐棍糖棒的红蜡烛——之前，他说她应该问问自己，上帝想让她许什么愿。她点点头，不过她已有一个秘密的心愿，就是要比学校里人见人爱的另一个女孩更受欢迎，因为那个女孩对她不好。如果父亲问，她会说希望中国的亲戚们有一天能来美国，那是他们企盼的事。父亲将火柴移向第八支蜡烛，她准备吸气。砰！一声巨响撼动了整幢房子，屋里白光闪动。是闪电？外面有人尖叫，还有喊叫声。肯定是出车祸了，父亲说。有个小孩高喊某国刚刚投下炸弹，随即跑了出去。大家也都跟出去。只有女孩仍坐在桌边，她面前蛋糕上七支蜡烛的烛泪融进了糖霜里。她不在乎外面发生了什么。她气鼓鼓的。她想许愿。但如果只吹熄七支蜡烛，她可能会死去。她轻轻拔出黄蜡烛，用它点燃那支糖棒似的红烛，随即惊叫起来，因为热蜡烫了她的大拇指。她奔到水槽边，用冷水冲洗大拇指，冲到它不疼为止。当她走回桌边时，看见铺了油毡的地板上有一小摊黄蜡，还有火苗起伏的光晕。她跺着脚使劲踩，仿佛那是一条毒蛇，她要将它踩扁。她发现脚趾上有一层薄蜡，地板上有一张黄蜡饼。她笑起来，将油毡上的蜡饼撕下来。她的心怦怦直跳。她看到一个铅笔尖大小的黑点，边缘是棕褐色的。她想将它擦干净，结果中间烧煳的地方却显得更深、更黑了。她用糖霜盖住黑点，又把糖霜擦掉。可它看起来更深了。她不想再看见那个黑洞。今天是她的生日也无济于事。妈妈会发脾气，生日派对、蛋糕、礼物和她的心愿都完蛋了。她的兄弟们会出门去，邻家女孩们也要回家了。她开始哭泣，无法自控。她凸起的下唇颤动着，犹如一只接眼泪的杯子。她忍不住放声哭泣。她从来没有如此孤独和凄凉过。就在那时，她看到一个白人女子站在屋子靠里面的地方，她不认识那个人。她一直都在那儿吗？她是父母的朋友？她看到有东西掉在地板上吗？一种不祥的感觉使她觉得胃里一阵翻滚。白人女子看似有些眼熟，但她不明白自己为什么有这种感觉。她头顶的天花板上有一处裂痕，最近一周越裂越大。那个女人可能是从裂缝里蹦出来的。女人举起一只小小的八音盒，示意女孩过去看她带来了什么。她给八音盒上弦，准备播放音乐。女孩瞪大眼睛，低声说："不要。"但她不由自主，没法逃开。她认出了这个女人，可就是想不起前因后果，只记得那是件坏事。她的胳膊绵软无力。她想让女人走开。但她只有八岁，不能那样跟大人讲话。女人流露出不耐烦的表情，而女孩现在认为，上帝派她来是因为自己不服从上帝的意志。她想要许下一个自私的愿望，让她的亲戚们忍饥挨饿。那个女人是愤怒的天使，甚至会比母亲更严厉地惩罚她。她无力改变这一切。

　　我刚刚写下的内容无一出自我的生活，除了我想象中的布景：厨房中的桌子。我不知道接下来会发生什么。但我确信，在记忆最深处的某个地方，我的想象与情感是一致的。这种感觉令人感到如此熟稔。现在，仅仅凭借身体的感觉——比如，沉重的心脏歪斜在体内，狂跳不已，四肢则软若无骨——我便能追寻到线索。即使从未刻意回忆某些真实事件，我也能欣然发现它们的本质，我需要理解往昔，才能明白在我生命的某些时刻，对生存而言，什么是必需的。是真实的情感。虚构性思维在漫步闲游之际，找到了它们。作家能将它们写进从未发生的故事里，但未发生的故事实际上以最深邃的方式发生过。

第五章　恍若重历的感受

在开始写小说几年以后，我参加了一个名为"寻找故事"的作家工作坊。它由已故的了不起的吉尔·丹尼斯[1]发起，属于编剧项目的组成部分。该项目隶属于斯阔谷作家同盟[2]，我第一次参加作家工作坊就是在这个同盟。我们屋里大概有十个人，彼此都不认识，其中有位明星学员，他导演的独立电影曾获奥斯卡奖提名。有两人曾在影视行业从事过初级工作，余下的人都是发表过一两部作品的小说作者。我属于后者，此前不久，我在一本小杂志上发表了第一篇小说。

作家工作坊的地点在一个滑雪屋的餐厅里，小屋位于峭壁上，俯瞰一条滑道。冬天时，你在可以在院子里踩上滑雪板，爬上设有索道缆车的斜坡。我很欣赏这个地点，因为我滑雪，尽管水平一般。这正是我钟爱的滑雪地形。此时正值八月的温暖午后，透过打开的窗户，我们能看到缆车载着夏日的游客上山。这真是个诗情画意的

---

1 吉尔·丹尼斯（Gill Dennis,1941—2015）：美国著名导演和编剧，导演代表作有《无证可寻》，编剧代表作有《重返奥兹国》《无证可寻》《与歌同行》。

2 斯阔谷作家同盟：1969 年成立，每年夏季在美国加州斯阔谷举办作家联盟会议。斯阔谷是美国滑雪胜地，此地曾举办 1960 年冬季奥林匹克运动会。

日子，但当时屋内却"危机四伏"。吉尔让我们做个练习。他说："我想让你们想出某个时刻，在那一刻，你觉得自己即将死去。把它写下来。"

我的选择大概与我们在斯阔谷所处的位置有关。我记得有一次，卢鼓励我从一条滑道滑下去，他说我能做到，没问题。我到达滑道顶端时吓了一跳。滑道又陡又滑，布满小雪丘。他哪能料到我有可能滑进深渊里呢? 要原路折返上山已为时太晚。卢已滑到山脚下等我。我站在滑道顶上，动弹不得。他喊了我十五分钟，让我下去。最后，我僵着身子滑了出去。在第二个转弯处，我滑倒了，仰面朝天地摔在地上。我的滑雪服光溜溜的，在冰面上根本停不下来，向下滚落时我一路都在尖叫，喊娘喊救命。我觉得自己势必会坠下岩脊，或是猛撞在一棵树上。滑到山下时，我已变得歇斯底里。当我终于缓过神来以后，便开始骂卢。后来，我疑惑自己为何一直喊着妈妈，像我小时候的样子。想必那表明我以为自己就要死了。

当我们放下笔以后，吉尔用催眠般的声音说："无论你写了什么，我都希望你将它搁在一边。也许你记起了某件事，事发时有十秒钟左右，你认为自己快死了。但事情随后就过去了。"的确如此。吉尔继续说："我想让你们再努力想想，你当真确信自己会死的一次经历。"

经过一番努力回想，我记起了十九岁时发生的一件事。有个室友要前往我就读的社区学院，于是我与室友搭便车同行。我已错过前一节英国文学课，所以那天一定得去。那时正在下秋季的第一场雨。过桥时，车子侧滑了一下，我的胃跟着翻搅起来。然后，车子开始失去方向，轮胎打着滑，竟滑过了马路的中线，将我们置于旁边的双车道上，正好对着迎面而来的车辆。我闭上眼睛，认定自己必死无疑。车上没有安全带。就在我们即将与一辆卡车迎头相撞的千钧一发之时，我们的车向右一滑，一路蛇行穿过三条车道，径直撞向路灯杆。过了一阵，我感到头痛欲裂，医护人员扶我下车。我的头猛撞上挡风玻璃，想必晕了过去。当他们将我抬向救护车时，我拒绝上车。我没钱付费。我还告诉他们，我必须去上英语课。他们坚持要我去医院，而我碰巧被带到母亲工作的那家医院。她神情忧虑地守在我身边。X光报告认定我的脑部无恙，但鼻梁略歪，右半边脸肿了，最终诊断为"眼眶瘀青"。之后我就搭便车去上课了。故事到此结束。

吉尔又说："我想让你们把那个故事放一边，再绞尽脑汁想一想——你当真确信自己会死的一次经历。"我回想起另外几次事件，但都不比前两个更糟。在一次背包旅行时遭遇六头黑熊，但与其说可怖，倒不如说是滑稽有趣。还有什么？刹那间，一阵势不可挡的心潮涌起，我顿时潸然泪下。吉尔示意我发言。我一边啜泣，一边倾吐那段记忆，仿佛呕吐般难以遏制。

母亲举着中式切肉刀，就是她平时用来切生牛肉的那把刀。她冲着我走来，我一路后退。我们身处同住的卧室里。她用插在锁孔上的万能钥匙锁了门，将钥匙丢到一边，朝我一步步逼近。我不停后退，躲开切肉刀，最后紧紧贴到墙上。我不会让她看出我害怕。我比她更厉害。我能让自己毫无感觉。

但她的眼睛的确很怪，这回与以往不同——灼灼放光，二目圆睁，仿佛她看不见我。就在那一刻，我觉察到她疯了，真的疯了。她离我的脸那么近，我都能感到她呼出的热气和说话时喷出的唾沫。我没法再直视她。于是，我扭头望着左侧窗外的日内瓦湖和山上的皑皑白雪。风光旖旎，只可惜所有美景都枉费了。我是如此孤独无助。

随后，母亲用一种喃喃发颤的怪声说："我受不了了。"她没大喊大叫，而是近乎低吼，听起来反而更可怕。她说："我不能眼睁睁地看你跟那个男的在一起，毁了你的一辈子。还等什么，我们早就该跟彼得和爸爸在一起。我先杀了你，然后是约翰，最后自杀。我们一起上天堂吧。"

她像招魂般呼唤爸爸和彼得的名字，她此前也曾威胁说要自杀去陪伴他们。现在，她要和我们同归于尽。这次，她或许真的打算付诸行动。就在那时，我突然发火了。她没完没了地威胁要自杀，如今又威胁要杀我。她忍无可忍，我也是。我大喊着："来呀。动手吧。现在就杀。"说完我就意识到我可能真的会死，但为时已晚。我这是在激她，会让她无路可退。她呼吸急促，胸口起伏不定。她目露凶光，当真要杀人。我就要死了。生命就这么结束，此刻我孤独而哀伤。那会很痛，可我已经不在乎了。我只想结束一切。我闭上眼睛。但那一刻，我听到心底有个脱离身体的声音——不是我的声音——它在哀号："我要活下去! 我要活下去!"我气得要死，因为那个声音出卖了我。

我讲完故事才意识到，自己竟当着一帮陌生人的面，进行了一次情感大曝光。他们对我一无所知——事发时我十六岁，父亲和哥哥已于前一年去世，母亲着了魔似的带我们去欧洲逃避诅咒。我们住在瑞士一座巴伐利亚式的小屋里，屋外是赏心悦目的湖光山色。母亲已连续数日因我的男友而冲我大喊大叫。他是德国军队的逃兵，无业嬉皮士，吸食毒品，有自杀倾向。他们不知道的是，自从我记事以来，母亲便一直威胁说要自杀，但唯独这次威胁要杀我。

我记得当时的感受，那个无形的声音自有其意志，与我的想法相抵触。这意味着我当时已精神崩溃了吗？为何它说"我要活下去"而不是"我不想死"呢？也许，我的心灵将它存在记忆的禁区，是因为知道那次经历已将我逼到绝境？我思忖着其他令人心惊的问题：她会那么做吗？她一向都过分地保护我。她会为保护我而杀了我吗？有可能。母亲有没有放下切肉刀，因险些做出的举动惊恐得倒吸一口气？她是否当即打开门锁放我出去？

后来，我又怀疑也许那一幕从未发生。如果确有此事，我是不会忘记的——至少二十年内不会。我向弟弟讲述了这段经历，可他不记得曾经发生过任何此类事情。他说，倘若他当时在另一间屋里，或许会认为那就跟曾发生在我们母女间的其他争吵一样。最后，我给母亲打了电话，直截了当地问她，我们在瑞士时她是否曾想用切肉刀杀死我。她当即证实此事，而且说话时毫无懊悔之意。她说，那时她已失去一切，彼得和爸爸，还即将失去我。她实在忍无可忍了。我问她最终为何住手，她说不记得了。

　　自从目睹她的母亲死于过量食用鸦片，我母亲心中一直有自杀的念头。那时她九岁，她说想跟母亲一起随风飞去。由于某种原因，她认定母亲之死与她有关。我现在明白，她可能顶撞过自己的母亲，就像我对她那样。或许是她不肯对守寡的母亲表示同情，而我对自己的寡母亦如此。又或许，当时九岁的母亲曾对别的姨太太表示好感，因而激怒了她的母亲；如果那个姨太太曾羞辱过她的母亲，那么后果尤甚。无论情形如何，尽管我母亲因其母自杀而怪罪继父，但她也同样自责。她始终在追究事发的原因；通过自找罪恶感，她也找到了原因。

　　母亲与第一任丈夫所生的小女儿丽君曾说，我们的母亲想以自杀来逃避姓王的丈夫。丽君也因王某的凶残而憎恶他，不认他这个父亲。她被我们的舅舅搭救出来，抚养成人。与我同母异父的二姐锦多记得母亲曾威胁要自杀，也尝试过几次，有一次甚至因此被送进医院。当母亲撇下她离开中国时，她才七岁。她从未因母亲将她们姐妹三人撇下而怨恨。她说，她理解母亲为何被迫出走。她仍爱母亲，盼望她回来。她保存着母亲的毛皮大衣，尽管所有的毛在洗后都已掉光。可她怎能不生气，怎能不被深深地伤害呢？"文革"期间，锦多在十七岁[1]那年被派到稻田里干活，在那儿一待就是十九年。她睡在公社棚屋的木板床上，大雨滂沱时屋里就发大水。她经常想象母亲住在一座大宅中，尽管那与事实相去甚远，但母亲的艰苦生活却无法与锦多的艰难生活相提并论。后来，母亲曾几次去中国看

1　作者的母亲于1949年离开中国，前文称那时二姐锦多年仅七岁，此处说她"文革"期间十七岁，疑似笔误。

望女儿，但直到锦多移居美国以后，才深入地了解母亲。她去加利福尼亚探望母亲时，亲身体会了我们的母亲是多么易怒，批评别人时是多么尖刻，譬如数落别人习惯不好、小气吝啬、不讲卫生、厨艺尤其糟糕。她发现母亲不肯放过任何错误，尤其是第一任丈夫犯下的那些过错。她会列举他的一系列恶行，连续几个小时变着花样地控诉，还不时询问我们这些听众："你们能想象吗"，或是"谁能忍得了这种事"，又或是"你们明白我为什么恨他了吧"。有一次，母亲得知锦多用自己给她的两百美元支付了她父亲来美国时的花销。对母亲而言，这可是背叛行为。她屡次追问锦多："你爱他吗?"锦多会回答："当然不爱。"母亲去世后，锦多说她知道自己不该说出任何会让母亲认为她喜欢父亲的话。她承认他是坏人，他在第二任妻子虐待他与前妻所生的孩子时袖手旁观。"可爸爸就是爸爸，"她用抱歉的语气对我说，"正如妈妈就是妈妈一样。"她还说，尽管她现在知道母亲不易相处，却仍觉得自己能在她身边长大该多好。

妈妈就是妈妈。幼年时，我有好多次希望她不是我妈。但我长大以后，她便是我思考方式和观察方式中不可分割的组成部分；因此，希望她不是我妈就好比希望我完全是另一个人。我之所以是我，很大程度来自她的基因特征，也源于她通过生动形象的告诫，反复灌输给我的噩梦；源于我本人对她的反抗。我无法想象，倘若她的性格乐观开朗，不像间歇性海啸那样狂暴，那她会成为什么样的人，而我又将是怎样的人。那些或疾或缓的情感发条塑造了我的一部分心智，而它们最终归于她那句惊人的宣告："我还是自杀的好! 然后你们就高兴了。"父亲、兄弟们和我绝不能把她的威胁当作虚张声势。她已向我们表明她会将威吓付诸行动，尤其是当她怀疑我们不相信她的时候。我们是她的人质，见证彼此被卷入无休无止的情感战争。有时，她宣称就要死在我们眼前。其他时候，她平静而悲伤，说她不如马上死去，免得让我们受罪。六岁时，我宣布再也不想弹钢琴了。她听完沉默不语，过了好几分钟，她终于声音颤抖地说："你为什么要听我的？很快，也许明天，就是明天，我反正要死了。"这使我抓狂。那个年龄的我即使在商场里迷路都会在内心留下阴影。我恳求她不要死。她安慰我说，如果我真心想要一个母亲尽她的一生指引我，她就会留下。或许她的母亲说了类似的话——如果没人想听她的建议，她还是死了好。也许，她以前也有不听她母亲的话的时候，没有任何一个九岁的孩子会完全听话。她的母亲曾有过一系列以死相逼的经历，还至少两次当真。有人说，外婆二十四岁时曾威胁要吞金——在家境富裕的女人当中，这是自尽的常见方式——因为她的父母不想让她嫁给一个穷学者，那人便是日后的外公。我思索着外婆曾让我母亲体会到怎样的情感危境，又是什么赋予了母亲如此的天性：具有不可思议的韧性典范般的适应力，却又能在瞬间变得狂暴冲动，想要将自身一举毁灭。

在成长的过程中，我从不觉得母亲抑郁消沉。我以为患抑郁症的人都因悲伤而整天卧榻，看起来病恹恹的，无精打采。母亲总是下床活动，精力超常。我记不起她得过感冒或流感。她的主要问题在于，她思考问题时很消极，我眼见这种情况日益严重。她在好人身上发现虚假，从别人对待她的方式中看出轻慢。她无法容忍别人与她意见不合。如果屋里有个人更引人关注，她就以为别人排斥她。

1960 年：作为客座牧师的父亲成功发表布道之后

她将别人的拖沓视为缺乏尊重，以为别人不爱她了，而且自己将被抛弃。可有些时候，她却在同样的举止行为中发现幽默和风趣。她谈吐诙谐，能惟妙惟肖、淋漓尽致地模仿别人的虚情假意，包括扭捏作态的假笑。但某个不好的念头潜入她心里以后，便会始终盘踞在那儿，化脓溃烂。她无法摆脱那个念头，直至在爆炸般的威胁中将它驱走。

威胁恐吓是我们的家常便饭，在一段糟糕的时日里也许天天出现，或是每周出现，或是一月两次；在相对安宁的一段日子里也可能荡然无存。倘若我按时间顺序记录每次爆发，我怀疑是否会发现一个可靠的模式。事实上，正是由于她的威胁全然不可预知，我们才时而高度警惕，过后又不加防范。我会在母亲的情绪中找寻细微的变化，却又过早假定没有什么事会将她引爆。

　　今晚，我观看了朋友们自制的关于家庭晚宴的影片。我父母出现在两个场景中。第一段是 1963 年拍摄的，当时我十一岁。弟弟约翰站在门口一言不发，出神地瞧着面前的摄影机。母亲接着出场，身穿红色连衣裙和奶白色大衣。她的发型柔软蓬松，几缕银丝泛着娇俏光泽。她粲然一笑，鼓励我弟弟微笑，然后进了屋。父亲随后出现，对着已经在场的人露出惊讶的表情。他开心地笑着，在一堆礼物上又添了一件。母亲美丽动人，父亲英俊潇洒，两人美满幸福。第二段录像是在一两年后拍的。弟弟和我在别处跟其他小孩玩耍。父母还在那座房子里，和十到十二个华人朋友聚会，他们团团围坐在餐桌旁，正用中式的汤碗喝汤。其他人比我父母年轻十到十五岁。女士们都精心做了发型，身穿社交礼服。母亲穿着白毛衣，就是跟她的护士服搭配着穿的那件。她是下班后直接来的吗？还是她特地穿上这件以表明身份呢？她的发型不好看，因为没烫好。母亲曾以她那上海电影明星般的姿容为傲，如今人到中年，尽管风韵犹存，穿着却已过时。大家都抬头看着摄像机，有的面带微笑，有的哈哈大笑，还有的挥手示意，或是高叫着插科打诨。当镜头拍到母亲时，她迅速配合地微笑一下，随后继续低头看着碗里的汤，神情阴郁，眉头微蹙。当镜头再次转向她时，我猜举着摄像机的朋友说了一句"嘿，黛西，给我们美美地笑一个呗"，因为她阴沉着脸，紧抿嘴唇，摇了摇头。影片过了一帧又一帧，她的神情始终忧郁而愠怒。父亲仍面带微笑，但似乎有些迟疑，完全不像他平时那样合群。大概是出了什么事。或许父亲在家说了什么，导致她来的时候情绪低落。也可能是他对别的女人说了什么，比如称赞她的厨艺或待客之道。我料想我们一进到车里往家开，争吵就会立即爆发。之后，我观看了第三段录像剪辑。时间是1970年，大约在哥哥和父亲去世两年后。我离家去上大学了。母亲和参加庆祝活动的其他人一起站在草坪上。乍看之下，她似乎很开心，大部分时间都在微笑。可我后来注意到，别人都三五成群地聊天，在她身旁，在她身后，或是在她面前，却没人跟她说话。没人邀她加入闲谈。父亲不在了，她在这种聚会上茫然无措。当有人示意大家站过去合影时，她走到最靠边的位置。她仍在微笑，但身旁的男士从她面前探过身去跟别人讲话，仿佛根本没她这个人。后来，她那种遭人排斥的感觉恐怕演变为愤懑与绝望。我想知道她独自一人时会如何表达那些情感。我热泪盈眶，因为我第一次发觉她是多么孤独，多么脆弱。我清楚地意识到这些，但想要呵护她却为时已晚。

天津，1945年：婚外恋之初

在成长过程中，我在她脸上搜寻着危机的预兆：紧绷的下颌，双唇紧抿的笑容，还有可怕的怒视。她不想吃任何东西、不想参与任何活动时会淡漠地找一些托词。她的情绪会骤然转变——从争论不休到过分殷勤。一旦她发作起来，几乎没有悬崖勒马的可能。有时，当弟弟约翰情绪失控时，她会恢复理智。但那时他还是个可爱无助的小男孩，等他年纪大了，就只得在她面前沉默无语。当弟弟和我熬过了又一次高风险的风波之后，他曾哭着给我打电话："我都四十二岁了，可她还是让我觉得自己像个孩子，害怕她真会那么做。"

她最后一次想要自杀是在被诊断患有阿尔茨海默病之后不久。当时我们在餐馆里，她误以为女儿丽君抢了她的"电影主角"位置，因此发起火来。那时，一家英国电视公司计划为我母亲拍摄一部纪录片，这在某种程度上让她有了当"电影明星"的错觉。当我们得知母亲患有阿尔茨海默病后就取消了该片的制作。可事情到了这一步，我们还得顺着她的错觉演下去。我们让她放心，没有其他任何人能主演那部片子，因为"影片"全部是关于她的。我很不明智地补充说，无论如何丽君也不是能做出那种事的人。"没人相信我，"母亲说，"你们都宁可相信丽君。"在那家拥挤的餐厅里，她说出了吓人的话："你们再也不必听我的，我现在就自杀。"她从椅子上一跃而起，夺门而出，奔向范尼斯大道交通繁忙的六条车道。她已越过马路牙子，踏入一条车道；千钧一发之际，我丈夫一把抓住她，将她扛在肩上，而她则一边踢他，一边捶打他的后背。我们将她带上车，送去了医院。当医生来跟她谈话时，她就变得温顺了。医生总能使她顺从。

她一生中第一次，医生让她服用抗抑郁药物，效果很显著。她向心理医生谈起自己人生中的种种悲剧。她问医生：为什么会出这种事？她向他讲述我平生一直在听的故事。"抑郁是因为我忘不掉。"她说。

上海，1934年：18岁的黛西，"我就是因为漂亮吃的苦"。

当我出版第一本书时，母亲欣慰于我的故事中包含她的一些生活点滴，尤其是她母亲惨死的事件。她比任何人都更清楚，那些故事中有多少虚构的成分。但她也能从其中看出她自己的影子——在母亲们的思维方式之中，在她们强调往事的重要性时，在她们顽强地改变命运的过程中。不过，因为故事是虚构的，她要求下一本书就写她的"真实故事"。我其实已开始创作另一部小说，正在奋力把它写得生动精彩。下一部小说何不更多地基于她的一生呢？她给我的什么礼物能胜过她的亲身经历呢? 我给她的什么礼物又能好过做她往事的见证人和寄予同情的伙伴呢? 她开始讲述曾对我说过无数次的那些故事。于是,我把她拉回她仍感觉幸福的早年生活中。她的小儿子做过什么事让她认为他特别聪明? 她陪她母亲去过哪里? 为了更多地帮助我,她经常给我打电话,诉说刚记起的一些事。她能聊上一个小时甚或更久。挂断电话几小时后,她会再次来电说:"还有件事。"我的小说俨然成了她排遣哀愁的通道。她极其乐于分享自己生活中的所有琐事,谈论着她对打过交道的人的看法——他们说过什么,她又说过什么,以及他们如何回应。然后,她会问我对她刚提及的某个女人有何看法。她很假吗? 她诚恳吗? 有许多次,我的大脑因为倾听她的愤怒、悲伤和恐惧而过度饱和。但当她正向我讲述母亲去世后她感到多么孤独时,我怎能告诉她我无暇倾听呢? 当她在电话另一头哭泣时,我又怎能对她说我得继续工作呢?

有一天,我邀她到我的住处讲一整天故事。我对自己承诺在聆听时不带任何判断,确保绝对耐心。我架起一台录像机。看到录像机时,母亲羞怯起来,担心自己会说错话。但在她开始谈论第一任丈夫——"那个坏蛋"——之后不久,她便似乎意识不到录像机就在面前。她表达流畅,开诚布公,感情强烈——她一边垂泪,一边紧握拳头捶打胸口。在某一刻,她仿佛从魔咒中抽身出来似的说:"可能你不想录下一段。我要说说性的事。"我告诉她可以畅所欲言。她向我讲述了婚后的早期生活,关于这个或那个情妇,这样或那样的谎言。她告诉我,如何佯装腹泻来逃避与他做爱。我笑她聪明机

灵。她在屋子里走来走去，演示记忆中的场景。她指着门口，说那
个坏蛋持枪站在那儿。她趴伏在地，指着别人在她丈夫疯狂挥枪，
恐吓要射杀他们时躲藏的位置。她听到枪"咔嚓"一响，随即他嘲
笑大家被吓破了胆。那只是玩笑而已。"这算什么玩笑啊？"母亲对
我说，"他只想看你跳起来磕头，但你却得把他要射杀你当真。"翌
日，有一头猪阻塞了交通，他气得跳下汽车，射杀了那头猪。农夫
奔到死猪旁边，为失去宝贵的财产放声大哭，结果"那个混蛋"还
威胁要射死农夫。"有一天，他说要跟我离婚，我喜出望外。"她模
仿着签署文件的动作，"他签了字，然后用枪抵着我的头，命令我也
必须签字。我说不必用枪威胁，我巴不得跟你离婚。"于是，她迅速
签署了文件，然后交给他。就在那一刻，他将她推上床，骂她现在
是婊子，随后强暴了她。讲述故事时，她声音发颤，时而高喊，时
而痛哭。她在那里重演自己的过去，重现人生中最悲惨的时刻。她
忘不掉这些事，它们连同所有的怨愤和恐惧，一起储存在她的记忆
和身体里。

　　我知道，在我的生活中，有许多受创的经历想必已被潜意识束
之高阁，而有些则是我刻意置诸脑后的，比如：味道糟糕的初吻，
或是我孩提时可能干过的坏事，还有多次受辱经历中的任何一次。
我的确相当擅长避开不愉快的念头。但有些记忆和真正恐怖的经历
又怎能忘却呢——比如，跟母亲手持切肉刀，对准我的喉头相似的
经历？在作家工作坊发起人那催眠式的声音的诱惑下，或在我本人
想要深度挖掘安全区域以下的内容时，会不会有更多经历浮出水面
呢？当我开始创作小说时，许多痛苦或辛酸的记忆再度涌上心头。

摆脱自我意识需要付出努力，甚至比避开不愉快的念头要花更大的力气，而这种努力本身与我所探寻的东西却势如水火。但是小说创作的思路一旦被解放，便既不被审查，亦无禁忌。它充满好奇，包容万物。它不带主观判断，因此它想象的东西都没错，也不受逻辑与事实的束缚。它可以迅速跟踪任何线索，但也能轻易转向，尤其是当它探查到一个秘密或矛盾时。不过，它最重要的特征在于探寻故事，它讲述发生了什么，以及因何发生。它如同探测棒，搜寻破裂的碎片而不是整块。它将残存的碎片与想象结合，意外地发现内在模式，而模式中的某些关键部分就在真实经历的记忆中。它能引导我回溯事情的本源：是什么使我现在胃中打结，四肢发凉。即使我为适应故事情节而改变事实，其核心仍是原始的体验。故事在回荡，真实可信，如同事发当时那般身临其境。

我一直在琢磨自己九岁或十岁时发生的某件事。我对这段记忆的感知仅限于最粗略的轮廓。它发生在我和家人坐在车里时，紧张的气氛最终引发了始料未及的严重后果。想起这段模糊的记忆时，我注意到某种不愉快的感觉——下颌与喉头发紧。我吞咽了一下，感到四肢有点儿发软，仿佛潜意识在警告我不要去那里。我也确实多年未忆及此事。但如今，在思考过记忆本质和身体感觉以后，我想知道自己能否跟随内脏发紧、扭动的不适感受寻回当初的体验。我发现自己感觉越难受，距离体验的本源就越近，如同"冷热游戏[1]"似的。如果紧张感减轻，就代表我正远离事情的起因。我的身体感

---

1 冷热游戏：一种多人游戏，规则大体为一群人猜谜或寻物，另一群人评判。当接近谜底或被藏的物品时，评判的人喊出"更热"，反之则喊"更冷"，直至猜出谜底或找到物品。

觉能引导创作小说时的心态。这样会使真实记忆的幽灵出现吗？我
又如何得知呢？

是时候走进鬼屋了。我做了一个让步：出于对安全和自由的双
重考虑，我将以第三人称来体验这段记忆。我已心跳加速了。

从教堂返家途中，女孩和兄弟们坐在汽车后座上，父母坐
在前排。天气很热，所有车窗都被摇下来，但也不管用。吹拂她
面颊的微风如同烤面包机顶上冒出的热风。那种热度能使一切都
变热——之前她走到车旁，抓到车门把手时就发现了，她的手几
乎要被烤熟了。父亲不得不用礼拜程序的小薄册隔热，以打开每
扇车门。他拉开母亲座位旁边的前门时花了很大力气，等她上车
后，他还得身体前倾奋力推门，直到车门关上。有什么东西卡在
合页里，已经有一段时间了，但没人能找出原因，只知道车门在
"砰"地关上之前，会发出拖长的摩擦声。门响声犹如某人抡锤砸
门，这样车门才终于能打开或合上。女孩上车后坐下，大腿后侧感
觉被烫到了。她的弟弟笑个不停。他已六岁了，但大家仍当他是小
娃娃。她的腿黏在塑料车座上，座椅都被热气烤软了。她想知道
公路是否会烫坏车胎，也许它们不会融化，因为轮胎在不停滚动，
没有哪个部分会那么持久地接触灼热的路面。但如果汽车没开
动呢——车胎会被烫爆吗？父亲打开转向灯。他们刚上高速公路，
父亲就一脚把油门踩到最大，引擎嘎吱吱地响，听着仿佛要爆炸
似的。她的心突突直跳，尽管她知道汽车在提到那种速度之前总
会这样响。父亲并入快车道，弯着的胳膊搭在窗框上，右手把着

方向盘。他吹着口哨，就是那天早上他们在教堂唱过的圣歌《我独自来到花园中》。有时，母亲在家以华尔兹的风格来弹奏此曲，父亲就喜欢听她这样弹。但此刻她听母亲厉声说："慢点。"父亲不再吹口哨，放慢了速度，用双手握住方向盘。

　　她只能看到母亲的后脑勺，但当母亲扭头望向窗外时，女孩能看见母亲的部分面颊：她蹙着眉，嘴抿成直线。出了什么事吗？她的喉咙开始发紧。母亲皱眉也许是因为阳光刺眼。她希望这就是原因。可她随即注意到，尽管今天是星期日，母亲的头发却乱糟糟的，这可不只是由于开着车窗。她脑后的头发在睡觉时压得平平的，女孩能透过乱蓬蓬的头发看见母亲肉粉色的头皮。这天早上，母亲根本没好好打理头发。为了参加教堂的礼拜，母亲总在前一晚卷发，早上再梳理，让头发平整地散开。她会穿上最好的连衣裙，然后用眉笔描眉，涂上口红使唇部更丰满，之后上下唇一抿，再揽镜自照，扭头左顾右盼，看看整张脸有无瑕疵。她在手掌上喷洒香水，然后轻拍脖颈。她会摆好姿势问大家："感觉怎么样？"女孩和兄弟们会异口同声地回答："漂亮！"他们的父亲则会把手指搭在脸上，假装在努力评判，随即说出他的口头禅："真是世上最美的姑娘！"她报以微笑，露出夫妻俩心领神会的幸福表情。

　　女孩觉得母亲的乱发说明，无论现在出了什么事，其实起因都出现在昨晚。而且母亲穿着松松垮垮的棕色连衣裙，不像新衣服那般光鲜。这也是个征兆。女孩之前没留意到任何征兆，因为那天早上他们准备出发去教堂时，弟弟做了一件事。他拿走了她心爱的手绢，上面有一只眼睛凸出的猫头鹰。当她要回手绢时，发现猫头鹰丢了一只塑料泡沫做的眼睛。她冲弟弟喊叫，他也高叫着还嘴，随后哥哥冲他们俩喊话，让他们到别处叫去。那时，父亲站在前门高喊说该去教堂了。女孩仍在为猫头鹰丢失的眼睛生气，因此没留意到其他任何事，比如母亲乱糟糟的头发和难看的棕色连衣裙。她在教堂也没注意到什么事，因为她正盯着赞美诗，数着"死亡"一词出现了几次。她总在寻找母亲暴怒的征兆，以便做好准备，但这次她忘记了。

母亲扭头不看父亲。她的嘴紧紧地抿成一条线，嘴唇向里吸着。在切到手指或腿撞上矮桌时，母亲便会露出这种痛苦的表情。弟弟挨着女孩坐在中间。他晃着腿，左脚踢到父亲的椅背，之后右脚又踢到母亲的椅背。女孩觉得他会把事情搞得更糟，于是冲他板起脸来，用口型示意他"不要"。他朝她皱皱眉，随后更使劲地踢父亲的椅背。"停，别踢了。"父亲训道。弟弟垂头看着大腿，这下老实了。女孩对他幸灾乐祸地笑了一下。

随后，她听到母亲高声自言自语："为什么他叫儿子停下，自己却停不了呢？"她的语气很怪，仿佛是在询问为何会下雨。女孩隔着弟弟朝哥哥看去，他摇了摇头。他眉头紧锁，叹息时胸口高高隆起，停留很久才呼出气来。他把头伸出窗外，仿佛想要吹掉脸上的灰尘，可风却随意吹拂着他的短发，使头发看似天鹅绒。女孩也把头探出窗外。她的马尾辫抽打着脸颊。她紧闭着嘴和眼睛。母亲曾告诉她，恶心的虫子或一块垃圾可能会飞进嘴里，使她生病。蜜蜂也可能刺穿她的眼睛，一直钻进大脑里去。她能感到眼睑在颤动，仿佛风想要将它们撕开。

他们驶过高速公路的转弯处，那里有一家面包厂。她喜欢烤面包的香气，可现在，她只能闻到父亲在母亲身旁的车门合页里挤的机油的味道。父亲转向母亲说了些什么，但是听不清楚，因为一辆大卡车恰好缓慢经过。过了几秒，母亲回答："你还在乎我想什么？"父亲皱皱眉，看似很疲惫。大家都一动不动，就连弟弟也是。她知道无论接下来发生什么事，都将决定午餐前后和晚餐前后的情形——谁知道这次会持续多久。女孩看了看哥哥，他耸耸肩，表示自己不知情，而且他也很紧张。弟弟瞪大眼睛，牙齿咬着下唇。他害怕时总是这样。他不停地扭头看她，开始对她耳语，但她摇摇头，将脸转向车窗，这样他就没法再问她什么。她感到弟弟在扯她的袖子，于是想冲他喊，如果他不停下，就会把一切都搞砸。

母亲转向父亲说了些什么，女孩即刻感到事情不妙。母亲的声音断断续续，短促而尖细，之后又如锯齿般刺耳，一字一顿地从喉咙里挤出一句："你就想要这样？"

出事了。女孩握紧拳头，她总是以此来保持坚强，不让自己哭出来。但是这次，她感觉双手软弱无力，无法握紧。

"你想走，那就走呀，"女孩听到母亲说，"要不我先走。"她说"走"时声音非常刺耳，听着就像咳嗽的"咳"[1]。母亲转向父亲，女孩能看到她讲话时喷出的唾沫星儿："家里没人要我，那我就走！"

1　英语发音中，go（走）与咳嗽的声音（ko）相似。

女孩感觉腿里仿佛有蠕虫在爬。她想甩掉它们，想要跑开。她感觉喉咙疼，某样尖利的东西卡在里面，她得把它喊出来。她想冲母亲大叫：走啊。没人拦你。母亲立即像受惊的鸟一样尖叫起来，仿佛她听到了女孩的想法。父亲伸手去握母亲的手，但她马上把手抽回去，好像他想偷走她的手似的。他劝慰她说，她累了，他们可以回家再谈。可她根本不看他，只顾喃喃自语，呼吸越来越用力，好似一头怪兽。女孩的胃里一紧，她对自己说：快啊，请快一点。她望向窗外，寻找他们即将驶下高速公路回家的路标，却只看到枯草丛生的田野。

突然间，母亲平静下来。事情变得更糟了。正当她这样想时，母亲发出类似"嗯哼"的嘟哝声，仿佛在赞同自己，最后冒出一句："没准我现在自杀，大家就都高兴了。"

女孩看着自己软弱的拳头，暗暗对自己说：别忘了这一天。记住她对我们做了什么。别哭。你一哭，她就胜利了。女孩感到身体仿佛离自己很远，随即感到它庞大而沉重。她的身子动不了，只有头脑还在运转。她目睹了一切，尽管她再也不想看下去。她忍无可忍，母亲情绪的跌宕起伏使他们全家人都跟着起起落落，没人知道会发生何事。她恨母亲，恨不得她死了。她正这么想时，听见车门"嘎吱"一响。门被顶开了一些，母亲正用肩膀使劲撞门。父亲叫了声"喂"，伸手去抓母亲。汽车猛然转向，车喇叭响成一片，她和兄弟们尖叫着东倒西歪。当她重新坐起来时，看到母亲在用双手推门，但车门卡住动不了。女孩想起车门坏了，不会发生什么糟糕的事。但在那一刻，她听到刮擦的响声，继而"砰"的一声。女孩探身向前，发现车门此刻已经敞开，底下的路面犹如晦暗的河水般快速"流过"。她感觉胃好像被整个翻了过来。她开口尖叫，却只发出微弱的低鸣，因为她没喘上气来，根本叫不出声。父亲用左手继续开车，腾出右手去够母亲。车子猛然转向一侧，又急转向另一侧。弟弟尖叫道："我害怕！"哥哥高喊着："妈妈！妈妈！求你了！妈。"女孩头晕目眩，胸口发紧，几乎无法呼吸。她的双手太软弱，甚至没法抓牢汽车后座。她只得眼睁睁地看着母亲和向后退去的路面。母亲的头发被吹起来，像疯女似的。她把右腿探出车门。女孩感到胸口格外难受，她已料到即将发生什么。可母亲并没掉下去，路面蹭到她右脚的鞋，鞋子马上就掉了。震惊之下，母亲把腿缩回来。女孩以为最糟的情形可能已经过去，但两秒钟后，母亲竟将整个身子探出车外，女孩再次预感到接下来的事情——路面会像带走母亲的鞋那样迅速将母亲拖走，再撕成碎片。接着，车子又蓦地转向，她感觉轮胎打滑，驶离了公路。她的身体变得越发僵硬和渺小，她等待着猛烈的撞击声，那就意味着他们都死了。但车继续前进，现在放缓了速度。很快，她听到砾石嘎嘎作响，最后他们终于停住。她坐起身时，看到母亲仍在车内。父亲的手紧抓着母亲的手腕，她尖叫着打他的手。但父亲的手像铁钳似的，他脸上的每块肌肉都紧绷、凸起。最终，母亲不再抵抗了。她往后一靠，用哀号的声音说："我想死。"车门依旧敞开着，好似一只笨鸟的断翼。女孩怒不可遏地在心中对自己说：我恨她。我恨这辆车。我恨车门。我恨这一切和每一个人。

父亲松开紧抓着母亲的手，熄掉引擎。汽车安静下来，每个人都静默了。一辆辆卡车隆隆驶过，小汽车也从他们身旁呼啸而过，但仍令人感到寂静，静到女孩都能听见耳朵里仿佛有虫鸣声。母亲坐直身子，向后拢拢头发，仿佛刚从睡梦中醒来。之后，她跳下了车。哥哥喊了声："妈妈！"弟弟尖叫起来。女孩无法思考，也张不开口。她注视着母亲奔向高速公路。她打算迎面撞向汽车。她以前也这么干过。但是这次，她只跌跌撞撞地趿着一只鞋。父亲已从他那侧的车门下去，一把拽住她，将她拉回砾石路上。母亲想猛地抽身离开他，于是他像对新娘一样把他的妻子抱起来，走到远离岔道的立交桥的阴凉下时，他才放下她。女孩看到母亲上下挥动着手臂，仿佛想要飞起来。弟弟仍在哭喊，喊叫时口水汨汨直淌："我害怕，我害怕！"女孩把手搭在他的胳膊上，他扑到她腿上，把脸埋在裙子里大哭起来。她用感到刺痛的手拍了拍他的头。哥哥凝视着前方，眼睛不眨，身子也不动。他的嘴唇翕动着，好像在祈祷。那一刻，女孩摸摸自己的脸颊：她泪流满面，开始哭时竟没发觉。她还不够坚强。她觉得胃疼，需要躺倒，可她不能，因为弟弟正趴在她的腿上，而他还只是个小娃娃。

她注视着父亲拥抱母亲。母亲的手臂也绵软无力了，就跟她的一样。只是母亲站在阴凉下，而她仍在车里，分分秒秒都感觉更热。现在她转而生父亲的气了。我们怎么办？他应该担心我们，而不是她。这都是她害的。女孩的喉咙痛得厉害，需要喝水。他们还要我们等多久？回家的路上，父亲会让母亲坐在哪儿？前排吗？假如车门关不上怎么办？他们回家后又会发生什么？他们会像上次那样晚餐就吃麦片吗？母亲要过多久才会走出卧室？多久之后她才能声音如常地讲话？

　　但是现在，她不想再知道任何事。她头晕目眩，鼻子因哭泣塞住，几乎无法呼吸。她仰头靠在软塌塌的塑料车座上。她闻到路过的车辆的气味，车门上的机油味，还有干草的气息。轮胎将会融化，但她不在乎了。她只想结束一切。她只想不再颤抖。

我只想不再颤抖；但在写下此事以后的一个多小时里，我却做不到。

我的一位密友是心理医生，他也很熟悉我的母亲。他称我在孩提时拥有惊人的复原能力，成年后我也没有严重的心理障碍，这简直是奇迹。尽管我没有自杀倾向，但童年经历的确在我身上留下了痕迹。我无法容忍情感操控。我会匆匆逃离那些以威吓和不确定性作为操控手段的人，也绝不原谅那些有此企图的人。我的身体不喜欢当年我体验过的那种感觉。

　　不过，我发现自己的大部分文字都关乎不确定性——当某些情况不明朗时，当情势发生变化时，当真相变得真假参半，后又变成谎言时，我都会感到心碎。我在童年时历经过颠倒混乱的情感，这其实已成为我写作的理由。我能将这样的情感平铺在纸上，仔细看清楚。我能理解这样的情感，发现其中的模式和规律。我笔下的人物见证了我过往的经历。在每个故事里，我们都在一大团乱麻中解开绳结。一个一个地解开绳结是写作时最令人欣慰的部分，但乱麻始终存在。

不过是一个二十五岁的凡人

[摘自日记]

旧金山，1977 年。我想起 D.H. 劳伦斯小说中的一个场景——我不记得是哪本书——是关于一个年轻人乘火车旅行的。当火车呼啸而过时，他瞥见窗外风景映衬下的人。年轻人思忖着他如何能捕捉到许多人生命中的只鳞片爪，而这些人也像他一样，在另一些人周遭投下错综复杂的网。不过，短暂的一瞥也就是那些人在他的记忆和生命中留下的唯一印记了。我感到自己像上帝，一种全知全能的感觉，它使我相信，世上发生的一切都只是对片刻的感知，可供我事后加工润色。我看到一个衣着醒目的女人和一个男人在餐厅里聊天，便立即弄清了这个女人的生活经历。这个想法很奇妙：想象一下，见过我的人也会想象同样的事情，但绝不会发现我经历过的恐惧，享受过的狂喜和领受过的感觉。可怕的是，当我回顾过往，想要记住所见所感时，甚至连我本人都永远不会明白关乎自身的那些事。凭借一闪而过的奇想，我可以抹去一段不堪的记忆，可以追忆某次经历并加以发挥，使其超出实际情形，从此再也不知晓真相。

不过是一个二十六岁的凡人

[摘自日记]

旧金山，1978 年。六岁时的我与如今二十六岁的我本是同一人。岁月相连，并无间断。不经意间，时间已悄然从我身旁溜走，六岁时的想法现已成为二十六岁的想法。我常玩这个游戏：在散步时回顾生活中无关紧要的某个片段，我心想：等你老了还会记得这一刻，因为你此刻感到孤独，而唯一能分享这一刻的人只有十八岁时的你。由于某种原因，十八岁似乎是充满未知性和无限可能性的年龄。

今天，我好奇自己会认为哪段不重要的经历值得去回忆。当然，有些经历是一个人无法忘怀的，比如悲怆、愤恨和爱意绵绵的感觉，因为这些都是情感连续体上的极端点。

如何改变命运：第一步

[摘自日记]

要想改变命运，你不能选择小步前进。这与你的意愿无关，而是要你随遇而安，犹如望着一艘轮船逆着自然的水流拐入东海，缓慢却无可置疑。当船抵达时，你径直登船，前往它带你去的任何地方。其实，你也大致知道它的航线。

第三部分

寻回往昔

卷叶舒展

春日里的一天，我在上海某条人行道旁驻足观察：一个男人，用双手搓着被阳光晒暖的干锅中的茶叶。他的手法极其轻柔，使我想起魔术师耐心地摆弄着勺子，将它变弯。他正在轻抚压平的茶叶——选自新从茶树尖上摘下的叶子——再将它们卷得精细如针。在品茗课上，我了解到行家看重外形完好的"针茶"，手工揉搓方能做成，与无需用心、轻易可得的机器搓茶迥异。付出辛勤的劳动，上好的茶叶才能变得既赏心悦目，又沁人心脾。与次等茶叶不同，上好的茶叶无需加入花香。

那一周又过了几天，当我向朋友说起搓茶人时，他评论说上等的好茶不仅由极珍稀的茶叶组成，还蕴含着搓茶者令人愉悦的气息。这个信息并未使我立即赞赏此等珍品，反而担心起卫生问题。手的气息——难道不是汗味吗？那么汗水究竟把什么带给了茶叶？就此问题的快速咨询使我得到这个简短的答案：酸性水分、皮脂油和碱性矿物质，包括我的狗狗们喜欢舔食的带咸味的钠元素。带有人手气息的茶叶或许还受到搓茶人当天所吃食物的影响，比如许多大蒜或臭豆腐——有一种令我作呕的气味。

更多遐想使我进而认为：搓茶人的"气"——各种元素，加之冷热作用的平衡——也会影响茶叶的气味，也许还会受到德行、精神和性格缺陷的影响。有的人会比别人散发出更多的性感信息素。再者，狗狗和它们高超的鼻子已经证实，一种气味能包含各种各样的信息：年龄、性别、攻击性、服从性、恐惧、疾病等等。人类的气味肯定包含同样的信息，尽管我们的鼻子察觉不到。不过，当真如此吗？在大脑的某些部位，我们是否也会下意识地记录那些细微的差别呢？人的气息能以文学鉴赏的方式被记录吗？

无论浸润到汗水中的品质是什么，那必定是搓茶人赋予茶叶的东西。我揣测自己散发的气息也与此相似，因为我不会将任何现成的人工混合物轻拍到手腕上或耳后，我对自己的"劣等品质"不加掩饰。况且，我每天都会吸收许多不可预知的元素：晚上用宾馆里提供的洗发液和护发素；就着腌咸菜喝大米粥；早上灌下过量的咖啡；阅读国际新闻后的阴郁情绪；拥抱身穿樟脑丸味毛衣的老伯时的喜悦心情；珍贵的针茶在我杯中舒展开时，完美散发的清香；我离开茶馆时出租车猛喷的尾气；在中国某条繁华的人行道上驻足时，将我笼罩住的那团烟雾——我驻足观察搓茶人耐心细致地揉搓着茶叶，而他的烟灰也许会飘到混合的气息元素中。

疯女的姨妈

1990 年 9 月，我不问舅舅和舅妈对于美国政策持何态度。我们是家人团聚，而不是搞论坛。令他们紧张不安的是，我这个美国作家也许会做出什么给家里惹麻烦的事。他们将担忧告诉了我的母亲。他们以前遇到过麻烦，但原因不是他们能掌控的。"文革"期间，他们遭受了磨难。舅舅受到牵连，因为他的妹妹，也就是我的母亲，离开中国去了美国。但他们的爱国爱党之心却从未动摇。

两年前，他们曾在加利福尼亚州我母亲那里小住，后来提出想提早返回北京，以便能参加一个重要会议。母亲解释说机票很难改签，让他们别走，别去开会了。舅舅坚称会议很重要。于是母亲问："什么更重要？是开会还是家人？"

"开会。"他们当即回答。母亲大为光火。上海人的脾气爆发了，一阵叫嚷过后，机票被改签。很快，舅妈和舅舅就要回国参会，那的确是重要的全体会议，我能理解他们为何把会议放在妹妹前面。二十世纪三十年代，当他们还是年轻的革命者时，曾时刻准备为他们的理想献身。他们认识那些烈士，那些对党忠诚的楷模。他们原本是两个互不相识的学生，在革命事业中成了同志，又成了夫妻。为了掩护藏身的同志们，他们将自己啼哭的婴儿交给一户农家照顾。

每天早上，他们问我的唯一问题是想喝小米粥、大米粥还是红豆粥。吃早饭时，舅舅会播放共产主义歌曲，第一首便是《国际歌》。

今天，司机小春驾驶丰田轿车带我们出门。后车窗是暗色玻璃，还挂着带褶的白窗帘，使我们感觉自己像是冒牌的国外要人。我们准备前往北京大学附近的一栋师生公寓楼。我请母亲提醒我要探望的人是谁。

"她是杜娟的姨妈，杜娟是二姨太的女儿。"母亲说，"你认识她，她疯了，但咱们上次来时仍哭着要见我。"

"我们要去见一个疯女人？"

"你怎么这么笨啊？"母亲说，"疯了的是杜娟——她已经死了。我们要见的是杜娟的姨妈，她脑子清楚得很呢。她九十多岁了，家里的东西样样都清清爽爽的，一尘不染，不像现在的很多人。你可以喊她'阿姨'。"对我而言，这个称呼用着很方便。比我年长的每个女人都是"阿姨"。人们也这么叫女佣。

在公寓院门口，小春把车停在警卫室旁边。警卫正和一个显然是好友的人聊天。他们抽着烟，高声谈笑，似乎故意不搭理我们。让有特权的人等着吧，看看现在是谁在管事。几分钟后，警卫转向我们，脸上没了笑容。"说明来由。"他盘问道。小春说出了我们要拜访的女士的姓名和门牌号。警卫透过车窗窥视，逐一扫视我们的脸，仿佛能察觉我们的谎言和真实意图。

警卫嘟囔了一声，甩甩头，示意对我们放行。当我们爬上昏暗的两层楼时，母亲告诉我，阿姨见到我们会很惊喜。

"你没打电话说我们要来？"

"怎么打呀？她根本没电话。没关系，她从不出门。她怎么出得去呢？这么多级楼梯。她的脚太小，走不了路。"

正如母亲所料，阿姨在家，见到我们惊喜得眼泪都出来了。门厅太昏暗，起初我只能看到一个女人的大致轮廓，她身高不足四英尺半，比我母亲还矮几英寸。她步履蹒跚地领着我们来到一间狭长的客厅，里面阳光充足，墙边都是高高的书橱。现在我能看清她了：年过九十，在看遍生死和战乱之后，她的鹅蛋脸上居然几无皱纹，花白的头发干净利落地挽成一个髻。她身穿白衬衣、灰裤子，趿着黑色拖鞋，这是中国老妇典型的非正式着装。母亲用中文说让我看看阿姨的脚。见我盯着她的脚看，阿姨带着明显的自豪笑了。它们极其小巧，我立即明白了原因。当她还是小女孩时就裹脚，脚骨已碎。尽管她如今不再裹脚了，但已造成终身残疾。她的脚背隆成两个肿块，逐渐收拢于向内压平的脚趾处。也许，她自豪于自己是目前为数不多的仍健在的小脚女人。又或许，她想让我赞美她的脚仍是那么小巧。尽管看上去很痛苦，但它们的确堪称奇观，是一部浓缩的中国女性苦难史。

我们所在的房间其实是阿姨的卧室和她儿子的书房。她的儿子是教授，经常不在家。这次他在德国有个研究项目。"瞧瞧这些书。"阿姨指着一排玻璃书柜，用中文对我说。柜子里是一本本工

商管理方面的英文著作。我取出一本，假装赞许书中的内容。我
想象不出有人学英语就只是为了读懂这些书。

"看到有多干净了吧？"母亲指着阿姨收拾得整整齐齐的床铺
问我。寝具按照传统的中式方法摆放：床单平整地铺在双人床垫
上，叠好的缎面棉被置于床尾。阿姨礼节性地解释道，她的视力
越来越差，看不清藏在角落里的灰尘。她拍了拍床，示意母亲坐
在她身边。阿姨和我七十四岁的母亲并肩而坐，她们双脚悬空，
晃来晃去，看着就像两个小女生。我突然想起，我忘了把见面礼
送给阿姨。这是在当时的中国商店里难得一见的东西——五磅裹
着箔纸的太妃糖。当我奉上礼物时，母亲像往常那样脱口说道：
"没有什么。"这次倒是实话。太妃糖是我们在 Price Club [1] 购买的
一种通用礼品，买的时候并不知道最终会凑巧送给谁。我真希望
礼品是好几沓绸缎、一件开司米毛衣或是一双崭新的小鞋子。阿
姨已开始翻箱倒柜地搜寻她所谓"没有什么"的礼物，结果找出半
磅白色的人参，这可比廉价的糖果值钱多了。

"对你的身体有好处，"阿姨对母亲说，"我已经很老了，不必
担心健康问题。""您在说什么呀？"母亲回应道，"看您身体多硬
朗！"后来，她们开始滔滔不绝地闲话家常，讲的都是杜老爷家
各位姨太太及其子女得了什么病，或是怎么死的，而这位杜老爷
便是娶我外婆做四姨太的人。终其一生，杜老爷共娶了七个太太。
时不时地，我请她们为我翻译和解释。我能听懂一部分对话，却

---

1 美国实行会员制的仓储式连锁超市，以物美价廉著称。

不知道杜老爷所有太太和子女的名字。母亲提起同母异父的弟弟在加利福尼亚的近况，列举他的孩子们的种种成功之处。她们聊起杜老爷那个年幼的儿子，他声称上海的祖宅和老爷的全部家产由自己继承，而实际上母亲同母异父的弟弟也有权继承。"那个儿子让我们跟他一起逛商店。他把橙汁、牛奶和香烟放在收银台上，叫我们付钱。他那不是在请求，而是在命令我们。你能相信吗？"母亲还抱怨想收回她自己的房子有多难。她提出索赔，但问题出在租户上——一共十户人家。她必须付钱才能让他们走人。"我为什么要付钱？那是我的房子。可他们把房子毁了。他们搭起硬纸板做墙，还拆掉门板，把过道变成房间。他们从不打扫厨房。蜘蛛网上积了五十年的油垢，像油乎乎的纱线一直垂到你的鼻子上。人怎么能那样过日子？这是怎么回事啊？"闲谈持续了两个小时，涵盖一个盘根错节的家族错综复杂的爱恨情仇史，还有各种秘密与关系。

"不管怎么说，她从不喜欢她婆婆。"

"不管怎么说，我从不信任她。"

"不管怎么说，她从来都不是最受宠的。"

"不管怎么说，总得有人告诉她实情。"

"你能相信吗？她竟然那么贪婪。"

"你能相信吗？她竟然那么糊涂。"

"你能相信吗？她那么快就又找了个男人。"

"你能相信吗？她把我的钱给了那个坏蛋。"

"现在我告诉你一些只有我清楚的事情。"

"现在我告诉你一些我预言会发生的事情。"

"现在我告诉你她一直在撒谎的事。"

"现在我告诉你我为什么不能再守口如瓶。"

"猜猜我见到谁了。"

"噢，这让人听了真难过。"

我在长大的过程中反反复复地听到此类闲聊。过去，我对关于往事的闲谈感到无聊——有人丧了德，有人失了财，还有人发疯了或是死了。如今我却听得入迷。他们是母亲谈论多年的人，她曾与他们扭打、争吵，向他们寻求慰藉，或是倾吐心事。他们影响了她成为什么样的人，决定对她来说什么重要，乃至那些人也同样影响到我。他们成了我纳入小说的人物。

猜猜我见到谁了，我又听母亲这么说。我继续听着各种事情的大意，之后需要补全，成为更完整的故事：有些关于不幸，有些关于背叛，也有些关于自毁性的暴怒，或是幸存，或是欺诈，还有些证明了经久的友谊。我想象阿姨会对爬上两层楼的下一批访客说：你们记得嫁给王苗的那个杜琴吗？她跟她的美国女儿来过我这儿。她身体还挺硬朗。她女儿个子很高。瞧瞧她们给我的这一大包美国糖。她们说这种最好吃。不过，你们拿去吧。我太老，吃不了糖。那会黏掉我仅剩的几颗牙。

2017年5月。我刚刚得知杜娟——哭着要见我母亲的那个疯女人——是杜老爷的长女。她本该奉父母之命嫁给飞行员王苗，但王苗更青睐我母亲的美貌，因此转而娶她为妻。我觉得杜娟或

158

许对我母亲心存感激，因为母亲嫁的男人后来显露出残暴的本性，他摧毁了许多女人的尊严。然而我却发现，杜娟始终爱着他。为了陪他，她不惜走遍天涯海角。不过，她和我母亲很要好，好到在有生之年找到对方的下落。事实上，杜娟还让母亲借用她的大学文凭，获得赴美留学的签证。如今，想问她们为何如此已为时太晚了。

第六章　誓不罢休

　　母亲常用一个特定的中文词来形容我的性格，那就是"厉害"。根据语境和吐字的力度，在表达做事正确时，它可以是"强烈"或"强大"的意思；在表达做错事时，它也可以是"无情""执意"或是"誓不罢休"的意思。我小时候她常说我很"厉害"。有一次与万圣节的服装有关。我想穿母亲的红色绉缎婚纱裙，上面绣着几百朵小花。她却认为我应该戴她那顶硬挺的白色护士帽，还觉得这个精明的细节设计可以惟妙惟肖地呈现出采郁金香的荷兰女孩的形象。我反驳说，大家都会以为我是护士，因为我没有荷兰木鞋。她说我会把婚纱裙弄脏。我哭喊着说大家都会嘲笑我。她说我争辩此事时很厉害。我越哭越凶，想证明自己究竟有多厉害；而她大叫着说再哭就不给我服装，没法玩"不给糖就捣蛋"。结果那年，我随戏装队伍在校园里四处游行，头戴荷兰女孩的帽子——帽子是用白餐巾做的。晚上，我身穿中式婚纱裙去玩"不给糖就捣蛋"，母亲则跟在我身旁，确保我没把裙子拖到地上。所以说，那一回我们俩都很厉害。

　　如果母亲加上"那么"一词，并蹙着眉头，用惊疑的语气说"那么厉害"，就表示我拥有令人难以置信的强硬性格，大概宁可让她死，也不想屈从于她的命令。当我做错了事——比如冲弟弟喊叫——挨了批评却毫无悔恨之心时，她经常说我"那么厉害"。可他惹恼我是他的错，我又为何要道歉呢？

我十八岁时，母亲说我对男友的妈妈表现得太厉害，他妈妈曾几次想逼迫我跟她儿子分手。那个女人还变本加厉，威胁说要以违反《曼恩法案》的名义让警察逮捕我，该法案禁止以不道德的目的（比如性）跨境贩运未成年人——对我而言，就是运到加拿大去。我提醒她注意，我十八岁，她儿子十九岁。在谈到一些问题时，她那不甚微妙的言外之意与种族有关。我让男友站在我这一边。他们还是我，你选吧。我们每逢感恩节和圣诞节就分手。母亲说我的要求只会让事情更糟。她说，他还太年轻，不懂得如何与父母决裂。她建议我耐住性子，让那女人"日久见人心"，更好地了解我。之后，她没告诉我她要做什么，就径自开车前往我男友父母家，跟他们会面，试图温言相劝。"他们在谈恋爱，"她解释说，"他们还年轻。谁晓得感情会不会长久？但是现在，我们应该放手随他们去。"男友的母亲回应说，她只关心儿子当律师的前程——他的同事也许不像她和她丈夫那样理解和包容我的种族。母亲嚷道："你歧视我们？我还更瞧不上你们呢！"当她将此事告诉我时，我也感觉志得意满。所以说，在那种情况下，母亲和我都很厉害，但我认为她的手段比我高明。

在爱情的问题上，她也很厉害。几周前，有个亲戚告诉我，在母亲和父亲恋爱时，父亲的家人曾强烈反对。他是长子，最有资格继承家业。他为何会选中一个有夫之妇，况且她丈夫有权有势，为了报复竟将她投入监牢？父亲为了支持母亲，与不肯接纳她的家人断绝了关系，包括他最疼爱的妹妹。那大概是 1946 年的事。直到上个月，我才得知他为她做出过如此大的牺牲。后来，我记起有段时间母亲和我与父亲最疼爱的妹妹住在同一个城市。自那场决裂以后，五十多年过去了，父亲也早已离世，但他妹妹只要略微提到要前来拜访，母亲仍会一口回绝。她就是那么厉害。

我长大些以后，每当母亲感到自己被人当成傻瓜时，我都会颇具权威地出面接管局面，此时她会夸我厉害来表达感谢。譬如有一次，一个可恶的女人忘记告诉我母亲要填写某个表格才能按预约时间就诊，且从未给过我母亲表格。有一年，就在我辞职去创业时，她语气温和地夸我真厉害。她既表达了褒奖的意思，又替我担忧——我辞掉在单位受人轻视的工作是正确的决定，但我必须格外坚强才能靠做自由商业撰稿人度日。幸运的是，临别时前任雇主刻薄地对我说："写文章是你最差的技能。如果你能挣十美分就算走运。"事实证明，他的"十美分"临别赠言恰到好处地激发了我"厉害"的反应，迅速取得了成功。几年后，当我挣够了钱为母亲买下一套公寓时，她再次断言我很厉害，而且我能成功也是因为厉害。后来，我成为小说作家，她又多次这样称赞我。

经年累月，通过母亲的性格和情绪变化，我渐渐懂得"厉害"包含的所有含义及它们之间的细微差别。这个词刻画出她的正直和刚毅，固执与坚持，还有她代表全家解决任何问题的决心。在她暴怒之际，这个词也形容出她多么怒不可遏和招惹不起。

母亲是上海人，"厉害"一词的某些含义适用于我认识的许多上海朋友和亲戚——或者说，其实适用于我认识的许多人，他们住在人口密集的大城市里，拥有的抱负多于机遇。队伍很长，你需要奋力推挤才能前进。你还必须培植适当的"关系"，或是至少认识一些有人脉的人物。在中国，这被称为"关系"，人们大量运用关系，灵活自如。我在中国的一个外甥曾向我求助。他需要证明自己精通英语，以便获得赴加拿大的留学签证。他除了死记硬背的几句话以外，几乎什么也不会说，于是他请我告诉移民局的工作人员说他能讲英语。"你是名人啊。"他说。我建议他还是学学英文。最终他没得到签证，他的母亲气冲冲地来找我，坚持要我想办法。你应该动用你的关系，她说。对某些人而言，"想办法"与"厉害"是同义词。她大为光火，因为我竟然如此不济，甚至都没试过就放弃了。

尽管一概而论常会出问题，但我认为上海的某些特性确实影响了其居民的行为。在历史上，上海虽然容纳了千丝万缕的外来影响，但占主导地位的无疑是典型的中国文化，包括且不限于历史和传统，审美和行为方式。社会地位非常重要，我听别人在很多方面提到它——什么是最新的，最稀罕的，最昂贵的，出价最高的，利润最丰厚的，尺寸最大的，尺寸最小的，最具声望的，最奢华的，最高科技的，最有名的，或是最原汁原味的；从艺术、时尚、饮食、酒店、汽车、电影、技术、国际贸易，到公共交通，无所不包。这些东西对其他国家的人或许也很重要，但是在上海，此类需求和竞争给人的感觉都更为激烈。人们甘愿花费不可估量的重金以获取身份地位，并且在自己的游戏规则中击败西方人。上海与西方之间有一种微妙多变的亲密关系。

二十世纪初期，对外贸易蓬勃发展，这座城市可谓催生了最殷实的财富、最显赫的地位，但也不乏不堪的颓废与悲惨的贫穷。界定社会地位的新式方法产生了；而旧有方式更敬仰学者而不是商贾，更看重老钱而非新贵。发展和动用关系也有新的途径，富贾、军阀、政要、与洋人打交道的掮客、流氓帮派，这些人的关系最硬。他们能动用手段让流言蜚语消弭于无形。举例来说，收养我母亲的富贾买通记者，让他们停止报道我母亲婚外情和被监禁的消息。在与两位生于上海的朋友共进晚餐时，我听说他们认识的某人的父亲平息了其世交与某影星之间的风流韵事。

上世纪五六十年代，曾经的地主和有海外关系的人受到批判。我在中国的家人也受到波及。我同母异父的姐姐们下乡，在稻田里劳动。有个姐姐在那儿待了十九年，因为她得不到返回上海居住的许可。上世纪七十年代末改革开放以后，慢慢发生了一些变化。到上世纪九十年代，改革的步伐逐渐加快。雄心壮志被激发出来，每次回到上海，我都会发现令人瞩目的变化。第一次去上海时，我造访了外婆所嫁的富贾家的宅邸，房舍已年久失修。母亲告诉我正门没了，两侧宽敞的厢房也不见了。我第二次到访时，底层的房间已变为廉价电子产品商店。之后的某年，那里又成了能上网的咖啡厅，再后来是禅式水疗健身中心。最终，它在楼市上以天价卖出。

无论发生什么变化，这座城市始终保持着上海的风格。作为从未在上海生活过的美国人，我解释不出那究竟是什么，但它给人的印象是由许多事物共同构成的骄傲感。上海方言是值得骄傲的组成部分，只会讲普通话或广东话的人基本听不懂上海话。这种方言赋予其使用者一种直接的身份，将他们与别人区分开。有位朋友曾带我去上海的一家高级餐厅吃饭，而她却对服务员讲普通话。我问她为何不说上海话。"她不是上海人。"她回答。我问她怎么知道的。"上海姑娘太骄傲，不会去当服务员。"她说。在其家族史与上海的传奇历史相关联的人身上，我也觉察到了骄傲。据说，我的外公参与过青年革命者筹划推翻清政府的秘密集会。

上海式的财富和声望并不隐晦，鄙夷与轻蔑都表现在明面上。有一次，在一个为艺术赞助人举办的晚宴上，我与邻座的上海小伙子相谈甚欢。根据他的姓氏和他在不经意间透露的少许细节，我推断他出身于殷实、有名望的家庭。他显然认为我家也具有相似的声望和地位——否则我怎会受邀前来呢？他询问我的祖上是做什么生意的。我解释说，外婆原是贫穷学者的媵妻，后来嫁给有钱人做了四姨太。他突然不跟我说话了，还把脸扭过去。那天晚上，他再也没瞧过我一眼。我很震惊。尽管我从不是那种唯唯诺诺的人，但在这一屋子富有赞助人的面前，我不可能做出损害组织者和赞助人的关系的事。片刻之后，我意识到那人的羞辱恰是对小说作家的无意馈赠：只有一拳直捣肚腹才能使我有切肤之痛，感受到母亲和外婆所忍受的一切，即我努力想在故事中捕捉到的感受。我的疼痛转瞬即逝，而她们的伤痛却是人生中无法改变的经历。

作为小说作家，我喜欢不一致的情节、有缺失的信息、矛盾、误导性的线索和变化的细节。事实真相往往被笨拙地隐藏，可以被人梳理出来。我仔细检视每种变化形式，总是不断追问："事情为何如此？"关于我外婆的故事恰恰包含着上述要素。

根据母亲的说法，外婆初婚和再婚的早期版本是这样的：二十四岁时，她爱上了一个落魄的学者。对她宠爱有加的父母试图阻止他们的婚事，因为那个男人没有工作。外婆对她父母说，如果不能嫁给他，她就要"吞金"而死——小说中女主人公自尽的浪漫方式。我不知她是否真会吞下金子而非灭鼠药，但她的父母惊恐不已，心肠一软便让步了。于是，她在1914年前后嫁给那位学者，成为他的妻子，我母亲着重强调是"正妻"。外公始终赋闲在家，直到1919年才被指派到外省做公务文职工作。他借钱雇了一辆骡车回家。但他回家后不久就染上了病，于一周后去世，身后留下妻子、三岁的儿子和两岁的女儿，也就是我母亲。成为寡妇的外婆回到哥哥家中。她哥哥是个吝啬鬼，只给他们提供吃住。外婆为了换钱，当了自己的衣物。有一天，当她在湖畔散步时，有个姓杜的富贾发现了她，对她一见倾心。尽管她本该守寡，却改嫁成为杜夫人。母亲说，在那个年代这原本是一桩丑事，但她至少当上了正室夫人，而不是小妾。作为正妻，她分得了上房。当她和丈夫一起抽鸦片时，她的女儿——我母亲——会扮作女仆，来回帮他们递烟管，引得大家捧腹大笑，因为她当时只有八岁。不出一年光景，外婆为这个男人生下长子。在除夕前后，她不慎吸食过量鸦片，撒手人寰，我的母亲因此成了孤儿。

接下来是不同的故事版本，某些情节是我推测的，后又得到母亲的证实。那个富贾看到外婆在湖边散步，就让二姨太邀她到岛上的家中做客。那一晚，大家相聚甚欢。因为天色太晚，已经没有回上海的渡船，外婆便留下过夜，和二姨太同榻而眠。二姨太半夜起床，富贾顶了她的位置。他把刀架在我外婆的脖子上，威胁说如果不从就杀了她。随后，他强奸了我的外婆。翌日，大家都得知了此事。更糟糕的是，她怀孕了。她向哥哥赔罪，但他对她拳脚相加，因为她给全家人丢了脸。她本该宁死不从。她走投无路，被迫嫁给那个姓杜的——不是正妻，而是小妾，即我在文章中提过的"四姨太"。在她生下儿子以后，便自戕以免受辱。母亲告诉我，当外婆去世时，她就在床前，她哭喊着想跟她一起升天。自杀念头的原型就这样形成了——当女儿与已故的母亲在死后重逢时，便会得到亡母的抚慰。母亲说，姓杜的深感愧疚，因此向外婆的亡魂发誓，会将她的女儿抚养长大，视如己出，而他也信守了诺言。她跟其他几个女儿享受同等的待遇，包括接受教育和锦衣华服。她得到了丰厚的嫁妆，举办了奢华的婚礼。然而，她总能觉察到家中的其他人并不像真正的亲人那样待她。她不是老爷的亲生女儿，能住在那里只是她运气好。

　　另一个亲戚告诉我，外婆上岛拜访的细节中还另有曲折。当二姨太下床由富贾取而代之时，富贾持刀对准自己的喉咙——不是我外婆的——声称，如果她不嫁给他，他就自杀。我思忖着为何会有两种说法，而且都与刀有关。倘若富贾杀了她，就会担着坐牢的风险，还会为一个几乎陌生的女人累及家族的名誉，这无论如何是讲不通的。他拥有多家船运公司、纺织厂和公用事业公司。他是受人尊敬的慈善家，曾出资兴建学校、医院，铺设公路，还在岛上做过其他许多贡献。他已经娶了三房太太，若要再娶别的心上人也轻而易举。我猜想，刀子的细节只是为了掩人耳目。我怀疑她早就是杜老爷的情人，当她怀孕以后，他便捏造了有关刀子的故事。家中的其他人或许是假意附和这个故事，几乎没人相信它。他们了解老爷的为人。也许，别的姨太太仍会传闲话，因此母亲在宅子里长大时无意中听到了。

在两个故事版本中，还有另一个令人费解的细节。当外婆被安置在宅子里以后，她成了最受宠的，被安排住在上房，还与老爷共享一杆烟枪。然而，她不想待在那座宅邸里。母亲记得在与我外婆乘车出游时，她抱怨岛上的日子百无聊赖，她已忍无可忍。因此她与丈夫达成协议：如果她生下儿子，他会在上海给她一座房子，能跟别的太太及她们的孩子分开住。她丈夫也住在上海，所以会有很多机会去看儿子。他同意了这笔交易。但在儿子降生后，她的丈夫反悔了。春节前后，她愤而吞食了生鸦片。有个版本称事发时是除夕，所有的债那时都必须结清。另一版本强调，鸦片被塞在黏米糕里，那种黏性导致毒物无法排出。母亲则称此事纯属意外，外婆只是想吓唬杜老爷，迫使他兑现承诺。

其他置换的情节相继出现。原来身为学者的外公在遇到外婆时已经娶妻，那就意味着外婆是他的二太太，也就是妾。这样的话，侧室再嫁就没有正妻改嫁那么耻辱了。某位年长些的亲戚幼年时曾住在宅子里，她从长辈那里听到的故事是，外婆凭借火暴脾气威震全家，她才是老爷面前最得宠的红人。亲戚还说，如果谁不赞同她的主张，将来是要后悔的，她可不是什么温和安分的人。

母亲每次提起我外婆都要落泪。"他们像对待妓女似的对她，"母亲曾说，"我的母亲是良家妇女，出身门第也高。她只是别无选择。"

我说我明白，但她回应道："你怎么会明白呢？那时你又没生活在中国。你不明白毫无地位地过日子是什么滋味。我是她的女儿。我们根本没脸见人，也没人要我们。我一辈子都得背负这种耻辱。"她愤愤不平地说，别人不尊重外婆，后来也不尊重她——仿佛她们娘俩品行不端、不知耻。她的胸口仿佛风箱似的一起一伏，注入的是绝望，排遣出来的是愤怒。她说得对。直到最近我才真正明白，因为我也被人像社会弃儿那般对待。

《喜福会》出版几个月后，有个亲戚向母亲抱怨，说她不该把那些没用的故事统统告诉我。"她又不能改变过去。"他说。母亲却回答："可以改变。我告诉她，她就能告诉所有人，告诉全世界，这样别人就知道我母亲遭受的苦难。过去就是这样被改变的。"母亲准许我讲出事实真相。她想揭露那些秘密，这样羞耻感就会被义愤所替代。那时，她已认定我的理解远比她预想的透彻。我捕捉到了她身为孤儿的那种孤单无助感。我甚至原原本本地描写了房间、家具和那些对话，仿佛是我亲耳听到的。我是怎么知道这些事的？是你告诉我的，我回答说。她坚称并未对我和盘托出，还说出了心存的疑惑，想知道她的母亲是否来过我办公室帮我写作。"你可以跟我说说，"她柔声道，"没关系的。"我受到了触动，她竟认为外婆曾秘密地来看过我。我说事实不是那样；但实际上，的确有些时候，我怀疑外婆就在屋里。那种时刻，写作不同寻常，故事情节毫不费力地付诸笔端。我能清楚地看到故事发生的场景，我的想象力更加丰富，理解的东西更多。

如果普遍意识确实存在的话，那么当想象力的大门豁然洞开，所有的可能性都获准进入时，我的意识会与普遍意识结合起来，这合乎情理。我拜托同伴帮我厘清自己和他人的诸多令人困惑的观点、看法和信念，这也是合情合理的。以此而论，我笔下的人物恰如同伴那样，尽管我始终意识到他们只是我创造的虚构人物。然而，我偶尔感到有位精神伴侣在陪着我，向我示意，引领我走向心灵的启示，而这种东西绝不会是我自己意外发现的。有时，我读到了我不记得自己曾写过的句子，甚感惊恐。而更令人困扰不安的是，当我读到日记里写的某些想法时，自己也不记得曾经这么想过。那些想法与我现在的认识并不矛盾，只是我不记得曾在那个时间或以那种方式思考过那件事情——似乎比我以往的水平更有真知灼见。这种现象并不意味着我的个性有另一面，也并不意味着我的精神支离破碎。无论这意味着什么，我都不必更深入地分析。在创作时，我只要迎接这位善意的伙伴就好，不管那是外婆，是普遍意识，还是想象力所释放的更深层次的潜意识。

大约七年前，我与家人一同前往位于旧金山市的亚洲艺术博物馆，参观上海艺术与文化展。其中部分内容展示了上海不断更替的景观和建筑。我的家人曾见证过这些变化。兄弟姐妹们和我继承了三幢石库门的房子，它们比肩立于旧时法租界的一条窄巷里，最终因修建地铁站而被拆除。崇明岛上的宅邸依然如故，但现在已是办公楼，里面都是工作人员而非姨太太。

当博物馆参观进行到三分之一时，我们偶然看到一幅几个女人凭栏眺望城市的钢笔画插图。讲解员解释说，她们是民国时期颇具影响力的一流名妓，将西方流行文化推介给她们的客人，包括上海当时的精英、官员和商贾。另一幅画生动形象地展现了名妓们招待男宾的场景，屋内摆放着台球桌、痰盂、维多利亚式的座椅，挂着带搭扣的厚重帘幕。讲解员介绍说，这些妓女享有极大自由度，在无人陪同时也能出门或在城里闲逛。她们坐着敞篷马车穿过公园，炫耀她们最新潮的时尚装扮。女学生们见到这些代表着流行文化的装扮，甚至会激动得晕倒。妓女们在宴会上熬到很晚，下午一两点钟才起床。她们从自己最青睐的餐厅订餐，并让人送餐，用最新款的西洋陈设装饰房间。娱乐小报以她们的消息为料，报道名妓间的公开争斗，同时警醒男士们注意那些惯于收取求爱厚礼，继而选择更年轻英俊的追求者的妓女。为了成名，许多雏妓十几岁时就必须在格调和才情上独树一帜，还得巧用心思，尽量多赚些钱。她们显然符合"厉害"一词的多重含义，在应付光鲜背后的阴暗面时尤其厉害。

作为小说作家，我立即想到，我可以为正在创作的小说添加一个人物：小村子里意外失火后，一个年轻女子的家人被村里人排斥。这是沿用《远大前程》[1]的传统写成的一部教育小说[2]。正如皮普和老

---

1 《远大前程》：英国作家查尔斯·狄更斯的长篇小说。在小说中，主角孤儿皮普自述从7岁开始的三个人生阶段。作者通过展现孤儿生活中的跌宕起伏，表达自己对生命和人性的看法。

2 教育小说：此概念源于启蒙运动时期的德国，是西方文学中颇为重要且常见的类型，常描写主人公自幼年或少年至成年，自天真无知至成熟世故的历练过程。

贼费金[1]也许会鬼使神差地在黑道相逢，我笔下的人物没准会在烟花柳巷中偶遇一位过气名妓呢。在博物馆的礼品店里，我发现了一本研究妓女的、资料详尽的著作，题为《上海·爱》[2]，作者是研究上海十九、二十世纪之交妓女文化的学者。后来，我又找到关于同一主题的另外几本学术专著。之后的一周里，我阅读了妓女文化的早期发端，其中一本特别详述了旧上海的情况。早期的高级艺妓热衷于艺术，是颇具才情的音乐人，甚至被人尊称为"先生"。她们的周围渐渐形成小规模的名流聚会，以丝竹雅乐助兴，男人们会买礼物赠予自己欣赏的歌妓。这些名流聚会后来演变为高档妓院。男士在数周甚至数月的漫长求爱以后，方能与心仪的对象交欢，之后又需赠送更多礼物以示倾慕。令我惊讶的是，女人自己决定何人能与自己共享云雨之欢。她们在生活中可以任意做出自己的选择；与此形成鲜明对比的是，普通女子要遵从父母之命、媒妁之言，服从丈夫、婆婆和正妻，还要服从社会秩序。

在十九、二十世纪之交的上海，妓院的经营方式在许多方面如同男人的俱乐部，客人可以在那里约见朋友，整晚吃吃喝喝，赌博掷骰，听曲享乐，身旁有一群温存的美人作陪，她们貌似沉

---

1 费金：查尔斯·狄更斯所著小说《雾都孤儿》中的人物。

2 《上海·爱》：作者叶凯蒂是美国波士顿大学现代语言与比较文学系教授，主要研究十九与二十世纪中国文学、媒体与视觉文化，并着重探索文学、文化、艺术观念的跨国流动。在《上海·爱》中，叶凯蒂的论述深入而独到，对视觉文本进行了精彩解读，细密梳理了大量文字材料，探寻旧上海妓女、文人及城市现代性之间的相互影响，细描了中国近代娱乐业的兴起以及它在巨大的时代变迁中所发挥的作用。

静，实为诱惑的前奏。如果一个男人没钱去逛奢华的一流妓院[1]，也可以去二流妓院，那里的装潢陈设稍逊一筹，不过妓女们在简短的求爱后便肯通融。阶级更下层的男人可以在烟花间[2]迅速找到乐子，几口醉人的鸦片抽下去，接着就会做爱。最低端的性交易场所是钉棚[3]，男人可以在那里找到被拐骗的年轻姑娘，她们被药迷晕后倒在地上，每天被迫接待二十至三十个男人，直到她们死于虚脱、疾病或是自杀。色情交易在旧上海迅速蔓延，以至于到二十世纪初期，每一百个女人中就有一人从事妓女的行当，至少是兼职。人口统计数字显示了大城市中的悲惨生活：乡下女孩被拐骗进城，饱受欺凌的姨太太们逃到城里，刚刚家道中落的孤女寡母隐姓埋名，来到城里艰难度日。有些女人的丈夫因吸毒成瘾或好赌成性将家财挥霍一空，或是成为旧上海诸多"快速致富"骗局的受害者。书上说，一些学校教员在失业后，沦落到在出租屋里接客的地步。她们还能怎么办? 自杀是一条出路。每四个姨太太里就有一个选择自杀。我不知道妓女自杀的比例是多少。

令人惊讶的是，几乎没有关于做爱技巧的任何书面记载，只略提及某些妓女很受欢迎，因为她们掌握这一行当的特殊诀窍。阔太太付钱给妓女，要她们传授那些诀窍，促使丈夫留在家中，而不要

---

1 旧上海的高级色情娱乐场所被称为"书寓"，妓女则被称为"先生"或"校书"。

2 旧上海档次较低的妓院，由鸦片烟馆发展而来。

3 旧上海档次最低的色情场所，常见于棚户区，嫖客多为车夫、搬运工、船夫等穷苦人。

去妓院里消磨时光。有传闻称，温莎公爵夫人华里丝·辛普森[1]曾习得性爱诀窍"上海指法"。我对男人可能会付钱参与的活动有所了解——在古典文学小说的情色场景中可以找到它们。这方面最知名的作品就是《金瓶梅》，它令文学方面的重大成就让位于情色韵事。

在妓女们短暂的职业生涯里——通常为十五到二十四岁——精明过人者会逐渐攒够积蓄，向老鸨还债赎身，然后自己开妓院。有的妓女嫁给恩客，当上了姨太太。等待大多数妓女的，是更加严峻的未来——落入次等的廉价妓院，甚至是贫民窟。在二十世纪早期，某个最抢手的上海妓女就遭逢了这样的命运。我读到妓女笔下肝肠寸断的书信，曾有男人以爱情和婚约来迷惑她们，之后却携其积蓄逃之夭夭。

我历来讨厌将旧上海刻板化地形容为"罪恶之城"或"欢愉之城"，因为这样的称呼传达了一种观点：寻欢作乐是好色的男人和淫荡的女人之间的互惠交易。如果你只从表面上看妓院的数量，上海似乎担得起这样的绰号。然而，色情交易的供给方是被拐骗、贩卖和奴役的妇女和女童，她们经常遭受虐待殴打，以防逃跑——在全世界都是这样。在旧上海，卖淫嫖娼在中国人管理的区域是非法的。但在洋人居住和做生意的公共租界内却开着妓院，而书寓也都聚集在那里。"罪恶之城"表面下的普遍现实是凄惨的境遇，身陷色情行业的多数女人年纪轻轻就香消玉殒了。我看过许多年轻妓女的照

1　华里丝·辛普森（Wallis Simpson，1896—1986）：生于美国，后与英国国王爱德华八世交往，起初是爱德华八世的情人，后爱德华八世欲娶她为妻。此举遭到英国王室与教会的反对，爱德华八世遂退位，将王位让予其弟乔治六世。他后来改称温莎公爵，华里丝也获得"温莎公爵夫人"的头衔。

片，大部分女孩的眼神都空洞呆滞——她们要么显得冷漠无情，要么因饱受虐待已变得麻木不仁。

有一天，当我随手翻阅《上海·爱》时，偶然发现一幅摄于1911年的照片，题为"上海十大花魁"。照片上是赢得一场选美比赛的妓女，比赛成绩根据男客的投票来评判。其中五个妓女的着装一模一样：戴着饰有繁复刺绣的发箍帽，帽子在前额中部呈 V 形。她们把头发塞在帽子里，使眼角略向上挑起，成为颇受称赏的丹凤杏眼。她们看似一副冬装打扮：穿着带衬里的紧身绸缎上衣，镶着毛边的衣领高耸至耳垂，袖子刚好到肘部以下，上面绲的白边一直延伸到手腕。她们搭配的裤子也很时髦。这种着装风格看起来似曾相识，后来我终于明白了，外婆在我最喜爱的那张照片中就穿着与此相似的衣服。其实，照片就摆在我书桌的另一头。

在比较两张照片时，我发现几乎在每一处细节上，她的服饰都与书上的完全相同。我猜想这是当时流行的装扮，也许很多年轻女人都这么穿。但我再往下读，却发现那是妓女特有的衣着。她们在洋人的照相馆里拍照，照片的显著特点是以风景或高楼大厦为背景，还有种在盆里或插在瓶中的鲜花，有的画在背景上，有的拿在妓女手中。花是烟花柳巷中的妓女的象征，在那种地方，如花的美貌转瞬即逝，犹如从含苞待放到花团锦簇，终至枯萎凋敝。在阅读时，我有种恐惧与兴奋交织的奇异感受。我误打误撞地闯入禁地，那似乎不可能是外婆的生活经历，甚至连这么设想都是在亵渎对她的回忆。这种想法违背了家史。在家史中，她被描述成一个传统守旧、沉默寡言的女人；她早年丧偶，若不是遭强奸后被迫做妾，她本该是守节的孀妇。我仔细端详她的照片。她无疑是去了一家西洋照相馆，照片中包含所有标志性要素——背景上描绘着山峦、大楼的栏杆和石阶，桌上摆着一瓶花，她脚边还放着五盆花。另一个女人坐在桌边，服饰风格也一模一样，只是绸缎更有光泽。她没戴发箍帽，而是把头发紧紧梳到脑后，只留下耳前的两缕卷发。

我取出一本旧相簿，里面有些照片只有邮票大小。我拿出放大镜，用全新的眼光来观察。在一帧照片上，外婆看似只有十三四岁。即使以现在的标准来看，她的发型也会被视为相当激进——头发像帘幕似的分到两边并垂下来，并不对称，只露出一部分脸。她的姿势也很大胆：一只胳膊叉在腰间，手放在臀部，另一只手搭在仿造的乡村篱笆上。她直视相机，却不像妓女那样死盯着镜头。事实上，她看起来自信而愉快，甚至有些顽皮。她的下颌肉嘟嘟的，下唇饱满，上唇唇弧分明。她的手很大，我的手亦如此。这张照片中的全套服装与1911年"上海十大花魁"照片中另外两个妓女的穿着完全相同——裙子搭配深色上衣，衣服看似由厚重的锦缎制成，镶着毛边高领，还有短袖子和白色绳边。这张照片上还有一个女人，与上一张照片上的不同。她也穿戴着相同的服饰，坐在石凳上，倚在乡村篱笆上，角度有点别扭。她显得年长许多，但也许是发型产生的效果——十九、二十世纪之交西方的蓬松发式，那时想必相当摩登。她的手也很大，就像我外婆的手。她的下颌也很宽大，她们肯定有亲缘关系。我记得母亲曾说，外婆有个同父异母的姐姐很喜欢她。也没准是堂姐？

我找到第三张照片，背景使人联想到维多利亚时代的客厅，拉开的帘幕后面是错视画[1]。她在维多利亚式的座椅旁边摆好姿势，肘部支在高高的扶手上，另一只手搭在臀部。她看上去年龄大了一些。她的眉毛很浓，仿佛描过。她的神情暗示她桀骜不驯，敢于反抗，却不含一丝假笑或顽皮的迹象。她的发型与前一张照片相似，从中间分开，两缕头发形成帘子，遮住她的脸侧。她身穿一套浅色服装——想来适合温暖的天气——上衣配裤子，衣领很高，袖子较短，带白色绳边。她的鞋子很古怪：波斯风格的拖鞋。她露出脚后跟，踮脚将自己增高一些，这样肘部刚好稳稳地搭在扶手上。

左图：上海，1910 年前后，我的外婆（右）和不知名姓的女子（左）
右图：上海，1912 年前后，我的外婆

---

1 错视画：又名"视觉陷阱"，是一种作画技巧，使二维的画给人以极度真实的三维空间感。

我又发现另一张照片，那时的外婆年纪更大，穿着也更传统：低领的上衣，宽松的衣袖，朴素的裙子。她很美，却并非光艳照人。她的刘海边缘遮住了眉毛，其余的头发在脑后梳成一个髻。她穿着白色长袜，两膝相搭。对二十世纪二十年代的女人来说，那种坐姿是否不算得体呢？

一个年轻些的女人耸肩弓身地坐在一个台子上，双脚离地悬着，表明她个子矮。她衣着朴素，最初让人以为是女仆。但后来我想起母亲曾说，外婆有个堂姐或是同父异母的姐姐就是驼背。布景看起来破破烂烂，装了软垫的椅子也很破旧，花朵看着像是假的，散落着稻草的地板表明美好时光早已一去不返。她为何选择如此破败的照相馆呢？

我找到的最后一张照片摄于外婆三十六岁那年。布景右侧的部分廊柱依稀可见。树上零星挂着几片叶子——只有叶，没有花。她把一只胳膊搭在白色的高架上，手垂下来握着另一只手。她的脸颊显得更加丰满。她的刘海中部剪出一个三角形的豁口。她穿着朴素的黑鞋，显出畸形的双脚：她在十二岁前一直裹脚，脚骨已被挤碎。她的上衣宽松合体，袖子宽大。这是传统女性的服装。那时，她已成为富贾家的四姨太。她的双手搭在腹部，证明她似乎已有六七个月的身孕。那年她三十六岁，而这是迄今已知的她的最后一帧照片。我又留意到一样东西，于是拿起放大镜，以便看清她戴在无名指上的物什：原来是我结婚时母亲送给我的翡翠戒指。我还留着它，但只剩下指环。在我们兄弟姐妹初次团聚的那个场合，那块珍稀的翡翠神秘地从指环上掉了。

崇明岛，1925 年：外婆最后的照片

　　一连数日，我仔细端详着这些照片，反复阅读关于妓女的研究文献。身穿妓女的服饰并不意味着她是妓女，正如我戴过护士帽不代表我就是荷兰女孩。我还提醒自己，我拍过许多身穿施虐狂套装的照片——带绑带的短皮裙和网格丝袜，镶嵌装饰钉的项链，手铐、脚镣、无指手套和宽腰带，再配上高跟、靴帮直达大腿的高筒靴和黑漆皮的警帽，一只手拿着九尾鞭，另一只手捏着仿造的冒红光的香烟。二十多年来，我每年都会穿着这套服装参加一个由作家组成的文学业余乐队的演出，蹩脚的音乐才能和诙谐滑稽的表演有助于为儿童读写能力项目筹款。也许，我继承了外婆对服装的爱好。

　　或许，她斗胆穿起那套服装也是为了好玩。我们都想让自己的装扮显得逼真，甚至连一个钉子的细节都不放过。但她为何要穿烟花女子的衣装呢？

　　这种质疑外婆身份的行为本身就很危险。如果她还健在，会不会把我的疑问视作侮辱呢？上锁的箱中有吸引我这个小说家的秘密，于是我便想撬开它——我必须提防这种欲望。我很可能会将无关紧要的垃圾误当作吸引我的宝贵素材。我是生活在二十一世纪的女人。我无法透过社会学视角看待烟花女子的世界。我必须以外婆年轻时希望被人看待的方式来看待她，还必须考虑她希望如何被人铭记。但我继而想到：我希望别人记住我什么呢？我会希望铭刻在别人记忆中的自己具有陌生人、外来者的特征吗？也许，外婆想驱走消极守旧的自己，重拾曾经的激进大胆。也许她想让我偶然发现"上海十大花魁"的照片。

　　外婆的故事犹如被撕碎的地图复又粘在一起，由于七零八落的碎片太多，结果用的胶水比地图本身还多。碎片并未指向可靠的事实真相。基于我本人的情感与道德特征，我曾设想过真相究竟如何。别人也这么做过。我们看到的都是自己愿意相信的东西。在为逝者代言时，我们都是不可靠的叙事者。

　　昨天，卢和我在北京散步。这真是春日里少有的晴天，完全没有雾霾。为了避开故宫博物院正门的人群，我们从奉先殿[1]旁绕道而

1　奉先殿：位于北京紫禁城内廷东侧，为明清皇室祭祀祖先的家庙。

行。宽敞的院落里和游廊上几乎寥落无人。我们只稀稀拉拉地看到几个摄影师和他们的顾客，都是拍婚礼照的年轻人。摄影师指挥他们先直视相机，再向左看，然后仰头，仿佛在共同憧憬光明美好的未来。摄影师还让他们情意绵绵地凝视对方的眼睛。新娘都穿着款式相似的大红色婚纱裙——无袖的紧身衣，宽松的蓬蓬裙，层层叠叠的网状婚纱，朦胧透明的面纱上缀着小粒珍珠，还有十英尺长的红缎裙裾。新郎尽职尽责地提着裙裾，紧随新娘身后，从一个拍摄点转移到另一个地点。难道他们都在同一家店里购买大甩卖的红色婚纱裙吗？后来我意识到某个明显的事实：婚纱照摄影师以打包协议的方式提供那些服装。你大概也可以得到白色婚纱裙。鲜花则属于额外服务。

　　我又转念一想：西洋照相馆的摄影师会不会提供时髦的妓女服装，甚至连最细小的地方也仿造得别无二致？我记得曾读到倾慕妓女的豆蔻少女见到偶像时当场晕倒的事。在二十世纪二十年代，富家女孩暗中裁制服装，模仿她们最喜爱的妓女的时尚装扮。她们穿着那样的全套服装走去上学，被老师训斥一顿，然后被遣送回家。二十世纪初期的姑娘们会胆大到做出什么事呢？我想象着——那恰是外婆决定穿上妓女服装的时候。

　　她在她堂姐父母经营的服装店里。她十四岁，她的堂姐年纪大些，十九岁，待她一直像待亲妹妹似的。她们甚至长得很像，都有丰盈的下颌，弧度明显的上唇和一双大手。那是一个寒冷的冬日，她们百无聊赖，突然听到街上一阵骚动，于是奔出门去。两个妓女各乘一辆马车，竞相高声叫骂，彼此的辱骂之词令人瞠目结舌。外婆和她堂姐看得入了迷。她们听到身旁有别的女孩赞美妓女的衣服漂亮。有个女孩说，两条街外的照相馆就有同样的服饰，可以穿着它们照相。其他女孩说她们不敢。外婆和她堂姐对视了一秒，之后便走向照相馆所在的那条街。她们选了最便宜的一整套服务。她们选出各自要穿的服装，在穿戴仿制得分毫不差的违禁装束时咯咯娇笑。她们认为高楼大厦布景不像别的那么破旧，便在仿造的篱笆旁边各就各位。摄影师告诉她们如何摆姿势：手放在臀部，手肘搭在那里，站直别动，也别笑。翌日，她们选中两张照片，一人一张。她们笑自己的装扮多么逼真，之后相约每年都要这么拍照。

我情愿相信那些照片就是这么来的。她并不老派守旧，而是敢想敢为。我愿意相信自己像她一样，相信往昔与今朝相互关联，我们不断演变，成为今天的样子，这种演变甚至会体现为青睐惊世骇俗的服饰。母亲从我身上看出外婆的影子是不足为奇的。我们在很多方面都颇为相似。我们固执强硬，我们不能忍受羞辱。再看看我们为爱情付出的一切吧，我们不会因为遭到反对就放弃退缩，而是变得更加意志坚定。卢和我结婚以后，我仍因公婆对我一再轻视而气恼。我也生卢的气，气他不出面替我说话。

有一天，母亲又劝我不要那么厉害。"要善待你婆婆，"她说，"这不是为了她，而是为你丈夫着想。别让他做两难的抉择。将来他母亲走了，别让他为护着你而感到懊悔。"那一刻我突然明白她说得对。我和婆婆的关系好转得很及时。唯一让我丈夫感到有点遗憾的是，我花了一年时间安排婆婆跟我们一起乘邮轮游览阿拉斯加，但游览时间只有一周。尽管她常惹人生气，但他始终孝顺母亲。在最难挨的时刻，我对他深表钦佩，因为他不仅是好儿子，还是好男人。婆婆在 101 岁高龄时辞世，我丈夫因自己一直善待母亲而没有丝毫的悔恨与遗憾，我也没有。

　　而今，就在此刻，我恍然明白母亲为何要我轻松洒脱一些。父亲后悔在她的迫使下做了一些违心的事，再未见过他最爱的妹妹，这使她无法释怀。

时间与距离：二十四岁

1976 年，我自身的死亡看似遥不可及——就像遥远的异域一样——我与死亡之间隔着时间。现在到了四十岁，死亡似乎更有形了。像高速公路上的路标一样的人生标志偶尔会自动弹出，我正往那些地方去，还想走得更快；不停顿，不转弯，不绕路。我想要四十岁，在我身后有整整四十年。四十岁是安全的。四十不惑。不笨手笨脚，不摸索前行，也不等待。这是一个目的地。有太多我未知的东西，有太多我不确定的东西。什么时候我才能摆脱这种感觉——自己曾愚蠢过二十四年？

我脸上没有太多皱纹。我看起来古灵精怪。有时候我希望随着年龄的增长，自己眼周的皱纹能更多，这样看起来更有个性。现在看来，我受的苦还不够。

时间与距离：五十岁

2002 年，我意识到自己的一生已经过了多少，还剩下多少。当我花时间寻找失物时，或是做琐碎的事时，我会不耐烦；当我沉迷于不愉快的事无法自拔时，我也会不耐烦。所以，我要扼杀、消除那些时刻，尝试寻找可被重温的时刻。想象力就有这样的作用，就像可以让事情重新发生，但是并不确切。

时间与距离：六十岁

2012 年。我每天都在思考一个事实：我有一天会死去。每天，我都在想，我有可能失去理智。每天，我都在考虑最后期限，我要迟了，可能完不成了，因为我没有写作能力了。它消失了。这种想法令我的心脏和四肢变得虚弱。这种想法是最直接的，也是最有可能的，它最有可能引发持续性的惨事，就像瘫痪一样可怕。如果我死了，就不会因自己将要死去而焦虑；如果我患了老年痴呆症，我就意识不到自己会死，或者不再关心这件事。但是如果我失去写作能力，就无法再了解自己。我会找不到线索。我的消遣将是一个又一个占位符，或读或写，没有连贯的故事，就像几百本书中的书签。

第四部分

结局未晓

第七章　生命中最黑暗的时刻

最近，我去了复活节岛参加洞穴探察。洞穴探察是探洞者的术语，意思是进入一个山洞，而真正的探洞者需要特殊的装备，因为他们所探的洞穴可能进出都有点费劲。与我同行的人就拥有那些装备——头盔和头灯、防鸟粪的连体服、护膝、护肘和手套；我穿着日常的衣服，戴着橡胶手套，就是护士为你打流感疫苗时戴的那种。对于不怕被困在洞里或活埋其中的探洞者而言，洞穴探察充满乐趣。我稍有些畏惧，但依然跟随前往，因为阳光灼热难耐，仿佛在烤箱中烘烤似的。除了躲在面包车旁，别处再无阴凉。我猜山洞里会凉爽得多，因为我曾在什么地方读到过，洞穴中的平均气温终年在华氏五十五度[1]左右。这个洞穴却没有那么凉快，我感觉如同在蒸桑拿。如果再考虑靠指尖奋力爬行的因素，你很快就会感到洞中比洞外还热，或许还会感到缺氧。身着连体服的探洞者们都大汗淋漓。下次有人对你说洞穴气温始终在华氏五十五度左右时，告诉他们：这是个弥天大谎。

探洞者进入的洞穴不像你在电影中看到的那样——你知道那

1　约等于摄氏 12.8 度。

些洞穴，隐藏在假造的灌木丛后，里面是空荡荡的巨大空间，有宛若枝形吊灯的石钟乳，有石头搭的炉灶，天窗底下有为孩子洗浴的小水池，在洞穴的其他层面还有几处卧室。那是好莱坞的布景。我读到过，探洞者梦寐以求的洞穴是"高级别"的，意味着通道可能一路弯曲，或是向下通到某个类似排水管道的地方，而你的体重和重力作用会将你推到一个 U 形转弯处，你得有乌丹尼[1]那样的柔韧性方能应付。你无法直立着退出去，因为你就像被巨蟒吞下的兔子，困住动弹不得。你听说过好奇的小猫钻进排水管的故事吧？最后它们只能可怜巴巴地探出惊恐的猫脸。总会有路人救起小猫，他们会用碰巧放在汽车后备箱里的电动链锯割开水管。在复活节岛上，没人会在外面用链锯切开山洞。因为首先，复活节岛是世界遗产，你甚至连一块石头都不能捡走带回家（有个朋友试过）。

因此，你若去探洞，须有一位探洞专家随行，甚或两个专家，一个在前头带路，一个跟在身后，这样你既能被人往前拉，又能被人向后拽，前拉或后拽，取决于怎么做更妥。我们的探洞专家名叫塞斯，另外还有连我在内的五人。那天早先探洞出来的一个人将带灯的头盔借给我。我们刚进洞时，洞内的宽敞程度给了我一种错觉，因为它好像好莱坞的布景，只是没有石钟乳，因为这不是石灰岩洞穴。塞斯解释说，这个洞穴是火山爆发时形成的熔岩隧道，熔岩从火山上奔流入海，不时放缓速度，逐渐形成硬壳，最终变为隧道。更多熔岩奔流而下，挤入隧道再流出来，近似于肠道的蠕动（打个

---

1 乌丹尼（Houdini，1874—1926）：美国魔术师、遁术表演家。

不恰当的比方）。结果，挤进挤出，洞穴的某些部位就像患了洞穴探察版的憩室炎。牢记这一点至关重要，因为在黑暗的洞穴中前行时，你俯视着身下的流水，思考水位是否会持续升高，此刻你很容易一头撞到洞顶，因为洞顶会毫无预兆地骤然降低一英尺。绝对不要无所畏惧地闯入黑暗之中。我开始是直立行走，之后便弓身缓步前进，继而以蹲踞式的姿态蹒跚挪步，最终只得腹部贴地匍匐前进，仿佛逆向行走在生物进化进程中，从直立人复归蠕虫。

当你身处洞中时，不禁会猜想数千年前住在此地的是谁。他在洞中四处活动时，前述所有那些姿势都得用上。我猜弓身弯背是最常用的体位。适者生存也许意味着个子最矮的人或早期骨质疏松症患者的基因会延续下去吧。但事实并非如此。以种族而论，拉帕努伊岛[1]的居民长得特别美，拥有典雅的身姿。在黏稠的物质中爬行时，我试图将它们想象成勃朗尼蛋糕粉，而不是被称为"地球肠道"的熔岩洞中的某种软泥般的物质。

我们似乎在洞中爬了几英里，最后终于到达尽头，那儿有个齐腰深的水塘。探洞专家并不感到意外，他已事先查阅地图，早就料到地形如此。他建议我们轮流到水塘里凉快一下。我们不必担心水中有生物，因为这种环境不适合生物存活，哪怕是植物。不过我随即想到，某些种类的细菌可能生活在这种地方。细菌总是出人意料。毕竟，最早的菌株发源于火山口，后来成为地球上的生命起源。我身处奇境时就会联想到这类事情。我总是浮想联翩。

---

1 复活节岛的另一个名字。

探洞专家建议我们熄掉头灯。几秒钟后，我们陷入完全无光的状态。我以前从未想过什么是"伸手不见五指"，现在就是了——比你走进暗室时体验到的黑暗更深更浓。没有电路的嗡嗡声，没有人类脉搏的跳动声。当有人开口讲话时，词句仿佛甫一脱口就被深沉的阒寂所制服，跌落在地，不省人事。我感到迷失了方向。尽管双脚稳稳踩在洞穴的地面上，但我们占据的空间却变得无影无形。我的身体——不只是眼睛——感到全然无光。我发觉人体具有感光装置。首先，我们皮肤细胞中的黑色素能识别紫外线。受尽折磨、被单独幽禁在暗无天日的地下的人往往会精神失常。不只是眼睛，身体也同样需要光。我在洞中无光的地方只待了一分钟，便已意识到这是我生命中最黑暗的时刻。就身体的感知而言，此地空空如也，唯有思想才能抵补缺失的刺激。

我记起自己十四岁时的一篇习作——《虚无的价值》。老师让我们用一小时在课堂上写一篇关于"任何事"的作文。我想不出任何东西，却想到了虚无，于是决定以此为主题。最近，我找到那篇两页纸的作文，为了搞懂我青春期时关于存在的看法，我不得不将它读了两遍。文章大部分读来像是励志的演讲，你可以从这段节选中看出这一点：

　　人们很少意识到虚无的真正价值，尽管我们时常遭遇这种障碍……实际上，我们本不会在虚无中发现任何有价值的东西，因为虚无意味着不存在什么实体物质。它是一种心理状态，唯有借助人的思想方能体现出来……

192

与虚无相关的情绪有许多种。当一个人感到无所事事时，往往会彻底意志消沉。但若以截然不同的乐观态度来看，反倒应该体现出成就感，因为这是一个人意识到自己究竟在做什么的一次难得机会。某些事物的缺失促使我们发觉自己一无所有，于是产生不安感和缺失感。

"无"中总能生出"有"来。当我们自称无所事事时，只不过是没努力摆脱那种被人诟病的状态。细想起来，人类发明创造的每样东西几乎都源于我们自认为一无所有的感受。我们于虚无中创造出物质主义。我们先是渴求一样东西，一旦拥有，我们就会来消费它。

当然，虚无会一如既往地跟随我们，直到世界末日它才会随之终结。从那时起，我们会明白自己将始终拥有一切。但是现在，既然我们受困于人对完美的需求和奇想，为何不充分利用呢？

在那个洞穴中时，十四岁时思考虚无的想法又浮上我的心头。我认为，洞穴对于我这个作家而言，是完美的环境和氛围——没有刺激物，没有分心事，亦无引我注目的任何东西。想象力就是一切。每天开始写作以前，我可以戴上眼罩来模拟黑暗的状态。我能捕获虚无的境界，宛如梦境一般。黑暗和梦境都很好，辽阔无疆。我敢肯定，有人开过一场关于内在意识的研讨会，用的就是这个观点。也许，与会者甚至钻进洞穴，体验虚无的自由自在，产生类似"智慧源于黑暗和蒙昧"的体会。

我不清楚同行的探洞者和我在彻底的黑暗中待了多久。在漆黑一片中，时间过得与平时不同。身体开始从白天的节奏转换为夜间模式，大脑中也开始发生某种变化。深沉的黑暗浓缩了光阴，我怀疑黑暗中的一小时大概相当于一整晚。塞斯让我们打开头灯。开灯以后，我们看到一只蟑螂。我们早该料到，和细菌一样，蟑螂也能在任何环境中生存。

时光飞逝，转眼我们就该回到起点——户外的大烤炉。进洞时仿佛走了几英里路，现在显得短多了。对未知的恐惧拖长了时间。那时我们不知将要踏入什么境遇，现在却清楚出路通向哪里。

探洞的经历让我思索通常被称为"黑暗"的其他时刻——那些涉及悲剧的时刻。我们为何说它们是"黑暗"的? 身处黑暗之中当真是那么消极的经历吗? 如果不是，还有没有另一种更贴切的比喻，来形容我被绝望压倒时的感受呢? 那是迷失或坠落的感觉吗? 我最强烈的感受是一种真空状态，仿佛被活活地抽空了。在思想能自由发挥想象时，我的脑海中不会浮现黑暗的画面。我的脑中只会出现自己刚刚失去的人，譬如我的母亲、我的狗，还有我的朋友比尔。

自从那次探洞之后，"黑暗"已不再是我用于形容绝望的词。现在，我觉得漆黑一片适于比喻"从头再来"和"意在笔先"。在黑暗中，以往的形式和臆断都消失了。时间停滞，声响被阻隔。在黑暗中，我只拥有想象力。

追咬的小狗

[摘自日记]

　　旧金山，1977 年。思考我生活中所作所为的原因和理由简直是件令人烦恼的事。有时，我感觉自己像只焦虑的小狗，追着日夜游荡的羊群，咬它们的脚跟，把它们轰进羊圈。

第八章　不为我知的父亲

1962 年元旦那天，父亲在崭新的袖珍日记本中写下第一条日记："今年准是一个好年头。"身为牧师的父亲祈求上帝多多赐福。他写道，新年新气象。他用圣诞节时为母亲买的地板清洁器清洁了硬木地板。尽管他做了祈祷，用了清洁器，厄运却已在那天晚上悄然降临我家。翌日早上，父亲身体太虚弱，没法去上班。到了第三天，家人发现我卧床不起，神智昏乱，高烧华氏一百零五度[1]。随后，我俩都因肺炎住院治疗。我其实还蛮喜欢这段经历——我是说，在医院的那部分经历。我被注射大剂量的青霉素以后，第二天感觉好多了，住院那周的其余几天如同在高级宾馆里度假一样：持续的客房服务，能在床上享用早餐，看电视不受限制，还有父亲来探视。我们同病相怜，同享特殊待遇。

没有人冲我吼叫，即便我不慎按下呼叫按钮。每天早上都有烤面包片、小盒的草莓酱和人造黄油。护士们都喜欢我，以至于她们在我必须出院回家时都不舍地哭了。我把小盒带回家，还一直戴着医院的身份手环，直到它断掉为止。

1　约等于摄氏 40.6 度。

父亲与我同患肺炎的那段日子，回忆起来可谓我俩共度的极为美好而特殊的时光。整整一星期，我都和他在一起。晚上，他不用忙着出门去开导别人，也不用专注于撰写布道文。我保留着那几个人造黄油小盒和已断了的医院手环，直到去读大学，不得不扔掉童年时收集的大部分东西。我一直把它们留到最后才处理掉。

尽管那年开局不利，但父亲在当时的日记中仍旧表达出积极乐观的态度。他很少记录子女的生日，想必他认为无需提醒自己早已熟稔的事情。在每天日记的狭小篇幅里，密密麻麻地用铅笔记录着精确的费用清单，项目包括钢琴课、治疗蛀牙、修补汽车凹痕、给教堂的"什一税"、每周付给照看孩子的小时工的支票（20 美元）和偶尔为母亲买的新衣（4.15 美元）。里面还记录了他与母亲的争吵。"直到凌晨 3 点才睡。"他的大部分日记都是他作为特邀牧师准备发表的布道，或是作为助理牧师选取的祈祷文。"发表布道《来到圣殿，目睹神迹》。出席率较低，但布道顺利。"他承认曾经拿不准自己侍奉上帝是否称职。他记录了从导师那里获得的鼓舞，结尾处是下面加了双横线的誓言，称自己还要更努力。他记下他打算前去拜访，为之提供慰藉或疏导的人。他还记下两个男孩失和，他们都说如果对方去教堂，自己就不去。他没解释自己做了什么，但在另一条日记中表示问题已经解决。通过阅读父亲的日记，我发现他生活在教堂和家庭这两个相互独立的世界里，而他对前者的用心程度和从中收获的快乐都远胜于后者。

我找到父亲在 1967 年的日记本，4 英寸长，2.5 英寸宽。他的字迹密密麻麻，内容有时也晦涩难懂。从二月到六月，他记载了大量内容，包括我哥哥的病症、随附的诊断、手术和昏迷的情况、朋友们的探视、又一次手术，他写到哥哥的手轻轻捏着探视者的手，还有他们寄希望于出现一种新疗法。在六月六日这天，他写到自己在和教友们吃午饭时端不住碗。"左臂发麻。"六月八日，他左手的小拇指已不能动弹，在键盘上打布道文时落了几个字母。六月十日，他写的既有英文词儿，也有中文词儿，包括"突然发作"和"日瓦戈医生"。他可能突发了癫痫，在随后五天里持续加重，直到他最后入院治疗。起初，医生诊断他患了流感。其实，他长了一个葡萄柚大小的脑瘤。正如对待所有困难那样，他也将其视为对信仰的又一次考验。他几乎显得很高兴，因为上帝召唤他去忍受疾病，展现他的信仰有多坚定。他将会通过考验，救活自己的儿子。在他术后恢复期间，没人敢向他透露彼得已然离世。按照母亲的要求，我负责记录彼得的病情进展，还有父亲术后他和彼得两人的情况。

若要为他日记的主题来配乐，最初将是两小节柔美的赞美诗，接着就被穆索尔斯基的《荒山之夜》所淹没。这两种乐曲，将不停地循环。

曾有读者在公开场合问我，为何我的小说中没有父亲的角色。我的回答是，虚构的人物必须是立体的、复杂的、有道德模糊性的——换言之，他们存在缺陷，而不是理想化的人物。我还指出，我的小说中确有父亲的形象，而他们都英年早逝也并非巧合：父亲去世时，我还不满十六岁。他过世后，我在记忆中已将其理想化——我们二人站在往事的镜中，面朝前方，我眼中的父亲处于单向度的状态，有一种凝滞在悲恸中的完美。我存储的记忆足以使我认定，他待人和善，对陌生人富有同情心又慷慨大方，对所有人都坦诚相待；作为美国浸礼会的牧师，他具有感召力，能鼓舞别人。他还英俊潇洒，善讲故事；他舞姿翩翩，是出色的歌手；他多才多艺，优雅迷人得恰到好处，总让别人乐于见到他。我记得，我在许多场合都因他是我的父亲而感到骄傲。假使能选择，我也会选他做父亲。他很特别，能在一屋子为父者中脱颖而出。再有，他并不伪善。我经常公开表示这一点。他的信念和行动是一致的，这在我十几岁时至关重要，那时我倾向于理想主义，但理想又容易迅速破灭。

今天，在 2016 年总统大选日之后，我的幻想破灭了——极为痛心和愤慨。我支持的政党败选了，不可思议的事发生了。美国一夜之间变了样，这个国家将受制于公开的种族主义规划，将移民视为经济问题、违法犯罪和恐怖主义的根源。相当一部分民众正在向非白种人、非异性恋者或非保守派人士表达反感情绪。这是美国的新主流。我的一些朋友已经历这类攻击，我已经在社交媒体上受到种族主义的侮辱，典型的措辞有："滚回中国去""你不是美国人"——后一句的含义完全不同于告诉别人其观点不是美国式的。公然的敌视使我无比焦虑，我迫切地想要知道，亲朋好友之中谁曾经直接或间接地支持过该党派的反移民立场。我无法继续尊重那些人。我很庆幸的是，家中的每一个人——兄弟姐妹、晚辈——都支持我所支持的候选人。他们中的许多人都是移民，后来成为美国公民。倘若母亲还在世，她无疑会与我投一样的票。在最敏感的问题上，我们大都意见一致，即使不是全部。

然而，我在这番思考过后，惊讶地发现我并不知道父亲将会如何投票。他生前是福音派基督徒，在危机中总是信仰坚定程度倍增。他或许会把选票投给福音派支持的政党。仅仅想到这一点，我就已经在破坏他在我记忆中的完美形象了。

现在我满脑子都是这个问题：他究竟会如何投票？我害怕自己可能找到的答案。我担心自己对他的看法将永远改变，却又不得不正视这一问题。我对这次选举感到悲痛，这迫使我审视自己曾对父亲的一切深信不疑。

我对父亲最早的记忆发生在弗雷斯诺，我两岁半以前，我家就住在那儿。弗雷斯诺的酷暑是出了名的，这一点与父亲的出生地武汉难分高下，因为武汉是中国的"四大火炉"之一，强健的当地居民靠吃辣椒来消暑。父亲开玩笑说，当魔鬼被投入地狱里的一锅热油时，有人问他是否在为自己的罪孽受苦。魔鬼回答："才不是呢。这跟待在武汉比起来，就像舒舒服服地泡了个澡。"父亲或可用弗雷斯诺代替武汉来开同样的玩笑，同时建议教民们应以升入天堂为目标，而不要最终下了地狱才发现魔鬼在说谎。在任何情况下，他都能以现成的玩笑巧妙应对；对于所有的疑虑，他都能以《圣经》中的章节来回应。有人告诉我，当父亲已明显病入膏肓时，一个教友问他是否同上帝讲和。父亲回答："当然没有！我们从不吵架。"

我想起在那样一个典型的酷暑天里的事情，当时我想必只有两岁多一点。在蹒跚学步的幼儿期，我的记忆自然不准确，大概是成年后的思维填补了不连贯的空白。我可以肯定，非常年幼时的记忆在很大程度上与情感认知密切相关，而情感认知又和对空间的感知有关，比如：与父母的距离，身处开放空间的感觉和身处带黑暗角落的小空间的感觉。我记得，当父母让别人抱我时，我努力忍住不哭。我记得，当一片水果掉到我头上时，父母哈哈大笑，而我却哇哇大哭。我还记得我被关进一个密闭的空间——一辆大大的旅行车。车里挤满了其他大孩子，都比我高大许多。他们穿着泳装，非常兴奋。我那当牧师的父亲沿着林荫路行驶。停车后，其他孩子都四散跑开，奔向公共泳池。父亲拉着我走向泳池，让我一点一点地往里踩，然后他把手放到我的肚子下面，这样我就能漂浮着用手臂打水，仿佛是在游泳。我们肯定在泳池浅水区这一侧，因为他能站在水里，四处走动。后来，我们离开泳池，去玩水滑梯。他扶我爬上台阶，让我坐好，然后要我等着。当他不在我身后时，我对所处位置的整体感知变得大为不同。我看到他在滑梯底部。我确信相隔的距离很短。但在我的记忆中，父亲看起来很渺小，滑梯却又长又陡。他让我滑下去，他会接住我。尽管我有些犹豫，但我相信他会说到做到。每当他把我抛向空中，或让我踩在他脚上保持平衡时，他都值得信赖。所有小孩都喜欢他那么做，他们也信任他。于是，我放手滑下去，可他并没接住我，而是让我猛冲进水池里。呛人的水涌进我的鼻子。他大笑着把我举起来，可能还问我是不是很好玩。为了让他高兴，我大概点了点头。如今我却害怕滑梯和深不见底的水域。在那之后，他带我来到大约六英寸深的浅水区，我坐在那里拍着水，观察池底的一分钱硬币不断变换形状。我注意到身上潮湿的泳衣渐渐变干，褶裥花边又突显出来。

弗雷斯诺，1954 年：父亲与两岁的我

　　我回忆起三岁半时的一段经历。当时我家住在位于奥克兰的公寓里。我站在楼梯顶上，父亲在楼下的客厅里，坐在靠窗的扶手椅上。我想去找他，紧接着就滚下了楼梯。终于停住之后，我惊魂未定地大哭起来。我有一种小孩的愤慨，觉得这种事本不该发生。父母走到我身边，父亲一把抱起我，让我靠在他胸前，然后坐在扶手椅上，轻拍着我的背。最后，我感觉好点儿了，一睁眼就发现他肩头有血，结果尖叫得比以往任何时候都响。那可能只是鼻血，但在我幼年的记忆中，他的半边衬衣都已浸透我的血。当他更紧地搂住我，轻拍我的背时，我记得心中有股混杂的古怪情感——当我紧紧依偎他时，感到既安慰又恐惧。

　　我四岁半时，我家住在另一幢房子里。房屋虽然摇摇欲坠，却足以容纳我们全家，还有我的舅舅、舅妈和四个表兄弟，他们刚从中国迁来。我记得，有天晚上父亲为我洗澡，我就蹲在白色的洗澡盆里。我必须站起来，他才能帮我冲洗干净。他为我洗完就走开了，大概是去取毛巾。我背对着他，他可能只走出两步，却仿佛已出了房间。于是我转身看他，当即在弧形洗澡盆里滑倒，仰面摔在冰凉的瓷砖地上。作为一个小孩，我感觉独自等了许久，才被人发现，实际肯定只有几秒而已。我不觉得自己受了伤，却仍号啕大哭，主要是因为心有余悸，加之孩子的某些混杂情感——震惊和恼火于父亲竟离我而去，才导致这种事发生。

到五岁时，我的记忆更加生动鲜活。我开始上幼儿园，学校距我们的公寓只有一个街区。校园围着高高的钢丝网眼栅栏，操场上大多是沥青地面，不过一侧有沙坑、单杠、秋千和旋转滑梯，还有一片浓密的树丛，我们女孩子在那儿用细树枝来划定"想象之屋"的游戏区域。一天下午，父亲带我来到操场，只有我们两个。那天大概是周六或周日，操场上一个孩子也没有。我想玩高大的旋转滑梯，那是操场活动中最受欢迎的一项，通常被大男孩霸占，所以我还没机会一试身手。父亲站在我身后，扶我爬上陡峭的扶梯。我到滑梯顶上坐下来，抓住侧面的栏杆，此时父亲已走下扶梯。情况与在泳池滑梯上一样，当他不在我身后时，我立刻感到脆弱无助。他在滑梯底部叫我，但因为滑梯有几处弯道，我看不见他。我处于前所未有的高度，想要松手就得相信我的身体能顺利转下三道弯，投入父亲的怀抱。我胆怯了。父亲继续招呼我。每当我在暴风雪中立于滑雪板上，看不清面前的滑道时，全身瘫软的那一刻便会重演。

像童年时那样，不确定的感觉瞬间将我淹没，我发觉自己无法前进，这令人大为恼火。我仿佛变成了两个人——一个爱好探险，想要纵身前跃，体验那种刺激；另一个却还是当年那个小姑娘，拒绝移动半步，因为不相信父亲会在下面等她。但我最终还是松手了，当我冲向转弯处时，猛然被扯住，挂在滑梯的扶手上。锋利的金属边缘钩住了我的裙摆，我挂在滑梯一侧来回晃荡。我尖叫起来。似乎过了许久，父亲才恍然明白出了什么事，于是赶来搭救。那段记忆中有一个情节是不可能的，它只是我获救脱险后情绪亢奋的产物：现场有几辆救火车和一架云梯，帮着父亲将我放下来。

就在刚才，在唤起这些记忆时，我突然发现它们的某些相似性——都与下落的感受有关，还有觉得父亲应当保护我。这是否反映出我对父亲的某些看法呢？其实，我还有其他一些关于下落的回忆，与父亲全无关联：和表兄弟们沿着弧形的栏杆滑下，结果尾骨着地；骑着没闸的小自行车下山，当我想要停车时，前额磕在人行道上；几个大男孩不顾我反对，使劲推动旋转木马让它加速，结果离心力把我甩飞了；我坐跷跷板升到最高处时，另一头的孩子突然跑掉了，结果我这边重重砸在地上。如果我回忆的时间足够长，为每道疤痕找出原因的话，大概还会记起其他许多事件。我的总体感觉就是，我已有点将父亲定位成英雄角色，当我们共同体验激动人心而又惊险的事情时，我指望他会保护我不受伤害。与此相反，母亲则不准我做任何冒险的事。她紧抓着我的手，告诉我不该做什么，如果我不服从就斥责我。我满脑子都是她灌输的各种景象：我可能被挤扁、肢解，在热水龙头下被活活烫死，遭到雷击或摸电灯触了电。

关于那些坠落事件，我没有任何照片作为佐证。它们只是出自孩子内心的直觉性记忆，在某种程度上我相信它们是真实的，甚至比有照片为证的那些记忆更为真实。对于后者，我猜是我编造了与照片相符的记忆。不过，即使这两种记忆都不是严格意义上的事实，却都包含对当时真实事件的情感认知。

父亲是业余摄影师，因此我拥有他用禄莱相机拍摄的成百上千张照片。有些照片是他在简易暗室中冲洗的。当他将相纸浸在味道很冲的药水中时，还允许我旁观。他会把中意的照片冲洗许多张。他最初在天津为母亲拍照，她从上海的丈夫家出逃后，就和父亲住在那里。在一张照片中，她在床上刚睡醒，看上去充满喜悦。她有意让显然已梳理过的长发披散在枕头上。在另一张照片中，她伸展双臂，表示很快就要下床。下一张里，她坐在床沿上，双腿交叉，弯腰去穿缎面拖鞋，还抬眼望着相机。之后，她穿着睡衣站在镜子前，用手指捋着梳理齐整的长发。他还在户外为她拍了许多照片——在湖畔的，坐在台阶上的，背靠大楼外墙站着的，看上去总是爱意浓浓，容光焕发。在有些照片中，她身着洋装；在其他照片里则是中西混搭——西式开襟毛衣罩着朴素的中式格子连衣裙。在一张照片里，她不同寻常地穿着牛津鞋和短袜。母亲对自己 4 码[1]的小脚颇为自豪，而父亲亦感骄傲，所以有时只拍她的双脚。在大部分照片中，她都对着相机微笑；而在少数几张里，父亲让她摆出特

---

1 美国的 4 码鞋大致相当于中国的 34 码鞋。

定的坐姿，面带沉思的神情凝视远方。

他也会让我摆特定的姿势。我记得，许多次，在照相的时候，他让我将双脚交叠，或是双手交握着放在腿上，或是指向天空，又或是盘腿坐好，鞋子则从裙摆下露出来。我觉得，他从挂历上的美女拍照的姿势中得到启发。在四岁时的一张照片里，我必须挺起胸膛，将手臂向后弯，抓住栅栏最上面的横杆。我身穿泡泡袖粉色条纹雪纺连衣裙，脚上是漆皮鞋，这张照片想必摄于周日的教堂礼拜之后。我梳着两条马尾辫，几缕头发从一大堆小小发卡中冒了出来。我记得那个姿势并不舒服。我的手臂扭得酸痛。但在照片中，我丝毫没显出那种不适。我面带微笑，紧抓着栅栏，既是出于纯粹的勇敢，也是希望取悦父亲。他大概说了许多好话来鼓励我："笑得多美啊。真是个好姑娘。"就在那天，他还让我在桦树上摆姿势。我记得我被举到 V 形的树杈上时心情迟疑不定，但后来努力待在那里，不显得害怕。坐在那儿可并不舒服。照片上摆出来的姿势很刻意——一条手臂搭在一根树枝上，另一条手臂轻触另一根树枝。我把双脚交叠起来，依旧是那副标志性的表情——凝神眺望远方。我双唇紧闭，大概很害怕，只是努力不显出来。那天，他让我弟弟坐在同一棵树的枝杈上拍照。在一张照片里，一岁半的弟弟正不安地皱着眉。在另一张中，他看似正在尖叫。我推测弟弟的照片是先拍的，而我想表现得不像他那么爱哭。我在争宠方面颇有技巧。如今，我的谨慎多过了勇敢。母亲的警告发挥了作用。不过，别人的胆怯有时反而会给我壮胆。当别人说起滑雪坡道很陡峭时，我的踌躇顿消，于是纵身滑下坡道。我将好几条蛇盘在脖子上，眼看别人尖叫着跑开，享受幸灾乐祸的快感。这并不需要我鼓起勇气，因为我喜欢蛇，而且我手中的蛇是无害的。有一条其实是毒蛇，但在拍照几年以后我才知情。

父亲很有竞争意识，也希望我们具有竞争意识。你必须具有雄心壮志才能成为最优秀的人。我记忆犹新的是，我六岁那年的某天下午，我们恰好路过公园的小树林，那里正要举办呼啦圈比赛。大多数孩子都会玩这个。加油站为来加油的人免费赠送呼啦圈。父亲鼓励我参赛，为我报名与六岁的孩子同台竞技。有人递给我一个呼啦圈，我开始跟别的小孩一同扭摆起来。结果很快就见分晓了，与那些孩子相比，我简直就是奥运会级别的运动员。我来回走动，以不同的速度摆臀，使呼啦圈轻松地从腰部上到手臂，再到脖颈。也许是因为疲倦，其他孩子陆续对呼啦圈失去控制，结果呼啦圈掉到地上。我继续转着呼啦圈，将它转到膝盖处，之后甚至低到脚踝，再轻松地让它升回腰间，最后又回到颈部。我完成摇摆动作时显得毫不费力，最终赢得一大块好时巧克力，这在孩子眼中相当于一百万美元。但我有种比赛作弊的怪异感觉，因为父亲和我几乎从一开始就知道，那些小孩根本就不是我的对手。

我觉得父亲不仅想让我胜过其他孩子，而且还要出类拔萃。二年级时，我的书法作业得了"需要提高"的评语，于是父亲买来一本书法书。他指导我在纸上拓写字母，我每写一笔都必须力透纸背。果然，我下一次成绩单上的书法项目取得了"优秀"。六年级时，我必须选做一个科学项目，父亲提醒说我对行星和火箭感兴趣。所有孩子都听说过美国国家航空航天局（NASA）的"土星计划"。父亲建议我可以在太阳能电池方面做点什么。当时科学界正在对太阳能电池进行测试，以期将它们用在卫星上。父亲在为卫星的电力系统制造变压器，因此知道此事。为了我那年的科学项目，他全程每一步都耐心指导。起初，他教我写信给 NASA 著名的沃纳·冯·布劳恩[1]博士，恳请他给我几块太阳能电池。冯·布劳恩博士没有回信，但 NASA 的另一个人回复了我——用三页信纸解释太阳能电池如何运作，如何测试它们以用于卫星和火箭。最终，我从 NASA 的太阳能电池供货商那里收到九块电池。父亲弄来我所需的其他部件：电容器、电阻器、电路板、电线、转换器和蜂鸣器。他让我使用烙铁将部件组装到电路板上。我写了一篇关于太阳能电池的详细论文，包括它们应用于太空卫星和地球上的门铃蜂鸣器的情况。老师夸奖我完成得非常出色，但我明白倘若没有父亲的帮助，我大概只会写培植在牛奶盒里的番茄的生长率。尽管我很高兴父亲花了大量时间帮我，但这也在一定程度上削减了我的自信。关于太阳能蜂鸣器的聪明点子是他想出来的。是他组装了电路板，还向我解释电路是什么。即使在他解释以后，我仍不肯定自己明白所有部件的用途。在他的努力下，我被硬推进六年级科学课的最难领域，但我不觉得自己的项目最棒，因为我知道这是假冒。不过话又说回来，大多数孩子可能都得到了父亲的帮助，只有培植番茄才是最诚实的项目。

有时，父亲是我的秘密同盟。当母亲泄愤时，我们同为受害者。记得有一天，我们买回家一个西瓜。那时我家住在海沃德，父母在

---

1 沃纳·冯·布劳恩（Wernher von Braun，1912—1977）：美籍德裔火箭专家，1969 年，他领导研制的"土星 5 号"运载火箭将第一艘载人登月飞船"阿波罗 11 号"送上月球。

那儿买下了第一套房子。当时我大概七八岁。西瓜滑落到厨房地板上，摔裂了。我不记得它是怎么掉下来的，但我肯定难辞其咎，因为母亲对我发了通脾气。虽然只有瓜皮碰到地面，但母亲说西瓜太脏不能吃了，让我把它整个扔到垃圾桶里。因为我做错了事，所以大家都吃不上西瓜了。父亲说他来拿一半，让我拿另一半。我跟着他走出厨房，来到车库旁的垃圾桶边。我当然心情沮丧，也可能一直在哭。父亲将裂开的西瓜放在垃圾桶顶盖上，示意我别出声。随后，他示意我用手挖出瓜瓤，尽快吃掉。那一刻，我知道他并不怪我。我们像小偷似的，将偷来的食物贪婪地塞进嘴里。我们违反了母亲的禁令，就此结盟。

在我九岁生日当天，他也是我的同伙。那天是周日，由于一些原因，母亲没跟我们去教堂。但当我们回家时，看到她把客厅里的家具掀翻了——沉重的大椅子和咖啡桌都倒在地上。东西都被扔到地上，包括我的生日蛋糕。我以为她这么做只因为那天是我的生日。我哭起来，于是父亲带我出门，让我坐上车，带我出去吃午餐。我流着眼泪，但努力止住哭声，因为我知道他想让我觉得开心。他带我去溜冰场，我在那儿摇摇晃晃地滑了几圈。我明白自己应该高兴，因为父亲这会儿是属于我一个人的。但当我问他为何母亲要毁掉一切时，他含糊其词，这让我认为问题就出在我身上。我们的下午时光快结束时，他带我来到绿草茵茵的小山顶上。我们步行到山顶，眺望下方的山谷。他让我倚着篱笆摆好姿势。这次无需叫我眺望远方，我已经扭过脸去，因为我仍在哭泣，眼睛都哭肿了。我不记得我们回家以后的事，不记得母亲是否已平静到能为我们做晚饭和再做一个蛋糕。她从不会为自己的所作所为道歉，但假如她为我做了蛋糕的话，我就会明白她感到歉疚了。

我记得父亲曾和我一起朗读《读者文摘》上的"词汇力量多选小测试"。那是我们每月都会共度的一段时光，客厅里只有我们二人，以平等的身份学习单词。他喜爱词汇，我也是。他写下他喜欢的多音节生词，我也这么做。

还有一段可怖的记忆。那天，他发现我在洗衣房里痛哭。我抱着我的猫咪福福，它回家时轻声叫着，不知是被车撞了，还是被狗咬了。我正想将它的肠子塞回撕裂的身体里。父亲取来毛巾把它裹起来，当我们上车后，他把猫放到我的腿上。在去兽医院的路上，它不停地发出咕噜声，我啜泣不已。兽医说它已经不行了，我只得在那儿跟我的猫咪道别。那时，父亲就在旁边陪着我。只有父亲和我见证了猫咪和我的痛苦，也只有他知道，告诉别人自己的猫咪已死，对我而言意味着什么。

在那之后，我记得父亲没有太多时间与我相处。他总是忙于工作。他是全职电气工程师，同时还为教堂做义工，作为客座牧师在加利福尼亚州北部各处的第一浸礼会布道。他一直将神职视为使命，而工程师则是他的职业。他在圣克拉大学攻读了工程学硕士学位。正如后来硅谷的许多工程师那样，他创立了一家公司，特定产品是甜甜圈形状的小型变压器，尺寸跟"救生圈糖"[1]一样，是满足电力系统高压需求的最小型变压器，就像卫星上使用的那种。他

---

1 救生圈糖：美国一种外形像救生圈的糖果，多为薄荷或果味硬糖。

认定这将是一种突破性的产品，能让我们富裕起来。母亲、哥哥和我都无偿为他打工。我们轮流在一台会发出嘈杂闷响的机器上干活，用手指捏住变压器，在攻丝机里上下移动，让铜丝缠在变压器上，仿佛在锁一个巨大的扣眼。我总是紧张，担心弄错变压器的绕线方向，或是线圈缠得太多或太少，担心这样会毁掉卫星，使它坠到地球上。五十年后，我发觉真正的损害或许在于，变压器发射强功率的电磁波，而我们每天都在制造和测试它们。这可能就是哥哥和父亲在同一年罹患恶性脑瘤的原因，大约与此同时，母亲也长了一个良性瘤子。这个原因比随机降临的厄运更能讲得通，也使我预感到自己将遭逢相似的命运。

家中再也没人经常见到父亲，只有晚餐时例外。他刚吃完饭，就立即起身去学习。有一天我去找他，原因我已不记得了。我发现他在做工程学作业，他将作业铺在浴室的小梳妆台上，权当书桌。他递给我一张黄色格子绘图纸，上面密密麻麻地写着精确的希腊符号和数字。"你觉得怎样？"他问。我不记得自己的回答，但我很高兴他征求我的意见。

他不间断地工作，结果也没空去度假。当家里来客人时，父亲就带他们去参观圣克拉拉大学。在我看来，我家的生活单调乏味。我把房门一关，埋头读书和绘画。我报名参加了许多教会活动——青年合唱团、浸礼会青年团契、爬山和公园户外活动。我尽可能多地待在朋友家里。

1966 年，父亲照例写下油印的圣诞书信：

今年，我们决定免去舟车劳顿的度假行程，把钱用于在家休闲放松。我们买了带 15 英寸低音喇叭的 RCA 牌 120 瓦立体声系统，全家都乐翻天了。我们仿佛置身于爱乐乐团的上百件乐器中间，让心跳与低音鼓产生共鸣，这种感受简直令人震撼，就连甲壳虫[1]的音乐也美妙动听。

他补充说，他不会像往常那样吹嘘子女们简直像极了父母。他的语调诙谐幽默，不过后来他的确提到我们已变得开朗外向，还在担任班干部。他下面的几句话却伤害了我：

> 若是提到家庭责任，他们的智商就会降为负数，永远为穿着和发型小题大做。恩美拨开前额的那团乌云，我们方能看见她如星般的明眸，此刻令人颇感欣慰；但当她长长的青丝秀发垂到晚餐浓汤里时，哎呀呀！

他怎能在别人那里取笑我们呢？他总是以母亲和他的对话来结束书信，可能还会模仿乔治·伯恩斯和格雷西·艾伦[2]的日常对话风格——乔治总是直来直去，天真却又精明的格雷西则漫不经心地道

---

1 此处指甲壳虫乐队，由约翰·列侬、林戈·斯塔尔、保罗·麦卡特尼和乔治·哈里森四名成员组成。1960 年于英国利物浦市成立，音乐风格源自 20 世纪 50 年代的摇滚乐，开拓了迷幻摇滚、流行摇滚等曲风。

2 美国哥伦比亚广播公司 1950 年至 1958 年播出的系列喜剧《乔治·伯恩斯和格雷西·艾伦秀》中的两位主人公。

出睿智机敏或令人捧腹的点睛之笔。在父亲的版本里，他是画龙点睛之人。

> 隔着烛光映照的桌子，约翰欣赏着她斑白的头发——"黛西，在我眼里你总是那么年轻漂亮。"她瞧了瞧他乌黑的头发——"你怎么好像什么事都不太操心？"约翰竖起手指："我听老板的，楼上那位。[1]"

两个月后，他给朋友和教友们写了一封风格迥然不同的信，开头是这样的：

> 彼得正在和圣徒彼得争论若无有效门票能否强闯天国之门的问题。

信中其他内容按照《圣经》的韵文风格写成，改述了《马可福音》9：14—29。

> 耶稣说："因着你的信仰，我将如此施予你的儿子。"随后他对垂死的男孩说："凭借上帝的力量，我让你痊愈。"男孩大叫一声，口吐白沫，剧烈地抽搐着，之后如死尸般躺倒在那里。因此，大多数被请来会诊的著名神经外科医生说："他死了。"但耶稣握住

---

1 此处应为以戏谑的口吻指凡事按照天上的神的旨意。

他的手，将他拉起来。他站起身，拿着加州大学圣克鲁斯分校的录取通知书，因信上帝而冲浪去了[1]。

这便是我们对上帝的信仰，是对他的仁慈的期望，也是我们对彼得的爱。请为彼得，也为我们祈祷。

"就是这样！"黛西说出了著名的结束语。

"就只能这样！"约翰补充道。

大家都认为这封信写得非常好。如今，我在五十年后读信时，记起自己为何不相信他写的内容。那是口不对心的。事实上，他以牧师的口吻写了一篇布道文。他改写了《圣经》中的段落，将我家混乱无序、阴沉晦暗、令人生畏的生活淡化为基督徒的见证，油印了几百份发往各地的教堂。父亲是在演绎亚伯拉罕的故事。上帝让他杀死儿子，以证明自己的信仰。上帝是在考验我们，我们终将通过考验，彼得会从昏迷中苏醒，让母亲为他做锅贴。母亲已答应要为他做。来医院探望和安慰我们的那些人，离开时都深受父亲信仰的鼓舞。当人们围成一圈祷告时，我是其中沉默的薄弱一环。我料到哥哥会死去。我看着父母极力鼓励他睁开双眼，将每次肌肉抽动看作爱的讯息。我想大喊，让他们别再这么做。弟弟和我变成了家中的影子。父母冲我大吼，责备我没帮上更多的忙。在医院的那些日子，几乎每天都一成不变。有一段时间，哥哥头上缠着白色绷带。后来，他被剃了光头，头皮上那道术后缝合过的刀口犹如弯弯曲曲的铁轨。

---

1 圣克鲁斯是冲浪者的圣地，每年吸引来自世界各地的冲浪爱好者。

加利福尼亚的圣克拉拉，1967 年：哥哥十六岁去世时的纪念

　　我保留着那年的日记，但我写的内容琐碎至极，有明显的病态特征。里面没有关于哥哥的事，反而井井有条地记录了广播里百首金曲的歌名。我记下某些男孩对我说过的话。那是 1967 年，在充满爱的夏季。我渴望爱。我想做一个寻常的少女。我想要迷幻般的探险经历。我并不企盼自己长生不死。

　　现在，我又想起那个时期发生的其他事情。彼得去世前几个星期，几位高中朋友和我约定去看新上映的电影《日瓦戈医生》。父亲在日记里提到了这部影片。我激动不已，因为我暗恋的一个男孩也会去看。在他眼中，我只是个乖女孩。但他哪怕往我这边瞧上一眼或是问声好，我就算是成功了。当我们抵达影院时，我却惊恐地发现父母和弟弟站在入口处。他们微笑着走向我，以为我会又惊又喜。我现在猜想，当时我责怪他们暗中监视我，或是故意前来让我难堪，我说的话大概就是那个意思。无论我说了什么，那一整晚父亲都为此耿耿于怀。当我回家时，他正站在大门口。他冲我怒吼，责备我对家人没有关爱之心。我们都应该尽量多跟家人在一起。他的语气中透着对我的怨怼。我们之间曾拥有的某种东西正在消逝。我们对彼此来说的全部意义从来都不是真的。我们从来就不是同盟。我肯定露出不依不饶的神情，因为父母叫嚷说我感情冷漠。我的表情肯定丝毫未改，这令父亲大为光火，抬手要打我，可他没打下来；他的手臂不由自主地重重落到我肩上，随即滑下去。母亲大叫起来。父亲还想再次抬手，可抬不起来。他们都以为这是中风，我感觉自己是罪魁祸首，当即愧疚不已。母亲跑去取钱包和车钥匙，要送父亲看急诊，他们将我丢在门边，让我有一种仿佛被遗忘的感觉。

大选过去已有一周；就在一周前，我走进车库，又发现父亲的好几箱论文和文档：他为取得神学学位撰写的文章和论文，用打字机打出的或手写的布道文，几本《圣经》，更多的黑色小日记本，地址簿，油印的圣诞书信，最后一封致友人的信件——字迹已不工整；以及他的照片——剃了光头，脸被放疗照黑了；还有他躺在棺材里的照片。此外还有几份打出来的长篇悼词，教堂信息栏里的纪念文章和慰问信。我将它们带到办公室,在这一堆堆文件中搜索,找寻能理解父亲的线索。

当父亲入读伯克利浸礼会神学院时,他写了一篇简短的布道文作为课堂作业:

> 我出生在一个殷实富足、信仰基督教的新式中国家庭。我受过良好的教育,大学毕业就找到一份好工作。经过努力,我在五年内取得了无线电工程师的资质。1944 年,我成功通过竞争激烈的政府考试,获得赴美深造无线电工程学的奖学金。我本打算去麻省理工学院,后将全部档案转至哈佛大学,拟攻读工商管理专业。但我最终来到伯克利浸礼会神学院,为人生的重大任务做准备。

显然,当时他尚未意识到自己将成为谈吐间极富魅力的牧师。他几乎没提及过往经历或虔诚基督徒的新生活带给他的感受。他没有解释为何改变计划,从麻省理工学院的工程专业转到哈佛大学的商科,后来又转到神学院学习神学。他没像后来几年那样,讲述法利赛人扫罗的故事,并用以自况。在前往大马士革途中,扫罗受到闪光的惊吓,摔下马来。扫罗和族人听到耶稣的声音,耶稣质问扫罗,为何要逼迫他。他命扫罗进城,接受神谕。扫罗站起身,发现自己已经瞎了。族人领他来到大马士革。三天后,他听到一个声音说耶稣就在他面前,他的视力立即复原,能看到耶稣基督了。扫罗当即洗心革面，变成使徒保罗[1]。他提笔给科林斯人写了一封信，讲述爱的本质。父亲经常运用上述故事比喻我们对基督的存在视而不见，但只字未提他将神职当作毕生事业的原因。他曾因爱情而盲目行事。

在他去世很久以后，母亲才告诉我，他因爱上她而深感内疚。他拆散了她的家庭，也把自己和父母、妹妹的关系搞得一团糟，他对这些事负有责任。当他于1947年来到美国时，肯定缄口不提我的母亲——他爱上的那个有夫之妇。两年后，当我父亲做礼拜的那所教堂的牧师宣布他的新娘要从中国来时，几个姑娘惊诧地叫出声来，有一个甚至哭着跑出教堂。据父母的朋友回忆，大家都将他的新娘想象成貌似电影明星的高挑女子。结果，她的身高竟不足五英尺，体重只有八十磅。我觉得那些目瞪口呆的年轻姑娘曾是他拍摄的对象，是野餐时坐在他身边的人。他为某个年轻女子拍过许多照片，她身穿宽松的中式绣花衣裤，按父亲的要求在柱子和映着她的倒影的水池旁边摆姿势。在有的照片里，她面带梦幻般的神情，凝神眺望着未知的地平线。

没人知道父亲的新娘仍是有夫之妇，还有孩子。他写下那篇简短的布道文后，不到几个月，母亲就到美国了。我怀疑他是否曾试图告诉她，自己已改变心意。我不怀疑他爱过她，正如他在信中描述的那样，她是他的"第一次真爱"。但他对她的爱恋违背了基督教"十诫"中的一条："不可通奸。"如果娶她，他每天都会想起自己犯下的那桩罪。她为了跟自己在一起，抛下三个女儿，为此，他心中想

---

1 此故事出自《圣经·新约·使徒行传》第9章。此处的扫罗即后来的使徒保罗，与《圣经·旧约》中的以色列君王扫罗非同一人。

必备受折磨。隐瞒她的过去无异于撒谎，不提此事便是罪过。为了与罪搏斗，他想让自己的信仰坚如磐石。我认为正因为如此，他才极其严格地遵守其他诫命。他谨记安息日，让这一天过得圣洁。

我不记得他在家中发出过地狱之火的警告，但他在某些问题上管得很严，而大多数基督教家庭或许并不如此重视。比方说，我们不许说"哇 (gee)""啊呀 (gosh)""天哪 (golly)""该死 (darn)"，因为它们对应"耶稣 (Jesus)""上帝 (God)""罚入地狱 (damn)"，不仅是渎神的派生词，亦违背诫命："不可妄称耶和华你 神的名"。出于某种原因，"他妈的 (doggone-it)"一词却被豁免了。他认为饮酒是罪过，尽管我们认识的基督徒大多并无这一信条，他们在庆祝圣诞节时会喝酒。但我们家从来没有酒。有一次，他购物回家时，发现本来想买姜汁汽水，却一不小心买了半打强麦酒[1]。他没回商店换货，而是把我们叫到厨房，眼看他打开每一罐强麦酒，将酒倒进下水道。我认为这两美元浪费得太不值，尤其是在炎热的午后。然而，不论父亲想树立什么良好行为模式，母亲都会一味附和。没酒就没酒。行吧。

在我童年时，我们每餐前都要祷告，从无例外。大多数情况下，会由父亲说祷告词，但有时他会点头示意我们中的某个人说。我们的祷告不像他在公众面前做的祷告，没有那般激动人心。我们会一口气背完那段一成不变的谢饭祷告："主啊求你降福于即将赐予我们的食物并让我们时刻谨记别人的需要以耶稣基督的名义阿门。"

---

1 强麦酒的英文是 ale，姜汁汽水的英文为 ginger ale，ginger ale 是不含酒精的。

当父亲住院时，母亲在家中不再祷告。最初几次我们在餐前免掉祷告时，弟弟和我会彼此瞧上几眼，随后耸耸肩，开始用餐。某些东西变了，令人顿感危险。

我偶然找到几捆打出来的布道文。祷告的引文部分打成红字。令我称奇的是，父亲竟没打错什么字。我写作时若能那么有把握该多好啊。在翻阅父亲的布道文时，我找到1963年的一篇，大概就是我们做太阳能电池科研项目的那一年。他将其命名为《我们信仰上帝》，目的是回应那个星期的头条新闻《学校禁止主祷文[1]，公众大多反应温和》。父亲的反应可不温和。"像许多人一样，"他在布道中称，"最高法院在公立学校祷告问题上采取的行动，使我深感不安，激愤难平。这似乎不仅颠覆了我们的历史传统，亦侵蚀了我们美国民主的基石。"他表示希望切实促进宗教和民主的共同复兴。

在这个问题上，我们肯定会有意见分歧。我想象着二十岁的我和他争论主祷文入校的问题。我会引述《宪法第一条修正案》，"国会不得制定有关下列事项的法律：确立一种宗教"，而他会引用后半句："或禁止信仰自由"。我们面临所罗门王的困境。所罗门会提议我们将国家一分为二吗？我要指出，这就是2016年大选导致的情况。当然，他不认为犹太人和无神论者应被迫念主祷文。他也许会说，这不会伤害他们，甚或是有益的，而我会立即尖锐地驳斥他。就在那篇布道中，他解释说，即使在一个多元化社会里，我们也必须遵

---

1 主祷文是耶稣亲授门徒的祈祷文，见于《马太福音》和《路加福音》。

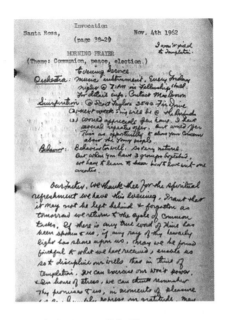

父亲的布道文之一，以祷告开篇

从美国历史上的重要立场："我们信仰上帝。"我要指出的是，"我们信仰上帝"字样第一次被使用是在 1864 年铸造两美分硬币时，而非美利坚合众国建立之初。过了一段时日，那些文字才被加到五美分硬币上；又过了很久，它们才出现在一美元的纸钞上。我还会说，在涉及金钱问题时信仰上帝并不能使这一信仰成为"美国历史上的重要立场"。它取代"合众为一[1]"是由于麦卡锡主义的恐惧。它能试出一个人是否左倾。如果有人在试图说"我们信仰上帝"时咳嗽起来，那他就不是美国人。这句话于 1956 年被采纳为美国官方格

1　合众为一（E Pluribus Unum）：原文为拉丁语，意为团结统一。

言，就在他发表布道的七年前。若要称其为"美国历史上的重要立场"，那么这段历史可谓相当短暂；而"在上帝的庇护下"直到1954年才被纳入效忠誓词。既然我生于1952年，那么我会挖苦他说，我是否比效忠誓词更有历史意义。我们会没完没了地争论关于祷告和上帝的问题。倘若他仍健在，为了跟他维持友好关系，我大概会提议学校在每天上课前给学生们两分钟的静默时间。他们可以选择向自己信仰的任何神灵祷告，或是静心冥想，做白日梦，思考人生的目标，或是戴着耳机听音乐。既不确立何种宗教，亦不禁止哪一种宗教。

我们会有多少争执？信念冲突的鸿沟会使我们疏离吗？

我读了他的书信、布道文和日记，想找到我热爱的父亲，那个我曾经视之为完美化身的父亲。我面对许多证据，说明我以前对记忆做过重大修正。他的所有文章几乎都充满宗教情怀和经文般的思想，只有在他和母亲的留学签证过期后，他致函司法部时例外。有位知交好友接受了电休克疗法，他在写给她的信中谈到信仰和仁慈，却没问她感受如何，也没问她出院后想去哪里。他没提出要帮助她，只是为她祷告。他笔下似乎罕有率真的内容，或是——请恕我斗胆这么说——发自内心的内容。他的日记就是《圣经》的段落节选、开销清单、电话号码，再有就是关于约见教区居民的、提醒性质的内容。他在我出生当天记了一笔，又在几年后我过生日时写了一条。但他的日程表显示，在之后的日子里，在我过生日的晚上，他都约见了别人。如果这些资料就是我对他的全部了解，我的结论就会是：他待人真诚，却不够亲近。

随后，我又读了父亲葬礼上的部分悼词。它们既包含溢美之词，也存在某些误解，但全都是善意而无害的。然而，悼词中描绘的正是他——那个爱开玩笑的人，总能话锋一转幽默一把的令人着迷的人，那个我选择要铭记的父亲。有人说，他住院时会花工夫去儿童病房，陪伴那些哭闹的孩子。他主动走向看上去不自在的陌生人，让他们感到环境友善。他打出来的布道文不包含任何自发的行动、言论和个人经历，也丝毫无涉自己的心情。不过，正如许多人回忆的那样，他离开别人的时候，总是留下一片欢笑。

我读完那些悼词以后，发现没人提及他跟另外两个小些的子女的关系，即约翰和我。人们称赞他尽心竭力地照料我的哥哥——他垂死的儿子，还赞美他对妻子忠贞不渝的爱情和始终如一的感激。成年以后，我能够理解他和母亲为何选择尽量多陪在哥哥身边，却无暇陪伴健康的子女。换作是我，大概也会如此安排时间和精力。我也能理解他为何不得不向别人证明自己的信仰——那是为了使他有资格祈求上帝救活他的儿子。为了爱我的母亲，他已违背"十诫"的要求。他想弥补自己所犯的通奸罪，情急、绝望之下，他忽略了照料其他子女。

父亲的绝笔信写于他去世前四个月，收信人是同为牧师的一位至交。那时，父亲的右脑已经受损，因此他无法看全一整张纸。他只在信纸的右半边写字，而且越写越窄，仿佛暗示他的生命也在随之消减。他曾写得一手好字，如今字迹却参差不齐，形如蜘蛛。他优雅的谈吐已然不再。他缺少华丽的辞藻来掩饰内心的恐惧。在问候语之后，他表达了日益繁复的护理带给他的沮丧，还有对精疲力竭的妻子的关切，他称妻子为"我的初次真爱"。第二段读来令人心碎：

> 最重要的是，我家出现了"青少年"问题。恩美突然叛逆得不可理喻。一大清早，她会连着两小时看报，懒得抬一下小手指去帮她妈妈……

他的思绪又飘移到其他方面，始终担心自己不是合格的基督徒：

> 在过去十八年的牧师生涯里，我是一个虚伪的法利赛人，耶稣就痛恨那种人。我慷慨激昂地宣讲上帝之爱，却极少践行我宣扬的主张……我自愧难当，恨不得以死来逃避良心的谴责。

之后，他又回到对我的看法上：

> 恩美的冷漠[1]态度大概是因为我本人疏于给予她耶稣基督的自我牺牲之爱。

再后来，他在空白处补充了关于此事的更多想法：

> 其实，这暴露了我的失败之处：没能向她彰显上帝之爱。爱，

---

1 在日记原文中，冷漠写为 indeferent，而非 indifferent，应为笔误所致。

从来不会失败。如今不是爱的失败，而是我的失败。

我很难过，这竟是他对我的最后记忆：一个自私自利、冷漠无情的女孩。他只说对了一部分：我确实叛逆，但那是因为我当时十五岁。我的确看似冷漠，但实际并非如此。我无法忍受眼下的事情，不得不逃避。他本该明白，没有哪个十五岁的少年应该被迫看着死亡一天天逼近。如果说他对我没有尽责，那是因为他以牧师的眼光来看待我，而身为牧师的他却根本无暇约见我。他已忘记如何为人父。我不想让他向我彰显耶稣基督的自我牺牲之爱，或是他在《圣经》中找到的信条。我只想得到他的爱，他那曾经保护我、在摔倒后将我抱起来的父爱。我想要那个秘密的同盟者，当母亲因西瓜滚落桌下摔裂而暴跳如雷时，那个同盟者会来安慰我。我想要父亲相信我聪明能干，足以向月球发射由太阳能电池驱动的火箭。那个父亲渐渐与我疏离，甚至早在他和哥哥得病以前。我失去他是因为他有当牧师、学生和发明家的远大抱负。在他去世后，我便彻底失去他了。我没有机会让他看到我后来变成一个体贴周到的女儿。我没有机会看到他如释重负，因为我选择的夫婿是善良的男人。我没有机会让他在我每次开始新工作或创作新小说时为我鼓劲加油，正如他过去那样，当我惊恐地站在滑梯顶上时，他耐心地在另一端召唤我。

这些都是我的损失，但它们使我明白，他向我表达的父爱已经足够，使我希望给予别人更多的爱。在男人之中，他是伟大的男人。在父亲之中，他是了不起的父亲。然而，我也意识到一个令人心痛的事实:他爱上帝远胜过爱我。他也会承认这是事实,还会解释说我们都应更爱上帝,因为上帝对我们的爱比父母能给我们的爱更伟大。读过他的日记和布道文以后,我认为他对上帝的爱更多是基于对上帝的畏惧。敬畏上帝便是爱上帝——许多福音派基督徒都持此信念。他忧惧自己对上帝爱得不够,因此上帝才一次又一次地考验他。他感到自己让上帝失望了,于是祈求原谅。在每次危机过后,他都会重塑自己的信仰。当更多危机来临时,他还得更多地为上帝做工。为了上帝,他必须有雄心和抱负。但还不够,上帝要带走他的儿子。上帝带走了他的儿子,还要带走他。我记得他曾在病中大声疾呼:"上帝啊,你为什么要抛弃我?"别人却只听到这句玩笑:他不需要跟上帝讲和,因为他们从不吵架。他们没听到他的疑虑,没听到他为何惧怕上帝的震怒。

我想要告诉他,对上帝的畏惧并不是爱。某位亲戚,一个福音派信徒,也不是出于爱才来劝告父亲,应该为娶了我母亲而再次祈求上帝的宽恕。在父亲仍头脑清醒时,恐惧是他最后存在的情感之一。如果一种宗教的基本观念是等待未皈依者的将是永恒的折磨,那我怎么能信奉它呢?根本没机会获得拯救便死于疟疾的婴儿又当如何?我向一位信仰基督教的亲戚提出上述问题,她相信未获拯救的人都会在滚油锅里受罪[1]。"遗憾的是,通向天堂的门缝很窄。"她说。难道父亲也心胸狭窄地认为,天堂之门只为少数人敞开吗?

当哥哥躺着等死时,父亲抱着强加于己的热望去取悦上帝,去

---

[1] 此处应指被判入地狱的罪人受到的酷刑之一。但丁《神曲·地狱篇》对此有生动而骇人的描述。

鼓舞和激励信众们，这种热望蒙蔽了他。他不明白我正挣扎在恐惧中，只能凭借自我麻痹来应付。我已失去哥哥，对上帝或医生能拯救父亲也不抱希望。我害怕自己很快就会被剃成光头，还有术后缝合的难看伤疤，在被人用勺喂食时断断续续地呜呜哀号，思绪不清。他过于忙着平息上帝的怒气，顾不上留意女儿，只在他因我什么都没帮母亲做而生气时例外。他太惧怕上帝了。

他的恐惧没使我远离上帝，只使我排斥必须时刻取悦和畏惧上帝这种观点。倘若父亲还在，我想在他的基督教框架内跟他探讨。我要告诉他，如果上帝等同于戒律禁令和威胁惩罚的话，我便无法敬奉上帝。我认为，恐惧是宗教里最糟的部分。人们用宗教里的恐惧为更多的恐惧辩护，证明仇恨、缺乏同情、不宽容和战争都是有理的。我不必以任何特定方式来敬奉我心中的上帝。我想对父亲说，我的上帝始终与我同在。这是一种意念，比我的意念更广博，却又包含我的意念。爱、喜乐与安宁是等同的，就在我们所有人心中。我们不必为得到这些而超越别人。我想告诉他，当我能够摆脱恐惧、成见和忧虑，让不停地制造无关紧要的想法的齿轮停止运转时，我便能体会到那种意念的完满。我必须释放自己，以开放的心态对待爱的神秘和大爱无疆。爱、安宁与喜乐也体现在基督教教义中。我会对他说，只要摆脱恐惧就好。耶稣之死是因为仇恨。如果有人不相信耶稣是为他而牺牲自己，耶稣真的想让这个人下地狱吗？难道天堂不正是一个隐喻，要我们分享能凝聚人心的爱的奇迹吗？我想问他是否真心赞同"天国之门仅对某些人敞开"这种观点。他在天堂的未来，比地球的未来和地球上的后世子孙更重要吗？多一些想象，

227

少一些遵从吧。如果父亲还在世，而且仍考虑把选票投给推行恐惧的候选人，我就想对他说这些。

可如今我意识到这样看待父亲是缺乏同情心的。父亲确有缺点，他自己也承认。但在我的全部记忆中，在我读到的他的布道文里，我从来找不到他心怀怨念或缺乏同情心的任何证据。不管哪种立场，只要涉及仇恨，不讲同情，他是不会遵循的。倘若他还活着，也将经历美国后来几十年间的所有变迁——前来定居的几百个民族、难民的困境、新思潮的流行、种族清洗和恐怖主义。我们或许会谈论越南战争与和平示威游行，还有美国浸礼会牧师马丁·路德·金博士遭遇的暗杀。他会加入哀悼金博士的人群，投身于反种族主义运动。他会深深感动于争取民权的和平示威游行，还会颂扬那些提倡信仰与良善的人。我料想他会写一篇关于移民的布道文，在其中讲述他和母亲害怕被驱逐出境的故事。他会诙谐地表达让世界更包容的观点：面对巴别塔[1]与种种不和谐之声，我们需要一个通晓所有语言的翻译，这样才能听到彼此的共性。他会调侃说有个晚辈正在求职，他是出色的同声传译员，而且是基督徒，大概能给他们打折优惠。他还会开玩笑说，当耶稣讲《山上宝训》时，中式菜肴被送去了，这足以让众人吃饱，使他们处于热爱和平的情绪中，因为大家都爱中餐。我很容易设想他说出这些话。

我们会在大多数情况下发现共同的立场。他会像我母亲那样跟我们的朋友见面，不论他们的信仰或性取向如何。他或许会像母亲

---

1 巴别塔:《圣经》中记载，从前人类联合起来，兴建有望通往天堂的高塔，为了阻止人类的计划，上帝让人类说不同的语言，无法沟通，计划因此失败。

那样，称赞某些同性恋伴侣比自己认识的许多异性夫妻关系更融洽。他将会主持他们的婚礼。他会修订那篇题为"我们信仰上帝"的布道文，表示他痛心地看到信任正成为日益缩减的资源，而人和人之间的猜疑却在不断加剧。我料想在关于贫病交加者的许多问题上，我们会意见一致。他会知道我身患顽疾，倘若没有医疗保障的话后果将会如何。

我要感谢他给予我思考意义与同情的基础。他想找寻意义、赋予同情，这一需求引领他成为牧师。我对探寻意义和表达同情的需求则引导我去写小说。

我只剩一个问题无法确定，不知他是否会像我一样投票：女性有选择的权利。对许多福音派基督徒而言，他们把票投给某人，最重要的，也是唯一的原因就在于这个男人认为女性不应自主决断。对这些人而言，其他的问题都不重要，甚至为缺少医护就会死去的人提供医疗保障也不重要。父亲投票时会不会考虑到一种集体良知？这种集体良知已预见到社会秩序的剧变将引发多重危机。他能否意识到，具体问题可以继续争论，但投票应该基于大局意识？我知道许多基督徒，比如父亲的朋友，都心怀这种良知，把票投给了我支持的候选人。

现在，我发现我确知他会如何投票，也明白为何他不可能有其他选择。原因就是我母亲。我知道她对女性的选择权作何感想。我二十八岁时，她告诉过我。当时，我们正坐在我的车里，准备进餐馆。雨水猛敲着挡风玻璃，这时我告诉她我心烦意乱，因为刚得知自己怀孕了，受孕是在两周假期中的某个时刻，那阵子我一直在饮酒——早上一杯"血腥玛丽"[1]，晚上一杯"玛格丽特"。当时，我正从事发育障碍方面的工作，刚好有婴儿被诊断患有新发现的先天性疾病——"胎儿酒精综合征"。医学界尚不清楚多少酒精可能损伤胎儿，也不知道妊娠期的哪三个月饮酒有害。再者，卢和我都没有抚养孩子的经济力量。他还在法学院读书，我们依靠我微薄的收入维持生计。受到职业的影响，我深知抚养一个残疾孩子需要多少尽心的照料和额外的时间。我明白自己必将面临的挑战。我向母亲坦承，我们甚至不确定想要孩子。卢的父母经常暗示他们想抱孙子。我们没法对他们说，我们觉得没必要把我们特定的 DNA 传给后人。卢和我已达成一致，如果我们改了主意，就收养一个需要特殊照顾的孩子。但现在我已怀孕六周，不得不考虑应去何从。

在我说话时，母亲始终一言不发。等我讲完以后，她平心静气地说："如果你想要小孩，即使你受穷，也没什么能阻拦你照顾这个孩子。你会找到出路。"随后，她坚定有力地说："但如果你不想要小孩，没有人——你的丈夫、婆婆和任何人都算在内——没有人可以强迫你要这个孩子。"

她说在她嫁给"那个混蛋"以后，他经常折磨她，不肯跟她离婚。他根本不采取避孕措施，只当她是性工具。他每年都让她怀孕。她有四个孩子，还曾三次堕胎。"只有你能做主。"她对我说。

---

1 "血腥玛丽"与后文的"玛格丽特"同为鸡尾酒名。"血腥玛丽"由伏特加、番茄汁等混合而成，鲜红的番茄汁看起来像鲜血，故得名。该名通常被认为暗指十六世纪中叶英格兰女王玛丽一世，她心狠手辣，为复兴天主教杀戮了很多新教徒，因此得到了"血腥玛丽"这个绰号。

结果是我无需做主。几天后，我流产了。我曾在两种抉择之间进退维谷，此时有种释然与悲伤交织的感觉。但最重要的是，我感激母亲说过的那番话。它不限于我有权选择堕胎还是产子，还关乎生活的方方面面。我不记得我多大时她第一次告诉我，我和男人是不平等的，因为我更优秀。

她还说我必须比男人更坚强，才能使男人相信我更优秀。多年来，她曾反反复复地叮嘱我，永远都别被任何人瞧不起，也绝不能轻视任何人。我不该让别人来告诉我，我是什么样的人，我可以成为什么样的人。当她嫁给"那个混蛋"时，她别无选择，"只得认命"。但我可以选择。我不该害怕出面维护自己的观点。尽管她认为我丈夫是个好男人，却仍要他为我买 24K 金手镯。黄金是难民的流通货币，她这是在幽默机巧地向我丈夫预告，如果他以后虐待妻子，妻子有办法离开他。手镯大约价值 200 美元，因此我也不能靠它过太久，但我们都明白她的意思。

倘若父亲不赞同女性拥有选择权，在那些年里，他会被迫忍受妻子的争辩："那么你的意思是说我错了，那个混蛋做得对？你是在说一切都是我的错，是我逼迫你通奸的？你是说你比我强，所以你应该决定我的命运吗？"

与敬畏上帝相比，他更惧怕妻子发火，但他也不会完全出于对她的畏惧或对上帝的畏惧投票。事实上，他总是挺身维护她——对抗她暴虐的丈夫，对抗不满的家人，还反对女儿自私自利，不为帮母亲减轻负担抬一下小手指。他会承认自己对妻子的事负有责任，承认和她心意相通的爱与激情。两人曾发誓要永结同心，祸福与共。

因此根本无需争论，也不会有争论。我的父母在投票时会做出明智的选择。

可靠的见证

[摘自日记]

得克萨斯州的奥斯汀，2008 年 11 月。我一次又一次地意识到，日记犹如我过往生活片段的见证者。当我在读自己记录和思考过的内容时，有些词句竟使我感到惊讶，我本已将它们遗忘，甚至不记得自己这样想过。因此，我读它们时就重新捕获了它们。活在当下是记录意念的必要条件。我觉得每一刻都在逝去，好似一次次微小的死亡，是肉体消亡前的数百万次微小的死亡。写作为我见证自身的存在。无论别人如何评价或解读我，都只是他们自己设想的幻象。

我设想亚洲研究专业的一个积极进取的研究生提出一项假设，一种理论，并有选择性地利用档案文件证明自己的观点。我读过分析我的著作或我本人的文章，从没有一篇是准确无误的。因为它们从一开始就走错了路径，自己创造了一幅地图，因此只看到文章中的观点和论断。将一个人的档案送交图书馆并不意味着就此获得象征性的不朽。这是一种永恒的曲解。在我跨离尘世以前，关于我是谁的答案便已残缺不全。

第五部分

阅读与写作

我是这部小说的作者

　　我是这部小说的作者，小说由第一人称叙事者"我"来叙事，但这个"我"并非我本人，这跟某个评论者的意见不同。首先，我并非一半阿尔萨斯血统，一半切罗基血统。我的母亲来自利希滕施泰因[1]，父亲是中国人。我没结过四次婚，只有两次。我有儿子，没有女儿。我养猫，不养狗。我的房子在海边，而不在湖畔。我不抽烟，也不服用摇头丸。

　　但从更深的意义上说，这个故事本身就是我，因为它具有循环往复的叙事驱动力、基于史实的主题、神话般的虚构意象，它体现了我的思维模式和对往昔的念念不忘。可我并非第一人称叙事者。我是作者，决定了叙事者的声音，乃至整个叙事过程的声音。提到声音，我指的不是音质——比如悦耳的、嘶哑的、洋腔洋调的等等。与声音关系更为密切的是奔涌的潜意识，潜意识超出人物有意识的自我及其观察力。叙事者自然而然、天衣无缝地讲述故事情节——然而，为了显出这种效果，我必须精心雕琢，这比结

1　此处及之后的一些描述显然不符合作者的真实生活，而是对无端揣测和杜撰作家生活的评论者的戏仿（parody）。

果所展现的更为艰难。声音还与人物在故事情节发展时有多少自我认知相关。让叙事者对情节发展懵然无知是一种窠臼。

所以，我所谓的"声音"更多是指人物的思想和个性——她在所处的世界中如何看待自己，而不是她从事何种工作，挣多少钱，或貌美与否；尽管在这个故事中，外貌特征的确构成了一个微妙的叙事主旨，尤其是在她周围的美好事物被地震毁灭以后。人人皆知"大地震"[1]即将来临却不肯承认，地震毁了她的容貌，地震时整形医生的手抖动了，使她的脸变得歪歪扭扭。手术刀只要抖一下，就会造成这种后果。关键是，她的思想并非我的思想，她的身份也不是我的身份——除非从更广、更深的意义上，相对于外在身份，去理解内在身份。某个特定时代的女性对此体会尤为深刻，她们颠覆自己的身份，得到赞赏，以此换取合作，后来却发现如同陷在果冻里，不得不奋力摆脱困境。与此相似，我们这位叙事者未经省察的想法、信念、情感、道德和非正统的性取向把她自己拖入困境，此时，她也被迫挣扎着从中解脱出来。她和我在观念层面或有相似之处：她混淆了意图和逻辑基础，而我也在同样的问题上苦苦挣扎，我还将其嵌入我最新的两部小说中——一个不具备道德观念或批判性思维的人物在经历强烈的性欲时，会展现怎样的个人自制力和道德判断。

我写了七本小说、两部外百老汇戏剧[2]剧本和六本童书，发现

1　大地震：美国的一种传言，认为美国西北海岸可能发生超级大地震，并引起海啸。

2　外百老汇戏剧：美国剧坛的小型专业演出，与纽约百老汇以营利为目的的戏剧演出相对立，通常在费用低廉的小剧场演出。与百老汇所演的戏相比，这类戏风格较自由，想象力也较丰富。

所有故事都具有某种程度的道德和政治潜台词——然而，我不会
继承奥威尔[1]的（确切地说，是他曾经的）写作目的和使命。如果
我要创作关于战时经济状况或经济萧条期人情冷漠的小说，或许
会采取更加政治化的视角，贯穿整个创作过程。不过，政治观点
并非我作品的全部——我清醒地意识到，文学大奖评选委员会寻
觅的是厚重的地缘政治主题，还有被大众文化征服的思想，我的
小说对这些问题也略有涉及。出于某种原因，评选委员会还喜欢
关于十九世纪轮船的故事，里面真实地描述了绳索、铁锈和朽木
之类的东西。然而，我们这些作者必须慎选创作内容，选择在某
种程度上要基于我们希望探寻的东西。因此，我们不写专制，也
不写船。这部小说包含作者与叙事者在道德方面的微妙互动，包
括叙事者童年时的个人创伤，她对于曾拥有阿尔萨斯人的美貌的
自我意识，她反常的性欲，她渴望成为偶像的秘而不宣的抱负和
种族主义态度。小说还描写了她对时尚的公然不屑，而这种不屑
却讽刺地引发了另一种时尚潮流；她过于热切地支持该潮流，声
称这有助于在品牌中迷失的人寻找自己的身份。叙事者与我本人不
同，她可以有点儿古怪，缺乏自我意识；但作为文学作者，我懂得
关键是使第一人称叙事者"我"既惹人喜爱又存在缺陷。因此，尽
管她同情尼泊尔女人，却始终没察觉自己对白人的种族歧视态度；
对此我当然不认同。不过，我感觉一部文学小说以温和的方式揭

---

1 乔治·奥威尔（George Orwell，1903—1950）：英国著名小说家、记者和社会评论家。他的
代表作《动物庄园》和《1984》是反极权主义的经典名著，以敏锐的洞察力和犀利的文笔
审视和记录他生活的时代，做出了许多超越时代的预言。

示好人心中的种族主义是至关重要的，那种自我意识的缺失或许与道德动机相关，而道德动机已被一种利己性的辩解——为有悖常情的性癖好辩解——所改变。现已了然的是，作者颇费功夫编织了复杂离奇的情节、晦暗阴沉的主题和错综复杂的心理活动。如果有什么人像某个评论者那样，将一个个组成部分解构为比较分析的图表，以此证明作者本人就是第一人称"我"的话，那将是荒谬可笑的。从某种意义上说，我应当感到荣幸，因为我创作的故事竟使人感觉真实可信，以至于认为确有其事。假使我用第三人称来叙事，大概就不会搞混了。

与此同时，我还想谈谈对普遍性顿悟的看法：在那种时刻，读者俨然变成了书中的人物，他们恍然大悟——"噢，上帝！事实就是如此！"——或哭或笑或歌。在这部小说中，这样的时刻还不少。有位读者告诉我，她哭了十四次，不再做心理治疗了。阅读故事时潜移默化的身份认同感表明，任何人——不仅是作者——都能成为书中的人物。我们成了书中的人物，因为我们完全沉浸在故事的情感中，但也明白我们并非某个角色，例如：我从未在拉萨做过地质工作，也没在尼泊尔创立过羊绒纺织公司。我发挥的作用是创造第一人称叙事者和其他所有内容——故事、人物声音、主题、次要人物、人物的缺陷，还有道德问题的微妙性——它们全部是我创造的；从更高的概念层面来说，我讲述的那种故事和选择的人物形象的确在某些方面表明了我是什么人。从概念的角度而言，也许你甚至可以说，我是叙事的意识。有人这么命名，但这会误导人们将术语错记为叙事者。必须讲清的是，虽然我采用的术语可能误导某些评论者，但第一人称的虚构意识不是我本人，除非你认为我的幽灵应当被誉为独立的个体。她在提出这个修辞问题时，显然认为自己应得到认可。

因此，请允许我换种说法：我是小说的作者，而小说被占据我思想的幽灵讲述，她将自己的潜意识植入我的潜意识，很像是有人在我没发觉时敏捷地将双手滑到我手里。不是我的双手在敲击键盘，尽管我仍认为是它们；你正在读的这些文字完全出自她的手笔，尽管我仍认为是我写的。

第九章　我如何学习阅读

　　1958 年秋天，我六岁，有个引人注目的年轻女子来到我们在奥克兰第 51 街租住的复式公寓，与我的父母商讨一个严肃的问题。他们坐在客厅里，父母坐在花呢沙发上，那位女士坐在配套的扶手椅上。哥哥彼得和我刚放学回家——他上三年级，我读一年级。我惊讶地发现父亲竟然在家，因为他本该上班的。我们遇到麻烦了吗? 似乎不像，因为父母都满面微笑。那个女人跟我打了招呼。我认出她了，这位衣着靓丽的女士最近曾带我离开教室，到一间小屋里答题。

　　父亲让我出去跟彼得玩。过了一阵，我看见父母站在门口跟那个女人道别。当我回到屋里时，父母看起来兴高采烈。"我们有好消息喽。"他们说。那位女士刚告诉他们，我在一次测验中表现出色，尤其是数字方面。"她说你具备当医生的条件——就像彼得那样。"彼得是个天才，什么都会做。后来，他们继续讨论我的前途，还说我应该选择做脑外科医生，因为大脑是人体最重要的组成部分，因此脑外科医生也最聪明，最受尊敬。

　　我记得我当时既高兴又困惑，多半因为我在他们眼中突然变得比以往更讨人喜欢，成了一个令他们骄傲而不是生气的孩子——母亲过去常跟我发火。事实上，我以前不高兴是因为她总挑我的错，她指摘我练钢琴不满一小时，或是她叫我时回应不及时，或是头发乱蓬蓬的，或是我没洗手，或是我忘了穿毛衣，又或是我没吃完米饭，诸如此类。我的确擅长计数。我算得出母亲对我厉声讲话的次数。有时，我几乎平安无事地度过了一整天，认为也许不会犯什么事，结果却发现她因为一点小事跟我生气，比如没赶紧上床睡觉。回想起来，她发脾气或许是由于在护士学校读得精疲力尽，后来则是因为在兼职上班的同时要对付三个好动的孩子。她也经常对父亲发火。可我在六岁时对父母如何对待兄弟们和我很敏感，于是断定母亲不再喜欢我了。

现在，奇迹发生了。我日后会成为受人尊敬的医生。期望随即带来压力。我从来都不如彼得聪明。我得学得多刻苦才能赶上他？我成为医生以后会做什么事？我曾见过几个医生，其中一位与我们在同一个教堂做礼拜。每当父母见到他时，便会刻意用溢美之词跟他打招呼。他们会把我们几个孩子叫过去。"这位是周医生，"父亲说，"他可是个大人物，大家都尊敬他。他能莅临是我们莫大的荣幸，因为他是个大忙人。"哥哥、弟弟和我在那样一位大神面前都说不出话来。每当我发高烧或嗓子疼时，父母就带我去医院，我在那儿也见过别的医生。回想那时，医生们从不微笑，也不欢迎别人提问。父母总是毕恭毕敬的。医生会这样宣布："她的扁桃体又发炎了。"父母显得很愧疚，仿佛是他们粗心大意或不讲卫生才导致我发病。"她得摘除扁桃体。"有一次医生这么说。后来我再见到医生时，他戴着口罩，低头看着我，而我正躺在手术台上。有人在我鼻下放了个小袋子，里面喷出冲鼻的凉气。后来，伴着一阵剧痛，我醒了，跟其他大哭的孩子一起身处一个陌生的房间。有个护士拿走了我的娃娃，我的嗓子太疼，无法出声反抗。所以说，这就是我六岁时对医生的印象。他们预示着疼痛即将到来。

我还在父亲取得学位并被任命为牧师的神学院里见过几位神学家。这些人也被称为"Doctor[1]"，却远比医生和善，也更年长——他们都白发苍苍，身穿黑袍。父亲亲切地问候他们，话语中带着尊敬和宗教式的赞美。我们还认识两个被称为"博士"的女人，一个是母亲在上海时的旧友，另一位则年轻许多，是从中国来的一个朋友的表妹或侄女。年长女人和年轻女人彼此并不认识，却凑巧都取得了物理学博士学位。更不寻常的是，她们在中国都被当作男孩抚养长大，以补偿父母没生男孩的遗憾。母亲说，她们出于习惯，仍继续穿男装、留短发。母亲解释说那样更舒服。她们都没结婚。父母要我们尊重她们，不过我们可以叫她们"阿姨"，不用称"博士"。弟弟曾误把那个年长女人喊作"伯伯"，幸而父母和她都一笑置之，于是兄弟们和我始终叫她"伯伯"，直到我们长大，必须懂得尊重别人为止。因此，那些人成了我未来当医生/博士的榜样：沉默寡言的男人、黑袍加身的年长贤人，以及男人模样的女人。

父母对我说，不能仅仅因我要成为医生，就不再练钢琴了。他们仍希望我成为钢琴演奏家。母亲解释说，我可以两样都做：每周

1　此处 Doctor 指的是"博士"，与前文的"医生"共用一个英文词"Dr.（Doctor）"。

有五天当医生，周末举办演奏会。就这样，在我六岁时这些抉择就定了，而且是最终决定。我注定了要去履行移民父母的梦想。

最近，我在一家房地产名录网站上找到了第 51 街的住宅信息。与我记忆中一样：带护墙板的复式公寓，外墙漆成美味的女童子军饼干的薄荷绿色和巧克力色[1]。那是我出生后的第五个家。突变和动荡是父母的家常便饭，对于经历过世界大战、内战和婚外情的任何人而言皆是如此。

我们家住在楼下，包括父母、哥哥彼得、弟弟约翰和我。母亲同母异父的弟弟（也就是我的舅舅乔）、他的妻子和四个孩子住楼上。他们于前一年从中国移居到美国，从殷实富足、声望显赫、享有特权的名门望族，沦为又一个贫寒的移民家庭，还不习惯被当作只适合干体力活儿的文盲。在刚来的那两年里，他们依靠我父母的帮助，逐渐适应讲英语的环境。我能想象出母亲在她年轻的弟妹面前铺陈的恐怖景象，都是她自己亲验过的苦：你觉得美国梦比你以前在中国的日子好？根本不是那么回事。我刚来的时候吃了不少苦头，才明白这个道理。我不仅得打扫自家的屋子，还要为一个邋里邋遢的老太太清扫房子，她吃东西时把食物掉得到处都是。她每小时付给我二十五美分，累得我腰都快断了。现在我们也只能勉强糊口。我没钱买奢侈品，每花一分钱我都精打细算。我把所有开支都记下来。用一美元十四美分买食品杂货——记下来。花十美分买了冰棒——记下来。花一美

---

1 美国最大的女孩组织美国女童子军从 1917 年起制作饼干，用于普及性筹款活动。据记载，巧克力薄荷曲奇在所有口味中销量最高，其外包装主色为薄荷绿色和巧克力色。

元加油——记下来。你只能一直穿着从中国带来的衣服，直到它们最后烂成一缕一缕的，从肩上掉下来。

母亲大概还详述了她忍受的屈辱，那些对她来说比贫穷糟糕得多。他们把你当哑巴。即使我讲英语，别人也说听不懂我的话。他们说，如果你不愿意这样，就回中国去吧。你以为在美国生活很容易啊？你得吃好多苦头，还得感谢那些让你吃苦的人。这就是生存之道。多年以来，我常听母亲提起这些事。多年来忍受了那么多艰辛，她为此自豪。她的皮肤粗糙坚韧，她的眼睛能看清形势。她的弟妹对此一无所知，听着听着就流下泪来。

从复式公寓的右侧门可以进入我家，左侧门通到楼上。楼前有一小片草坪，余下的景观就是易打理的水泥地了，只需把地缝里长出的几株杂草拔掉就好。我家客厅的凸窗是临街的，但公寓的其他部分都处于仅约十英尺外的一幢房子的阴影里。我们和邻居家只隔一道返潮的阴沟和一窄条绿坪。如今回想起来，我仍不理解母亲为何选择住在楼下，不但没有阳光，还得忍受楼上亲戚们难以消停的重重的脚步声。也许，母亲担心三个孩子会从陡峭的楼梯上摔下去，造成脑部损伤；在前两个家里，我们多次在楼梯上摔倒，总会戏剧性地挂点儿彩。她也可能是想方便进入水泥院旁边的洗衣棚。她有一台洗衣机，干衣机是后来才买的。有一次，我们出于好玩，就用手柄绞衣机帮她拧干衣服，然后晾到树杈形的晾衣网上。之后再干这活就不好玩了。在中国时，她有仆人负责做饭、清扫、开车和洗衣。那时，我不知道她曾经娇生惯养。她从不谈自己的过去。想必她曾多次提醒自己，她的子女会取得成功，以弥补她遭受的损失。

她的女儿将成为脑外科医生，挣的钱足以照料她的晚年生活。

时至 1958 年，我家仍在为有朝一日成为中产阶级而勉力经营。我们已经拥有中产阶级的某些符号——可有可无的奢侈品，如钢琴和电视。母亲已取得 X 光技师的从业执照，很快便找到一份薪酬更高的工作。父亲在制造厂任工程师，同时也为上帝做工，在教堂的专职牧师休假时担任客座牧师。我们新住处的地段比过去更方便，过两条街就是糖果店，再往前一点是学校，另一方向的两街区外有图书馆。以孩子的视角来看，我家堪称完美。父母住小卧室，兄弟们和我同住靠里的大卧室，睡上下铺。电视在客厅里，这样稍有不便的是，当我们有人练钢琴时，大家都不能看电视。厨房是最宽敞的房间，也是我家的核心区。厨房一侧是冰箱和带凹槽的料理台，一端倾斜向下，连接水槽。料理台对面是炉灶，还有一个更长的料理台和带拉门的一体式橱柜，我已经长高，足以打开柜门。柜子里储存着盒装麦片，我们不喝大米粥时，就用麦片当早餐。我们在镀铬的黄色福米加餐桌上进餐，还有六把配套的椅子。墙上挂着一小幅深褐色的耶稣画像。他蓝色的双眸仰视我们神圣的天父。在每餐前，我们都一口气向他咕哝出同样的祈祷词："主啊，求你降福于即将赐予我们的食物并让我们时刻谨记别人的需要，以耶稣基督的名义。阿门。"我们总在桌旁摆六把椅子，空椅子是为"每餐看不见的客人基督"准备的。基督也在那儿盯着彼得和我写作业。他注视着父亲撰写客座布道文，注视着母亲刻苦学习以取得 X 光技师执照。他眼看着我弟弟用蜡笔和掉渣的食物把家里搞得一团糟。那张桌子是移民们勤奋努力的中心。

在过中美两国的节日时，母亲和舅妈会在桌上铺几层中文报纸，在最上面摆好木砧板。她们坐在桌旁一边闲聊，一边给鱼净膛，还从虾背上拉出黑色的虾线。她们把姜、腌萝卜和大蒜切成薄片，再擀出圆圆的面片准备包饺子。母亲对父亲说普通话，但她跟舅妈闲谈和争论时讲上海话，嗓门往往很大。每餐都是无休无止的期待和紧张忙乱。到了开火烹炒时，母亲将报纸铺在炉灶旁的地板上，以便接住湿漉漉的蔬菜碰到热锅时溅出的油点子。她讨厌油脂，但你很难分辨出厨房地板究竟是干净还是肮脏。油地毡简直每况愈下——破裂磨损，翘曲不平，接缝处也渐渐开裂。炉灶和水槽下方的地板上，还有墙角处的踢脚线上都盖了一层虫胶似的黑色油污，那是几十年间住户疏于清理的结果，日积月累，渐渐变硬。那些油乎乎的黑暗角落成了"丑陋虫子"的藏身窝点。它们大概是蟑螂。母亲有限的英文词汇中包含苍蝇、蜘蛛和蚂蚁，但不包括能迅速掠过难看的油地毡，或是排成一列爬上墙的虫子。我能想象她用上海话冲舅妈大喊："在那里！用你的拖鞋打死它。"随后她就会让舅妈出去把拖鞋搞干净。杀虫也是你作为移民不得不完成的又一项丢人的任务。

老鼠也喜欢厨房和我们的卧室。我家的地板就像是为它们铺的迎宾垫。它们咬穿了我们上下铺旁边的踢脚板和厨房水槽边的墙壁。它们咬出的洞大到彼得和我可以把拳头伸进去。我们见识过老鼠的本事。有只老鼠爬上炉灶旁的料理台，从一整条基尔帕特里克面包中打洞穿过，从头到尾，只剩下面包的硬壳。母亲碾碎残余的面包，滚成小球，里面塞了一点肉——这是为老鼠做的小热狗。父亲保护我们的手指和脚趾不被老鼠咬，向我们演示如何将这种美食装在捕鼠器上，这样一来，老鼠刚咬一口就会一命呜呼。他将捕鼠器放在水槽和炉灶旁边。我们兴奋地想要看看面包窃贼会是什么下场。我们在那晚看到的情景堪称残忍的一课。我认为，任何父母在向小孩展示某活物被压碎的身体、暴突的眼睛和顺着口鼻淌出的鲜血时，都不该幸灾乐祸。父母向我们保证，现在没什么可担心了。但老鼠仍继续光临我家。有一天，父亲在我家和邻家之间的窄条绿地上发现一个地洞。他把水管尽可能深地插入地道，冲灌了好几个小时。我的头脑中出现这样的画面：在广阔的地下洞穴深处，有一群绝望的老鼠正奋力游泳，好让胡子不沾到水。无论实际情形如何，自此之后老鼠再也没造访过我们家。

倘若母亲仍健在，她大概会回顾更多可怕的东西，可不止油污、虫子和老鼠。她会向你尽情倾诉她为何想尽早搬到一个干净整洁的新家。她还会说，为了孩子，她才甘愿违背自己的意愿，更久地忍受那个讨厌的地方。在彼得和我的学年结束之前，我们不能搬新家。

我的学校是一幢哥特式砖楼，高大的双开门通向铺着硬砖的长长的过道。我对此记忆犹新。天花板像我们教堂的穹顶一样高。窗户、门、黑板和展示柜都镶着木框。我的书桌也是木头做的，桌面因几十年间学生们奋力练习书法而坑洼不平。那些关于迪克、珍和萨利的书，书页曾经硬挺，现已变得如同软塌塌的布料，上面还有干了的鼻涕印子。我的班级由附近收入较低的多族裔组成：黑人、西班牙裔、包括我在内的华裔、日裔和白人。

新学年伊始，校长陪同一位女士走进教室，将她介绍给我们的老师。那位女士比校长年轻，但气度举止显得更为尊贵。校长对她的尊敬态度就像我父母面见医生时那样。不过，校长称她为"小姐"，那大概是我认为她年轻的原因。她的外表有些特别，倒不像著名的电影演员，更像西尔斯百货[1]商品目录中"更优服装"栏目的模特。她身材苗条，比老师更高挑。她的上衣和窄窄的裙子比校长的外衣好看，也远比老师的连衣裙漂亮。她留着短发，但不是母亲那位从上海来的物理学家朋友留的那种男士短发。现在想来，那种发型类似于奥黛丽·赫本在二十世纪五十年代留的俏皮时髦发型。后来在我家客厅里拜访我父母的那位女士就是她。

校长私下对老师说了几句，老师点了我的名，让我跟那位穿套装的女士走。我很惊讶，起初还有点犹豫。她没解释为何单独选中我，不过，我显然不是要挨骂。事实上，由于那位女士看似身份尊贵，我跟她走时，她的一部分尊贵气质宛如仙尘般落到我身上。她带我来到一个无窗的房间，只容得下一张小桌和相对而放的两把椅子，一把是她的，另一把是我的。我不记得她如何解释测试的目的。其实，我都怀疑她是否说了"测试"一词。我想象她说的是，我们将要解开不同种类的谜题。她撕开包装纸，打开一本小册子，里面大概有二十张散发着新书气味的画页。她让我选择一个词来描绘图片。如果我不知怎么选择，只需跳到下一幅图。她离开了房间。最初的游戏简单明了。但过了一阵，我就不清楚该怎么答了。我可能猜

---

1 西尔斯百货：美国著名的连锁百货商店。

了几幅图。十五分钟后，她回来取走那本小册子，然后又给我一本新的，向我解释如何完成下面一套题目。我已忘记那些测试的内容，只记得自己答不出时的羞愧感。后来又有更多的册子，更多的谜题。在全部测试结束后，那位女士说我们完工了，还向我致谢。我回到教室，发现老师待我与以往不同了。当我们轮流读书时，她安排我最后读，并且仿佛料到我会把字句都念对。她表扬我的读音正确，表达得声情并茂。

又过了段时间，那位女士拜访了我的父母。就在那一天，父母说以我的聪明才智足以成为医生。还是在那个学年，我惊讶地发现那位女士又来到我们的教室。她带我去了同一个无窗的小房间。那时，我已明白这些题目和猜谜游戏其实是某种测试，而我的表现则事关重大。五年间，每学年伊始和学年结束的暑假前，她都会来看我。由于我们频繁搬家，她想必侦查了一番才能追踪到我。二年级时，她追着我来到位于海沃德的学校；三年级是在圣罗莎的学校；五年级则是在帕洛阿尔托。每次我离开教室时都感到自豪。每次我回来时都感到自己令她失望了，担心她发现我每过一年都不如以前那么聪明。也许，她后悔仓促下结论说我聪明得足以成为医生。我担忧父母会发现此事。1963 年，在五年级学年结束时，她告诉我，我们已共同完成任务，她不会再来见我了。我很难过。我们之间有一种默契，因为我知道她想要我做什么。每年被单独选中两次的经历使我在别人面前变得与众不同。

五十九年前，一位神秘女士所说的话为孩子的父母带来了希望，

251

给孩子增添了忧虑，那段小插曲本该到此结束。但由于写下这段回忆，我开始从更客观的角度而不是昔年的痛苦视角去思考那些测试。在缺少客观事实的情况下，我尽量回忆那个女人、那些小房间和测验内容。我以前知道她的名字，可令人沮丧的是，厨房油地毡上的油污如今尚在，但我已忘记那位曾在无意间对我的自我认知发挥过重要作用的人的名字——某位小姐的名字已堕入极少用到、现已消逝的一堆混杂事实中。

基于我对她的全部印象——她的衣着，校长对她的态度，她直截了当的举止——她显然是训练有素的专业教育人士或研究人员。既然如此，一位专业人士不大可能基于单单一次测验来预测孩子的前途。那是不负责任的。我在学校里见过那个女人十次，她从未和我谈论我的前途。她甚至从没和我说过，较之其他技能，我在数字方面尤为出色。当我们在一起时，她从不逾越手头的任务范畴。她从不大声惊呼，无论是我出色完成测验的某个部分，还是需要在某方面更加努力。她从来不提我可能会成为医生。实际上，她似乎不像是会评论私事的那种人——"天啊，你都长这么高啦"，或是"你的连衣裙可真漂亮"。我记得她态度友善，但不很热情。她会说："尽量多回答一些问题，但如果你答不出来也别担心。"当她说我们以后不再见面时，看似并不忧伤。那么，她究竟对我父母说了什么，才使他们认为我将成为医生呢？我现在设想父亲诙谐地问她："这么说吧，测验结果表明她将来会当医生还是会成为乞丐？"我能想象年轻女子为了保持专业态度，模棱两可地回答："她长大后想当什么都可以。"按我父母的思路，我想当什么就是他们想让我当什么。我觉得事情的发展大致就是这样。

可是现在，有个显见的问题出现了：最初为何要选我去做测验？为什么不是教室里的其他学生？老师选我可能是因为我会配合。可那也无法解释为何我被测试了不止一次，而是十次，何况是数年间在几所不同的学校。我大概是某种纵向研究的组成部分，该研究或许与社会经济条件低下的城市地区少数族裔儿童有关。我在这两方面都合乎标准：厨房里的老鼠，油腻的油地毡，母亲和舅妈用上海话高声争论。我猜想，该研究可能与智商测试中的种族偏见有关。当时有人已开始批评说，那些测试对中产阶级的白人有利。由此我猜测，一个用于纠正种族偏见的研究项目会包含大量的学生样本，还会由研究团队来执行。每年来见我的年轻女人大概是众多研究助手之一。她也可能是博士生，为写论文而针对几个孩子进行研究。这就讲得通。我第一次见到她时，她或许正在攻读博士学位。她完成学位要求后，就不必再见我了。

我想出了一个合理的假设，却不由得一直在琢磨那个女人和测验。这一切影响了我生活的轨迹。如果你把那些册子捆在一起，它们会组成与我的自尊心有关的教育小说。我只是略有些夸大。我突然想到，也许能在互联网上搜索到相关的研究线索，不过希望渺茫。五十九年过去了，如果此事与年轻女人的博士论文有关，很可能没留下任何记录。我选取了我认为最恰当的一串搜索词："纵向智商研究奥克兰　一年级　1958 年"。

在几毫秒内，显示出来的第一项内容如下：

　　对较早阅读的孩子进行的两项纵向研究，1966年

　　……作者：德金博士－1966年－被引述1305次－相关文章

　　第一项研究始于1958年9月，基于从加利福尼亚州奥克兰市的5003名一年级学生中抽取的样本……

　　多洛雷斯·德金——正是她的名字。没错。在那五年里，我都称她"德金小姐"。她就是哥伦比亚大学师范学院的多洛雷斯·德金，1958年时，她已经被称为"德金博士"，因为她已取得博士学位。这也解释了校长和老师对她表现出的尊重。我的想法没错，那些测验是纵向研究的组成部分——但无关智商、种族或群体的社会经济状况。在1958年，奥克兰学区检视了即将入学的5003名儿童，发现其中49个孩子已学会阅读。在接受测验几十年以后，我终于明白自己为何会进入那些无窗的房间，因为我会读书识字。

　　我哑口无言。原来，测验与天资聪颖、能当医生竟毫无关联。我内心的那个孩子对这场欺骗感到厌恶。这比发现圣诞老人是我的中国爸爸还糟糕得多。这个谎言几乎跟了我一辈子。我在孩提时从未质疑过父母与德金小姐会面后的说法。我从不违逆他们的期望，至少没有公然违抗。父母的期望也成了整个童年时期我成败的标准。随着时间的推移，我确信测验结果是错的。我的智商没有父母向我传达的那么高。我达不到别人的期望。每当成绩单显示我的数学比英文好时，我都会想起那个测验。当一个比我年幼的同班女生成绩比我好时，我又想起那个测验。在我十二岁时，一个非常聪明的十

254

岁女孩极为自信地说她以后要当医生，那时我再次想起那个测验。当一位神经外科医生告诉我们彼得长了脑瘤时，我还是想到那个测验。五个月后，当另一位神经外科医生告诉我们父亲得了脑瘤时，我也想到那个测验。十七岁时，我提前一年高中毕业，去上大学，终于鼓起勇气在大一结束时放弃攻读医学预科，那时我再次想起那个测验。我选择转到英语文学专业，因为我热爱读书。当我对刚守寡的母亲说我不会成为医生时，她感到失望，但并未崩溃。那时，她的生活中诸事不顺。我保证说，不学医，我会取得别的博士学位。后来，当我决定放弃加州大学伯克利分校的语言学博士项目，舍弃我被称为"谭博士"的机会时，我又想起那个测验。当我取得荣誉博士学位，终于能将学位证书交给母亲，让她有机会称我为"谭博士"时，我再次想到那个测验。那时，她愉快地接受了这一切，格外骄傲于我取得的成就，我也实现了她作为移民的梦想，为她买下一幢房子。

在写每部作品时，我一如既往地受到此前被寄予期望的影响——在作品完成时我才发觉，那并不是我原本想写的书。每当有人对我赞誉有加，不切实际地对我的能力给予表扬时，我便会想起那个测验。我会马上置之不理。我对宏伟的厚望感到厌恶。我宁愿让别人立即失望，也不想背负他们先入为主的错误印象。德金小姐的测验一直跟了我五十九年。若不是被那个谎言折磨良久，如今得知她关心的只是我能阅读，我应该感到欣慰。我父母大概认为这样做没什么坏处：为何不告诉她，她将来会成为医生，给她一些动力呢？他们没有考虑后果。

　　我从来不缺乏执念，还因此挨过批评。我虚掷了生命中的许多光阴，执着于最终无关紧要的事。这一回，执念促使我找到了多洛雷斯·德金在 1966 年出版、现已绝版的书——《较早阅读的孩子》。我有诸多疑问，其中包括：一年级之初为何只有四十九个孩子能阅读？如今，似乎两岁的娃娃都会用手机发短信。答案既浅显又愚蠢：二十世纪五十年代，有人强烈建议父母不要让孩子在一年级前开始识字。把教孩子读书的任务留给专家吧——这便是当时的常识。被人以错误方式早早教会的那些孩子，在面对正确方法时也许会遇到困难，可能终身都有学习障碍。各学区在家长为小孩报名上幼儿园时，向他们发出这一警告。幼儿园老师在家长会上对孩子的父母反复重申同样的警告。大部分人顺从了。父母们肯定被吓怕了，以为如果家里放着书的话，自己的孩子就会一辈子尿床。在那 5003 名儿童中，有 4954 个孩子的父母遵照执行，于是德金小姐凭借顽强的意志，搜寻到另外 49 个孩子，这些孩子的父母并未对子女读书的兴趣严加防范。多洛雷斯·德金的研究目的并不是管制踌躇满志的父母，而是要搞清楚早期阅读是否确如教育学家声称的那样对儿童有害。她想确切地了解早期阅读的远期影响——比如，当孩子上完五年级时，它是有害、无害，还是有益？她的研究具有里程碑式的意义，她的发现改变了全美国的学校对于早期阅读的看法。实际上，早期阅读对孩子根本无害。简而言之，它是有益的，尤其是对智商平平或社会经济条件不佳的孩子来说。她的研究工作颠覆了关于早期阅读的大量成见，强调儿童对文字和胡乱涂写的兴趣表明阅读会带来快乐。我在她的研究中无意间发挥了作用，我感到自豪。

在深入了解她的研究时，我的视线在大量数据中跳跃前进，目光落在那些柱状图上。研究中有关于种族群体的记录。49 个孩子中，有半数几乎被均分到"黑人"和"东方人"两组，另一半是白人。其他柱状图对比了使用单一语言的家庭与使用双语的家庭，我家会被分在后一组。如果将用上海话争论与闲聊也算在内，那么我家使用三种语言。大部分家庭处于中等偏下或低等偏上的社会经济阶层。七个家庭被视为中上阶层，他们都是白人。这并不令人惊讶，因为从那时倒推十年，非白种人在沙塔克大道上还不能租房或

购房呢。非白种人都住在奥克兰市的平地[1]。我想知道我家会被定为什么阶层。我们显然不属于中上阶层，可我们会被视为穷人吗？我们住的房子——倘若没有老鼠和开裂的油地毡——会被看作体面的住所吗？父亲的教育背景和职业会影响德金小姐划定我们的社会地位吗？我的过去就在那些分组柱状图里，包括种族、智商、阅读能力和社会地位。我就在那里，在那些数字和百分比的阶梯上爬上爬下。

我偶然发现，书中有一个部分记录了德金小姐对 49 名早期阅读者的父母的访谈。那便是她出现在我家客厅里的原因。她请父母们从一个清单中选出孩子的特征。我感到自己仿佛找到一个装载着往事的时光胶囊，其中有一部分内容仍未解密。父母当时如何描述我呢？他们会说我"感情丰富"吗？三十五对父母形容他们的孩子"坚持不懈"。我的父母想必也这么说我。我能想象出他们夸口说：

"只要她一开始读书，其他任何事都没法把她的注意力拉回来。这可真成问题。"

或是，"只要她一开始弹钢琴，至少有一个钟头停不下来"。

又或是，"她刚会认五种颜色，就想认识更多的颜色，所以我们只好给她买了一盒六十四色的蜡笔，当作四岁的生日礼物"。

我继续浏览清单中的其他个性特点，想象父母会怎样形容我，他们大概会高估我的优点。二十对父母形容孩子是"完美主义者"，十六个孩子"敏感而紧张"，十五个"性情温和"，十五个"严肃认

---

1 加利福尼亚州的奥克兰市可分为北边的"山地"和东南部的"平地"，前者是较富裕的区域，主要为白种人聚居区；后者是较贫穷和落后的区域，非白种人居多。

真"，十三个"干净利索"，还有十一个"爱操心"。父母知道我也爱操心吗? 如果他们知道，多半会将其视为优点。如果你不操心，那就意味着你不在乎自己表现如何，不在乎你妈妈有多操劳，或者你弟弟是否走丢了。我想知道他们是否将我描述为"热切地讨好大人"。

在另一个章节中，德金小姐更为详尽地描述了针对五个家庭的案例研究。我快速扫了一眼学生的名字，我不在其中。我读了前两个案例，第三个案例是关于一个东方女孩苏珊的，我偶然间读到这句话: *母亲对孩子们的音乐教育尤为感兴趣，尽管她说自己"早年就明白无法强迫孩子们爱上音乐"。*

德金小姐虚化了所有孩子和家长的姓名。她当然会这么做，因为她是专业人士。我就是苏珊，她将我家归为"中产阶级下层"。对于早期阅读者而言，我的阅读水平似乎没那么高，勉强超过一年级。随后我发现，德金小姐从四十九个访谈中仅选取五个详解，因为那些案例代表最高或最低水平的阅读成果。我属于最低水平之一。我的羞耻感犹如一个孩子看到她的成绩单上写着 D-。我的识字水平只是刚刚够格参与研究。我六岁时没在读莎士比亚的作品。我大概处于"鸭鸭走路呱呱叫"的水平。

不过，我发现自己的阅读水平在研究结束时跻身前列，总算找到一些慰藉。我当然有资格被称为"进步最大的"。我看到智商评分时，再次感到震惊。我的评分还算不错，但还不至于敲响赌场的钟并宣布:"诸位，我们这儿有一位赢定了——脑外科医生!"实际上，它低于我后来接受智商测试时的得分。那么，哪个是正确的呢? 都不对。我在童年时接受的所有测试，结果都被证实是毫无意义的。

我在测试时总是发挥不佳。我从不选择看似明显的答案。那肯定是圈套。他们都说我擅长数学。他们向我推荐科学领域的职业。没人建议我选择可能会依赖英语语言能力的职业。

在开始读访谈时，我感觉自己仿佛置身于五十九年前的那个客厅：我在一旁观看倾听，既是六岁的懵懂孩童，又是具备了后见之明的成人。我想象父母身体前倾，僵直地坐在沙发上。德金小姐则端正地坐在扶手椅上写着笔记。她在报告中说，几乎是父亲一直在讲话。她开门见山地告诉他们，她希望了解我是如何学会阅读的。但是首先，她需要了解我父母的背景。父亲说他"在神学院刚刚开始为期一年的硕士学习"，还说他是"新教牧师，为了继续深造暂时休假一年"。我将那些字句反复读了几遍。

父亲曾为牧师——直到母亲抱怨家里穷，促使他于 1954 年辞职，以便能重操在中国的旧业，做个工程师，挣更多的钱。但他根本不可能请一年假。母亲的收入不够养活我们全家。他为何要撒谎呢？他说自己是物理学学士和神学学士又不算丢人。他已提交神学硕士论文，正等着学校审核通过。但他也不必向单位请假等喜报到来。再说，相较于弗雷斯诺一所小教堂的牧师，以电气工程师为业根本算不上自降身份。父亲在接受访谈时并不了解他的前途，但现在的我了解：他将一直以全职工程师为业。他渴望通过进修工程学硕士课程来提升这方面的专业水平。他去世时只差一学期就完成学业了。

其余的访谈内容也使我困惑不解。德金小姐想从我父母那里获得我的信息，但从一开始就受阻。父母几乎刻意回避每个问题，转而吹嘘彼得。他们称赞专家不让父母教孩子读书的建议。尽管彼得对单词感兴趣，也认识字母表，但他们对此并不鼓励。毫无疑问，他开始上一年级以后，轻松地学会了正确的阅读方法。他们夸口说，彼得是个"非常早熟的孩子"。每当她试图将问题重新转向我的阅读能力时，父亲就继续赞美彼得的聪明才智。我同时带着孩子和成人的心理读这篇访谈，原本满满的父爱随着他对哥哥的每一次夸奖而逐渐消减。我努力使自己相信，我曾是他最喜爱的孩子。我听说他曾被警察拦住车子，因为他对着我婴儿时期的面庞惊叹不已，结果在高速路上一路蛇行。我记得他是多么喜欢为我拍照。我们曾经一起做单词游戏。我们共同经历了许多特别的时刻，就只有我们俩。难道不是吗？那又如何解释呢？但我随即又想起最近在他的日记中找寻关于我的内容时的发现。他记录了我出生的情况，包括我的体重，"9磅11盎司"；还有我的身长，"22.5英寸"，我以后过生日时就没有任何记录了。

父亲一再向德金小姐保证，他和母亲根本没鼓励我读书。我本可担保他说的是实话。我们家没有童书。我们的书架上只有《圣经》、神学书籍、父亲最喜爱的葛培理牧师[1]的布道文、护士专业书籍，诸如此类。幸而德金小姐最终从我父亲对彼得的夸耀中找到了自己想找寻的信息。彼得刚上一年级时，将作业带回家，那是他在横格纸上写的单词。四岁的我被他在纸上做的事给迷住了。于是，我会誊抄他写的单词，然后问他："这些是什么意思？"他不介意我

---

1 美国当代著名基督教福音布道家，第二次世界大战以后福音派教会的代表人物之一。

这么做。我们经常一起玩，其中一个游戏就是假装上学。当我犯错时，彼得会纠正我。父亲说，"[恩美]似乎不在意受责罚"——因为我向来敬重兄长。

父亲提到彼得在客厅里布置了一个教室，还教中国来的表兄弟们如何读书。我被允许旁观。我记得此事。我曾试着教与我年龄最相近的表亲如何将中文词翻译成英语。当他说错时，我就用拖鞋打他的手。德金小姐在访谈记录的末尾评论道：此时，他又一次提到他时刻牢记[彼得的]幼儿园老师曾说，不建议父母教孩子读书，他不想给女儿[恩美]"在学校找麻烦"。在我看来，他的反应过了火。他提了三次，他为何如此重视这件事呢？

后来，我意识到自己还上过其他阅读课，只是没人将它们考虑在内——我自五岁时开始上的钢琴课。我学会了乐谱上的字母 C、D、E、F、G、A 和 B，它们代表音阶上特定的琴键，以及那些琴键发出的声音。那些琴键被写成音符，看似纸上的蝌蚪。我学过高音和低音谱号以及升号、降号。我能读出音符上的数字——1、2、3、4、5——它们与指法相呼应：在弹奏时，哪里该用拇指，哪里该用其他手指。钢琴课就像哥哥的指点一样，显然对我学会阅读发挥了作用。

不过，从始至终还有另一个原因促使我读书。父亲已经说了出来，却没觉察到。

这位父亲说他的女儿"经常胡乱涂写，甚至早在四岁以前，她就喜欢画画，再根据图画来编故事……她的想象力令人惊叹"。读到此处时，我哭了。我读了一次又一次，仿佛将药膏敷在早年的伤口上。如果他了解我的这一点，说明他看过我的画，也听过我讲故事，相信我的想象力是惊人的。我惊叹于自己儿时的这些往事。

我喜爱绘画，喜欢按照图画编故事。又或许，顺序恰好相反。我在脑子里编好故事，再将它们画出来。没人教我这样做。在四岁以前，图画与故事是密不可分的，我画的就是故事，那便是我想象力的本质。

我打开一箱纪念物，里面装着父母的文件。我找到了父母的学位证明、留学签证、证实他们优秀人品的推荐信、大学录取通知书、肺结核的检测结果、父亲与名为 A. Kuckein 的男子的频繁通信 (那人是美国司法部移民归化局出入境部门的主管)。他们自 1951 年开始通信，内容涉及父母的留学签证延期、到期，注销护照，他们的非法身份，以及暂缓驱逐出境，父亲还咨询怎样才能免于被驱逐出境，以及如何成为美国公民。Kuckein 先生冷峻地回答，首先必须解决非法居留的问题，才能考虑公民身份的事情。我找到父亲于 1958 年 6 月 5 日做好并签署的另一份文件，就在他与德金小姐会面前不久。之后还有一份申请，希望按照 1953 年颁布的《难民救济法》调整移民身份。父亲留的是我们位于第 51 街的公寓地址。在同一张薄质半透明纸上，父亲详述了他的教育背景，从 1939 年取得理学学士 (物理学专业) 开始，之后在 1951 年获得文学学士 (神学专业)，随后又于 1952 年取得神学学士 (神学专业)，并因此被任命为牧师。后来，我发现了他研究生时期的功课，他曾说在 1958 年 9 月提交论文后将

成为神学硕士。他希望居留更久的原因是希望取得硕士学位。他的
留学签证失效了，因为他已不再是学生。

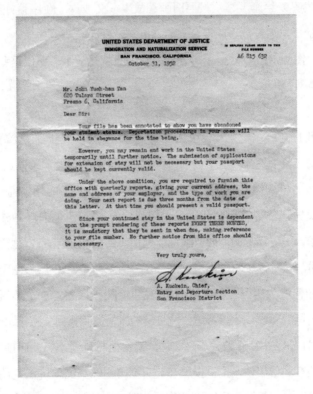

1952 年：关于父母非法身份的十几封信之一

与 Kuckein 先生通信是一段交融了恐惧、绝望与智谋的历史。我发现了父亲对德金小姐谎称他在牧师岗位上休假一年的原因，也明白他为何避而不答我学习阅读的问题。他们是非法居留的外国人，处于被驱逐出境的危险之中。他们没能阻止我读书识字，这是违反规定的。德金小姐来到我家，坐在客厅里，询问她认为有价值的信息。她曾承诺访谈内容将严格保密，但她不知道的是，我的父母时刻警惕着，避免说出任何可能让 Kuckein 先生抓到证据的事，避免被看成违背法规的人。因此，父亲三次声明他们了解并遵守规定。这便是他们对我和我的阅读能力避而不谈的原因。

我的执念又带我前进了一步。我想联系德金小姐，感谢她的访谈为我打开一扇窗，使我明白父母对我的期盼，也更了解我的家庭。我还想告诉她，我成了作家。我搜索到许多名为"多洛雷斯·德金"的女人的讣告。她们生前是家庭主妇，是尽心尽职的母亲和祖母，但不是拥有博士学位的教育工作者。我搜索了与德金小姐有关的文章，有许多篇提到她，却并未提及她的私人生活、住址，或是她去世与否。我又查找了家谱记录，找到了一位名叫玛丽·多洛雷斯·德金的女士，她来自伊利诺伊州。她应该有八十六岁了。我发现一个名为"玛丽·多洛雷斯·德金"的人曾在伊利诺伊大学厄巴纳 - 尚佩恩分校获得博士学位，1958 年还曾在加州大学伯克利分校任教。我通过地址记录搜索住在芝加哥郊区的多洛雷斯·德金，由于年龄不符排除掉许多人。我找到一些可能的地方，但那些地方没住着叫"多洛雷斯·德金"的人。我联系了她以前的同事——曾在论文中介绍过她，还写信给为她写过介绍性文章的学生。我在脸书上寻觅姓"德金"的人。我在自己的脸书页面上发布告示，说我希望联系"一位名叫多洛雷斯·德金的教育工作者"。到认为自己已穷尽一切可能性时，我终于停止搜寻。

在放弃搜寻几个月以后，我突然在自己的脸书页面上发现一则留言。她说，多洛雷斯·德金仍然健在，身体还很硬朗。她还给了我联系方式。

德金小姐的形貌依稀就在我眼前。在追踪过诸多真假参半的情况以后，我将童年的琐碎记忆拼在一起。我隐约感到焦虑，担心得知某些意料之外的事情，再次颠覆我对童年的理解。我花了两周时间，终于鼓起勇气给她打电话。

那个女人接电话的声音听起来年轻得出人意料。与许多上了岁数的人不同，她的声带没有丝毫颤抖，音高和音量并无忽高忽低的起伏，也没有戴假牙导致的那种呼哨声或咬舌音。她的声音非常清晰，尽管对我磕磕绊绊的解释略有些不耐烦。"德金博士，"我开口说，"我是 Amy Tan。我给您打电话是因为我是 1958 年最初的四十九个学生之一。我拜读过您具有里程碑意义的研究著作，明白您的工作有多重要。"当我停止喋喋不休时，她说："我当然记得那项研究，但不记得你了。这些年来，我跟许许多多的学生合作过。"但我是第一批的四十九人之一啊，我本想这么说。我告诉她，我很自豪曾参与过她的研究，我成了作家。"我并不惊讶，"她说，"你开始阅读的时间早。"

随后，我向她讲述了她与我父母在客厅会面那天的情况，以及我父母此后说过的话，他们说我能当医生。我还解释了那番话对我整个童年时期，甚至是成年以后的影响。没等我继续说下去，她便打断了我："我从没说过那种话。那不是研究的目的，我研究的是早期阅读。"我请她放心，我明白这些，因为我读过她的研究著作。我解释说，父母借此机会向我表达希望我以后当医生。"嗯，他们不该那么做，"她强调说，"那是错误的。你开始阅读的时间早，这才是关键。这才是你成为作家的原因。"

她所说的正是我需要听到的话。

延展开来的诗歌：路

[摘自日记]

2012 年 2 月。我在努力理解一个人物，在这一过程中，我抄录了头顶上方书架上的一本诗集——沃尔特·惠特曼的《自己之歌》。摊开的第一页上是这么写的：

> 我不能，其他任何人也不能替你走完这条路。
>
> 你必须自己去走。
>
> 它并不遥远，你力所能及，
>
> 也许你从出生开始就在这条路上，
>
> 只是浑然不知；
>
> 也许无论水陆，它无处不在。

那些字句犹如被召唤的幽灵。我恍然大悟：书中的人物就是这样。不，还不止于此：我的写作就是这样。我的一生亦如此。那是一种从未彻悟我是谁的孤独感，因为我还没发现自我，只通晓文字不足以助我发现自我。我只能借助私下撰写而非公开发表的文字，理解与领悟自己的思想和所有感受。自孩提时起，我便已明白别人永远不会理解我。

幻　象

[摘自日记]

　　2012 年 2 月。一个新词：幻象。一个理想的意象，不是替身，不是复制总统签名的机械装置，不是散播地区选情预告的政客代理人，不是对观点与风格的剽窃抄袭，也不是用十六位数字表示身份的黑客。幻象——案头的伙伴，我的灵魂意象，宛如我将在生命尽头换上的旧睡衣。那时，我终将看到最初的文字，我曾反复修改、推敲过数百万字，只为挖掘最初的含义。

第十章　致编辑的信

3/8/11

　　收信人：恩美

　　发信人：丹

　　恩美、卢和邦博[1]：

　　刚抵杰克逊维尔市。什么样的地方？天气温暖，绿叶青葱……是打高尔夫球的好地方。

　　我想再说一遍，遇见你们三位真令人高兴。我知道我们是有缘才相会，但与你们几位共度的充实而优质的时光对我而言非同寻常。自从费思向我介绍"这位令人惊叹的年轻作家"，我就一直是谭的粉丝。因此，对我这个读者来说，这次会面令人格外激动。

　　祝好！

　　丹

1　邦博：谭恩美家的约克夏犬 Bombo。

3/8/11

收信人：丹

发信人：恩美

丹，你好！

感谢与你和你的团队共度的美好时光，还有品尝马尔白克[1]的意外收获。顺带一提，我喜欢房间里只亮着书桌台灯的那种感觉，它营造了一种私密书房的暖意，与典型的日光灯照明的办公室形成鲜明对比。看到我的书已完工，我也感到释然。书的封面设计棒极了。

"令人惊叹的年轻作家"如今已老了23岁，正惊叹于时光带来的变化。我跟朋友们和史蒂芬·巴克莱聊起过你。他是我信赖的朋友和讲座经纪人，他的客户们经营五花八门的出版社，各等书籍齐全。各方都对你赞不绝口。

恩美

3/31/11

收信人：丹

发信人：恩美

丹，你好！

---

1 指马尔白克红葡萄酒，原产法国波尔多地区，现多产于阿根廷和智利。

上周，我一直在琢磨《奇幻山谷》的结构。我正打算重构，使全书不按时间顺序叙事，而是从目前的中间部分开始——黛西[1]的故事。重整顺序其实并不需要对文稿进行任何重大修订，主要就是不时转换一下话题，而这些话题将随着故事的发展而相互关联。

我有几点理由。直觉上的理由是：我感觉这个叙事声音[2]与自己最贴近。我明白这一点。这也是叙事的策略：不在开篇揭示油画的意义、作者的身份和作画的原因。另外，书中的"她"[3]隐没不现，在全书末尾联系起另外两个人物。那是她的天性在闪光。我还认为，那个声音会更容易，也更迅速地吸引读者。

小说以声音，即某个特定的意识开篇，随后转换到另一个声音，这种写法的确需要慎重。在某些守旧的大学创意写作课上，这可谓犯了大忌。但我认为，我是在铺垫读者"须知"的叙事吸引力，以便使声音间的转换水到渠成，推动故事的发展。无论如何，现在我觉得以美国女人的声音来开篇会误导读者，因为这本书讲述的不是美中文化，而是个体和境遇。故事不是按照时间顺序推进，而是

---

1 实际出版时人名有变化，没有叫"黛西"的人。

2 《奇幻山谷》以主要叙事者薇奥莱的这样一句话开头："七岁的时候，我对自己是谁知道得一清二楚。"

3 从前后文推断，此处的"她"实际指路路，最后由她促使薇奥莱与芙洛拉重聚。

以环状结构展开叙述，感觉更像博尔赫斯[1]的《小径分岔的花园》——无限的可能性，不断重现的机缘巧合，意识到任何事物给人的感觉及其意义都不是线性的，也不遵循既定的次序，而是出于自发的扩张和分岔。

既然你尚未读过这本书，那么我不指望你能对此发表评论。但由于你现在是我的编辑，我会用自己反复推敲的过程来折磨你，而你也会愈加深切地发现，这个过程就像我在迷宫和分岔的小径之间寻找出路。

恩美

3/21/11

收信人：恩美

发信人：丹

恩美，你好！

尽管用你的反复推敲来折磨我吧——我在这儿等你，就在某条平行的分岔小径上，甘愿受此折磨。

你打算进行的（抽象）重构，听起来将在情节线的上下为故事增添更多质感。当然，如果你真想这么做，成书后你还有机会调整——当然，这取决于小说最终写成什

---

1 豪尔赫·路易斯·博尔赫斯（Jorge Luis Borges，1899—1986）：阿根廷诗人、小说家、散文家兼翻译家。他的作品以隽永的文字和深刻的哲理见长，代表作有《老虎的金黄》《小径分岔的花园》等。

么样子。顺带一提，你把故事形容为"不是按照时间顺序推进，而是以环状结构展开叙述"，这可真棒。同样的还有"不断重现的机缘巧合"，以及"任何事物给人的感觉及其意义都不是线性的……而是出于自发的扩张和分岔"。说得真好。这些想法或可成为我们求索文学创作之道的一部分。

　　你的开心的编辑

　　丹

4/1/11

　　收信人：丹

　　发信人：恩美

　　丹，你好！我想不出你会有和我语音通话的迫切需要，但还是附上我使用的一个美国本土号码，这个号码带语音信箱，我会收听的——在海外收到的语音留言一般都是比较要紧的事，就像我儿时对长途电话的感觉。距离使消息显得更加重要，因为成本高。想象一下，电话线延伸那么长距离，才能连上双方的听筒。

　　拨号方式就跟你拨打美国本土的任何号码一样。

　　<u>415 729 3350</u>

　　很容易记。

729 是几个 3 连乘的结果，从素数 3 开始：

3 x 3 x 3 x 3 x 3 = 729

注意数字 3 出现了 5 次[1]

用因数表达，看着就像这样：

3 x 3 = 9

9 x 3 = 27

27 x 3 = 81

81 x 3 = 243

243 x 3 = 729

由于本地前置代号 729 后面没有其他数字，在我看来，从逻辑上说这可以用 3350 末尾处的 0 来表示。

这个网络通信号码是 Skype[2] 分配给我的。我可没跟你开玩笑哦。

用数字说话的

恩美

4/1/11

收信人：恩美

发信人：丹

---

1 此处原文有笔误，应为 6 次（3 x 3 x 3 x 3 x 3 x 3 = 729）。

2 讯佳普，互联网语音和视频通话软件。

我感觉自己刚刚又考了一次 SAT[1]。如有需要，我会联系你，但愿不必如此，以免扰乱你的巴黎之行。邦博可好？我猜，以它的新陈代谢水平，应该不用倒时差吧。

4/1/11

收信人：丹

发信人：恩美

感谢你的反馈意见，也谢谢你再次表示喜欢我的自白式倾诉，甚至希望看到更多。我曾将它寄给一位作家朋友，他有些顾虑，认为这样写有些过头，不过仍像看《国家询问报》[2]那样蛮有兴致地读完了它。好吧，他的原话不是这样，但大意如此。他是个了不起的作家，品位高雅，因此我有点担心你会觉得我是个需要提防的家伙，最好躲着点儿。

说起通俗小报，卢和我看到有一期的封面故事为"他们现在何处？"，就忍不住买了一份。他注视着封面人物微笑的面孔，当着收银员的面说："她死了，他也死了，她绝对已经死了……"于是，他推断那些人埋在墓地里。他当

---

1 SAT（Scholastic Aptitude Test）是美国大学理事会主办的考试，其成绩是各国高中生申请美国大学及奖学金的重要参考依据，它和 ACT（American College Test）均被称为美国高考。

2 《国家询问报》：专门报道名人隐私和内幕的小报。

真坚称自己料想得没错。收银员大笑起来! 我则瞠目结舌。他们当然还活着。我知道。一份通俗小报拥有数百万富有同情心的读者,他们读着那些不幸之人的艰辛,作者怎么可能写出颇受喜爱的电视明星死去或被遗忘的残忍故事呢?《范戴克摇滚音乐剧》[1]里的那个"她"叫什么来着——还活着,非常感谢!(时下的电视节目还会起带有"dick"和"dyke"[2]字样的名字吗?)(看到我多能闲扯了吧?)

赶紧起床吧! 一个全新的我,上午10点前就起床。但要先吃燕麦片。没有健康奶,喝的是30度奶酒,我们在卖通俗小报的超市里发现的。

4/1/11

　　收信人:恩美

　　发信人:丹

现在你没法动摇我了,《国家询问报》或你的回绝都办不到。我的的确确欣赏你对写作艺术与心理的个人见解。备个记事本随时记吧!

全新的生活作息安排——听上去你似乎已彻底摆脱莱姆病了! 听着也像一种理想的生活——真希望我也能写小

1　*The Dick Van Dyke Show*。

2　这两个词都有性方面的暗示。

说，可我缺少必备的耐性。

4/28/11

　　收信人：丹

　　发信人：恩美

　　你在 Spenders 享用了周日的早午餐可真有福啊！丽兹告诉我，威斯坦[1]（她称为奥登）经常光顾那里，另一位晚餐时的常客斯特拉文斯基为她写了一个 9 个音符的乐旨，但愿她能找到，这样我就能带去给我的音乐家朋友们（乐队指挥、作曲家和钢琴演奏家）赏玩了。想象一下听他奋力弹奏《彼得鲁什卡》的感觉吧！我过去整天播放[2]它——嗯，是在我的 iPod 上。我抓住一首乐曲不放，在写作时不断播放，以便能保持同样的情绪。

　　你喜爱古典音乐吗？如果你喜欢，随附我的一些音乐笔记：

　　我最近播放的是拉赫玛尼诺夫的《D 小调第三钢琴协奏曲》。我喜欢 D 小调！（强调这个细节只是为了开开玩笑。）所以你现在能想象出我写小说时的情绪了。"拉赫"总是

1　威斯坦·奥登（Wystan Auden，1907—1973）：英裔美国诗人。20 世纪 30 年代崭露头角，成为新一代诗人代表和左翼青年作家领袖。代表作有《西班牙》《新年书简》《焦虑的年代》等。

2　此处原文为 play that all day，因为 play 兼有"弹奏"和"播放"之意，故作者随后说明是在 iPod 上播放，而非弹奏。

激情澎湃。在我喜爱的专辑中，钢琴演奏者是叶菲姆·布朗夫曼——郎朗也演奏过此曲，他们二人的现场演奏我都听过，但在听布朗夫曼演奏时，我汗毛直立，泪流满面，最后情不自禁地跳起来，而不是像其他人一样起立热烈欢呼。

一次，我们在顶楼上举办即兴派对，在场的有四位钢琴演奏家、两位歌剧演唱家、一位爵士乐歌手、一位说唱摇滚乐作曲家兼歌手，还有一位歌剧作曲家。那并不是一场音乐派对，但其中四人自发演奏起来。我不觉得这次有哪位音乐家要来。我想起自己六岁时，在教堂举办的才艺表演上第一次公开蒙羞，现在我认识了不起的音乐家，我有些惊讶。

4/28/11

收信人：恩美

发信人：丹

亲爱的感伤者：

同样的乐曲／同样的情绪和心态，这种做法很有意思。我在播放列表中听过某些古怪的音乐，比如当代意大利音乐、法国流行乐、古巴音乐、萨蒂／米约的音乐。我喜欢古典音乐，但爵士乐听得更多。这周末我会把笔记过一遍，做一个**正在播放列表**。

提醒我跟你讲讲采访奥登的事。

刚做了牙根管治疗的

D

5/26/11

收信人：丹

发信人：恩美

好吧，我承认我可能会在城里，其实是来参加丽莎·蓝道尔[1]的派对。我答应一位我们共同的朋友结伴前往，之后乘火车到华盛顿，我将在那儿领一个奖。

但是 The Moth[2] 举办的这个活动，无关我的个人定位，纯粹是时间不合适。我知道这就是你所需的全部答案，你也肯定会理解，但等我们谈到这个社会时，我要把所有理智的和疯疯癫癫的想法都倒出来。

帕德玛讲的那种故事[3]，需要花时间才能整理出来——我有许许多多小故事，但我需要在它们的基础上创造口述故事的脉络。口述与书面不同，我全程都需要锚钩来固定脉

---

1 丽莎·蓝道尔（Lisa Randall, 1962—）：美国理论物理学家，粒子物理学和宇宙学的权威专家，也是知名女性主义者。

2 总部设在纽约的非营利组织，举办讲故事节目，每次邀请一位文学或文艺界知名人士，就相关主题现场讲一个几分钟至十几分钟的故事，主要探讨讲故事的艺术和技法。

3 此处应指美国美食畅销书作者 Padma Lakshmi 曾在 The Moth 举办的节目中讲的名为"我胳膊上的一样东西"的故事。

络。对于记忆力有问题的人而言，那就意味着在头脑中为每处转折点构建意象，外加紧凑的出入口，要知道在哪些节点变换叙事的速度、语气和遣词造句的方式。我必须了解脉络通向何处——我认为口述的故事需要宣泄口，如果我错过了宣泄口，就像在解释一个笑话。

因此，正如他们所说，完成这些事需要排练，演习，严格控制时间；而限时会对我造成压力，能要了我的命。我宁愿牺牲些写作时间来整理衣橱，也比编故事要好。编故事让我走出我的小说，它需要同样的脑力劳动。

如果我同意编故事，我得为此花上一周甚至更长时间，这会令工作时间受损，我会为自己竟同意做这种所谓的容易事而恼火。我知道，我给你的印象大概是能轻松地抖搂出许多故事。我也确实能通过电子邮件，在几分钟内发给你一个故事的零碎花絮。但当故事被公演，从而成为戏剧时，就会呈现严肃的形式，像任何短篇小说那样需要花许多时间塑造。它必须结构紧凑，组织起来不费力，自然如随性而发。故事越短，我要下的功夫就越多。当我兴之所至，谈论起某事时，我的心灵自由得多。我在大学的演讲和系列讲座是多年苦工的结果，看似是即兴完成的，浑然天成，但其实并非如此。我能脱稿演讲一个小时。

现场表演最糟的部分是：结束后，我分析思考自己的表现，为此由衷地感到恶心，因为差劲的方方面面我都想起来了。我讨厌自己的演讲被挂在 TED 网站上。我根本看不下去，真想把它从网上撤掉。

若是在几年前，你可以让我穿着小丑服装表演马戏，我也肯定会同意。过去，我经常为所有人破例，多年来总惹上麻烦，这就是我出不了书的主要原因。歌剧应该容易写吧——根本不必下功夫！结果花了五年时间才完成。我接受了数百次采访，因为他们前来恳求说，这位或那位采访者自称，除非我接受采访，否则那档节目就不做了——"你得接受采访！这可是《纽约时报》！"结果耗费了我好几年时间。后来我在 Chronicle Books 出版了一本关于制作歌剧的书。之后，有位男士为歌剧拍摄了精彩的剧照，要我写个前言。接着又来了一部与歌剧创作有关的纪录片，需要在旧金山和中国录制拍摄。

近五年里，我还做过一项"容易的"差事——《国家地理》的一篇文章，我担负主要工作。我为此去了贵州的偏远乡村，走进贫困农户在大山里的稻田。在那里，我与风水大师们一起吃神奇的吃食，帮助"被鬼魂缠身的人"。在那里，我坐在给客人的小凳子上吃一日三餐，谈论某个死于火灾的男人的"幽灵"，那场大火烧毁了五分之一的村子。我在那个村中前前后后住了大约三周。写下那篇 4000 字的文章花费了几个月时间。那段经历美好充实，我并不后悔，因为它丰富了我的生活，而我也正需要那种生活来进行创作。

不过，我还得完成一部小说。

5/26/11

    收信人：恩美

    发信人：丹

　　接连数月，我饱受各种公共活动的折磨，为演讲或短文起草了上百篇稿件。活动一结束，它们便立即湮没无闻。坦率地说，最舒坦的夜晚莫过于我在一天终了时发现自己忘了制订计划。我拖着疲惫的身子出去吃晚餐，又匆匆写下这首打油诗（完全是为了押奶油培根酱[1]的韵脚）：

角落里的就餐者

桌子在房间一角，我的桌子，52 是桌号，

除了新换的电子产品，就餐的我始终形影相吊。

只此一刻。只此一夜。倘若成名的代价当真

是不再隐逸无闻，别了！喝彩。别了！掌声。

这家餐馆就在邻里，我被迎回熟稔的旧座，

领班不在，衣着朴素的女招待，一声"欢迎回来"让

人快乐。

特色菜是黑板上用粉笔写就的寥寥数语，

---

1 原文为 "Carbonara"。

黑板倚着斑驳的墙壁。今晚有烧烤剑鱼，

还有铸铁锅里的贻贝和甘蓝配奶油培根酱。

我拥有所需的同伴——小说和近日的邮件，

愉悦的晚间消遣。独自一人，无以对白，

唯有餐盘与我，食物和酒水，

自我与灵魂的独白。坐在此处简直爽到不行，

墙角的 52 号桌，只有我和自己，互不宽恕却很清醒。

5/27/11

收信人：丹

发信人：恩美

我喜欢你的诗！我也得有一个属于自己的桌号，当我需要在精神上逃离时，就能一直想着它。上周六的法语课后，我去了渡轮大厦里一家颇受欢迎的餐馆，坐在吧台上吃了一顿越南风味的午餐。我在这里也是默默无闻的，但没有桌号。也许我是 17 号座吧。

我感觉自己大多时候都默默无闻，但在某些关键时刻却还嫌不够，比如在公共洗手间里。不过，我今晚没有默默无闻真好。我去观看伍迪·艾伦的新片。赶到放映室时，有个染了几缕红发的好事者告诉我们，尽管我们已回复请柬，但已无多余的座位。他把手朝另外四个神情失落的人一挥，说没座的可不止我们。我们刚要离开，有个女人从放

映室出来，发现我后招呼道："Amy？"她示意我稍等，随后又走进去。几分钟后，她走出来示意我进去，恰如仙境中的兔子[1]。我招呼卢过来，可是那个染了红发的家伙警告他别进去。不过，我们飞快地冲进了放映室，被引到座位上。那个家伙跑进来，说我们没有门票。接着，"兔子女士"跟他说了几句，他就走了。

因此，虽然没有 52 号桌，我也很高兴；没有剑鱼，没有高秉鱼，但甘蓝是我钟爱的食物之一。

影片妙趣横生。我左边的陌生人对我右侧的男士说他"觉得没意思"。在影片开始前，他们连珠炮似的发表影评，你一言我一语，把我夹在中间。这两人我都不认识，但我感觉左边那人是个书呆子。影片里也有个类似的书呆子，所以我认为他是不喜欢别人把他塑造成蠢货吧。

看完放映后，我买了一大袋爆米花当晚餐。

17 号座

7/3/12

    收信人：丹

    发信人：恩美

    丹，你好！

1　此处与《爱丽丝漫游仙境》中的故事情节相仿。

你真是大好人。

我常记起费思在我陷入窠臼时说的话——通常是因为故事让人没有"感觉"。我扔掉了几百页让人没感觉的差劲开篇。它们躺在车库的塑料垃圾桶里。我不忍见到,亦无法重读它们。它们就像我无法遗弃的婴儿。

我确信自己能从更理智的层面看待这次的叙事者。举例来说,这与浪漫主义有些关联——比如19世纪油画作品中的浪漫主义。在我看来,观念是至关重要的——对人物的差异,以及这种差异如何掌控他们日后的决定来说。也许,她理智(且以自我为中心)的性格使她太没同情心。然而,有些章节的确关系到她无能去爱,或至少无法表达爱,她还质疑自己是否真正被人爱过,这便是薇奥莱的疑问。

或许我告诉你的已经太多了。这样你会有偏见。

作为编辑,你或许能给我建议。你可以让我删除关于她的章节,重新写些别的。我需要的是驱逐令、摧毁房屋的龙卷风、纵火案、挚爱者被人谋杀……所有事情你都该放手却又欲罢不能,直到有人将你扶起,令你恢复如初。

xoox

A

7/6/12

收信人：恩美

发信人：丹

亲爱的 Amy Tan：

"大好人"——不尽然。我知道此书对你很重要，而成书过程中又受到生活中许多事件的影响。作为回应，我不认为你此时应重读旧素材——相关的剩余素材，你提炼过的内容，想必仍在你心里。但要如何以一种全新的、未被钝化的眼光来看待你拥有的素材呢?(我是指你的眼光。)

说到"感觉"，我不觉得你对这些人物及其处境和故事缺乏强烈的感知。有人会说，对某事的过度感知也会造成俗套。想想我们因痴迷于青涩的爱情 (无论在什么年纪) 而陷入的俗套吧。再想想塞林格对"多愁善感"的定义吧……

枯燥乏味的声音则是另一码事，多下点功夫，再加上敏感的耳朵就能解决。我乐于把耳朵借给你，我将洗耳恭听，我的耳朵惯于聆听伟大而骇人的散文和诗歌。

如果你担心理智和冷酷，我敢肯定你有办法向我们证明热度的确就在那里，让我们透过缝隙一窥那种情感，也就是说，让我们读者发现书中人物隐藏的、不想暴露的某种东西，甚至是对她自己。哎呀，我希望这听起来不算太抽象。

至于那两章，我还没读过。我现在就读，以免被继续搁置。

顺带一提，我素来不带个人倾向性，编辑小说时有些例外。

丹尼尔·哈尔彭谨上

9/23/12

收信人：恩美

发信人：丹

恩美：

附上我的批注。首先是概述，接着对章节逐个进行批注。周一你应该会收到经过文本编辑的文稿，将通过 UPS 快递到你家——如果那个包裹周一没到，务必马上通知我。我请助手用更清晰的字迹汇总了所有批注，尽管最后通读时我又用红笔进一步补充了批注。我认为标注得都很醒目。

正如我一直说的那样，我很喜欢这本书——感觉自己一连数月置身其中，以至于书中的人物成了我生活中的人，书中的风景成了我住过的地方。这部小说在许多方面都意义深远，诸多主题纵横交错——家庭、母女关系、形形色色的生活哲学、混杂交融的文化，还有围绕到达与离别的潜在主题。

这真是一部好书，我希望随附的建议能使内容成为有机的整体。

9/23/12

  收信人：丹

  发信人：恩美

此前，你发表意见太少了，只是在我停滞不前时给予我美妙的赞许，使我能够继续前进；而说到那些令我受阻的原因，你的表述比我感觉到的更加连贯和清晰。直言不讳地说，在我收到这些批注之前，我曾怀疑要使你满意是不是有点太过容易。可如今我发现，你始终在思考如何使这部小说能更好地实现其潜能。这一点待会儿再详谈。

我也很感激现在收到这些批注。因为它们不仅在丛生六年的荆棘中开辟出一条更清晰的道路，还为我如何利用时间提供了建设性的意见。在邦博死后的头两天里，我痛哭不止，睡不着也吃不下。我把用于维持生命以外的每一丁点儿水分都哭干了。我感觉我的体重已降到102磅，看起来形容枯槁。我播放邦博的录像，看遍了我为它拍的照片，可真不少。我跟谁都不说话。两天后，我终于起身下床，在卢的坚决要求下走出屋子，来到花园。那天天气很好，我种了花，又修剪掉所有的枯叶——一个显而易见的隐喻，但我这么做不是为了它的喻义。我在一只进入院子的橘猫身上寻找意义，它径直走向我，蹭蹭我来引起注意，想逗我抓挠它——就像邦博那样。在我修枝剪叶的两小时里，猫咪就陪在我身旁；当我完工时，它便倏然离去。在过去18个小时里，我都无所事事，要么在脸书上发发帖子，流着泪看邦博的录像，要么在 Netflix 视频网站上观看《唐顿庄园》的重播。

再回到批注。我由衷地赞同大部分批注、问题和建议，有些内容我不能表示同意只是因为我没能完全理解。令你感到困惑的某些话语，其实与后文的变动有关，前面还没写出来。

我完全同意叙事上存在明显的漏洞——主要包括薇奥莱的性格、肥皂剧般的跌宕情节、弱化了角色性格的刻意雕琢，还有叙事方面的遗漏之过（我删除了之前版本中的某些内容，因为它们会绕路或是将人带进死胡同）。你对"夜行书生"[1]的一条评论使我颇感有趣。我记得我对你说过，书中应该减少"性"的内容，于是我将某些情节拿掉了。可我记得你说多多益善——这使我感觉你欣赏情色描写。因此，我又将"夜行书生"加回来。顺带一提，"夜行书生"是基于对妓女从业经历的调研写成的，可以参看画册和同时期情色小说中的描绘——假使你相信的话。我有些好奇

1　夜行书生（Night Scholar）：根据小说《奇幻山谷》中的描写，妓女扮演"夜行书生"，为同性恋男客提供服务。

为何你在读 Byliner[1] 版本时没说应删掉这个角色。是否因为你尊重沃尔特作为 Byliner 出版社编辑的地位？沃尔特只是略微润色了一下——仅修订了寥寥几行。

关于佛斯莱特[2]，正如我在之前的邮件中所说，我确实认为可以删掉他的早期章节，他儿时与薇奥莱的会面也可简单、快速地嵌入薇奥莱的叙述。我早先写下这些是为了给自己营造长三书寓[3]的氛围。后来，我在薇奥莱的早期章节中更多地描写了书寓的情况，因此，佛斯莱特的章节就变得多余。但我为了好玩还保留着，我觉得你也许会发现我对一个小男孩差点开苞的想象挺有意思。

感谢你对人物的评论。过去经常困扰我的是，我倾向于将人物写得过于卡通和老套，力图写出既轻松又复杂的情节。这些也是我最近一本书的主要缺陷。在我的头脑里，故事一开始总跟原来想象的不同。我觉得，我以后就该迅速把故事讲完，将具有先天缺陷的文稿寄给你，以便在最初阶段就能得到你的反馈意见，避免在泥淖中艰难行进，越陷越深。你认为叙事更顺畅的章节都是我迅速写就的——几乎是倚马可待。

1　Byliner 是美国一家专门从事电子书出版发行的机构，出版内容包括虚构和非虚构文学读物，每篇长度一般比杂志上刊登的文章长，比单本发行的书短。谭恩美的小说《清倌人守则》（*Rules for Virgins*）于 2011 年发表在 Byliner 上，后来构成其长篇小说《奇幻山谷》（*The Valley of Amazement*，2013）第四章的主体部分。

2　《奇幻山谷》最终出版时没有"佛斯莱特"这个人物。

3　旧上海的高级妓院。

　　我现在的计划是，首先要新买一台打印机。我感觉自己害怕看到写完的文稿，逃避的借口就是我的打印机坏了。我敢说自己精于逃避之道。邦博临死时我就在逃避现实，尽管我知道问题已很严重。我不肯正视那种可能性，却又心知肚明。逃避和无知是有区别的。

　　第二点将与第一点同步进行，那就是重读小说——啊呜！——这样我就能带着更清晰的理解和视角重温你的批注，而不是雾里看花上百次。

　　第三，我将借助你的批注整理出一条新的叙事脉络，说明哪些问题能以这样或那样的方式来解答。当然，这就会出现平行的人物发展和背景，无论是历史演变、环境，还是社会规范，例如：人们对混血儿的看法。我想摆脱结构松散的感觉，因为松散的结构缺乏叙事吸引力。

　　我记得以前提到过，我卡在了关于路路的那章。我写得太生硬了，而且她极不讨喜。如果你认为现在的她不可爱，那你真该看看过去的她，那时她简直令人厌恶，恨不得彻底删掉。也许让她休养一阵，我便能再次看清她，明白如何能使她的性格更可爱。然而，她在我心里根深蒂固就是那种性格，我可能会发现要改造她其实很难。描写她得知薇奥莱还活着时的反应大概能起点作用。失去邦博虽然让我难过，但也发人深省——倘若我得知它起死回生，我会有什么样的感受？

　　不知我是否告诉过你我创作这部小说的动机，还有我真正想达到的效果：我强烈感到自己需要了解上几代女性对我性格的影响。我传承了母亲的哪些方面？这个问题比较容易回答。但我也很好奇，想更多地了解外婆，她的天性、个性，以及对待机遇和逆境的态度——这些被传承下来，再想想我们所处的境况有多大差别。我认为，一些点滴细节被掩盖了，母亲从未发觉。她有照片，但她只把它们视为她母亲的照片而已，此外再无其他。她认定母亲遭人强奸，但在那个年代，寡妇情愿再嫁就等于掘她亡夫的坟墓，因此这会不会是必须杜撰的故事呢？我有证据表明，外婆在家中颇具影响力。

这些就是我最初的反应和惯常的题外话。

我敢肯定，以后还有更多要说。

再次感激不尽！

A

9/28/12

收信人：恩美

发信人：丹

恩美，你好！

抱歉这次回复迟了。正如我昨天所说，我想琢磨一下你的回信。那么——首先，赶紧恢复饮食吧。只有你超过110磅，我们才能见面。我指的可不是在哈勒姆区。我希望你继续和橘猫保持联系……

　　你信里的所有内容都合情合理——对许多不太重要的问题给出了很好的回应。至于你不理解的那些内容，欢迎随时把问题用邮件发给我。等你来了，我们可以当面讨论。既然你那么说，我猜某些地方让人费解，是由于书中后来的变动没有体现在前面的章节里。

　　在我看来，薇奥莱的性格是最重要的问题，因为这本书是她的故事，她还需变得更加生动饱满。她经常模糊不清，甘愿随波逐流。与她的母亲不同，她似乎不明白自己想要什么，这导致其动机不明。当故事的主导叙事变得更突出、更清晰时，情节的反复自会消失。那种反复的确会减损创作的效果，分散各种原本壮观的场景描述。

　　我将重读"夜行书生"出现的段落。我觉得应该保留，只是不要太多。我同意删除关于佛斯莱特的章节。

　　你说自己倾向于将人物写得"卡通和老套"，这就怪了，因为大部分时候他们都远非如此！是不是过度修改有一种刨平效果，抹去了人物个性的棱角呢？不管怎么说，你已经意识到了。也许就像你说的，你应该更信任初稿。不必一蹴而就，但亦无需踯躅过虑。

　　你的计划：

　　1、新买打印机！我可以划出一部分阶段性稿酬给你。我明白你所谓的"逃避"，但正如阿里所说，你可以逃跑，但是躲不过去。[1]

2、在我看来，你用新买的惠普打印机打出清晰的文稿后，最好立刻通读。通读过程中你自己做些批注，或是边看文稿边读编者批注。我不确定哪种方法效果更好。

3、我喜欢这个主意：整理出一条新的叙事脉络。拥有确保你不偏离正轨的框架，似乎是井然有序推进工作的最清晰方式。这样做势必对人物发展和背景材料（历史的、社会的、种族的等等）有所帮助。远离任何类似松散片段或插曲的内容，许多方面会因此改善，强有力的叙事吸引力将明显有所助益。

我想指出一件事，这相对复杂。既然书已写完，我怀疑"强烈感到自己需要了解上几代女性对我性格的影响"对你是否仍有益。不论那方面的素材是否真的提供了支撑此书的叙事鹰架，如今既然书已写成，外部支撑架也该摒弃了。你写成的书和你希望写成的书——真实地讲述我正在寻找的渐变关系、矛盾心理，以及我固守不放的家族神话，我于其中灵光一现、喜出望外地悟出自己是谁——这两者是否可能存在差异？或者说，在我看来似乎如此。

欢迎随时发给我你的"快剑"，只是别刺向心脏。

丹

---

1 原文中，此处应指"拳王"阿里（Ali）说的话，但经译者查证，此话是美国拳击手 Joe Louis 在挑战 Billy Conn 前接受采访时说的。

9/28/12

　　收信人：丹

　　发信人：恩美

　　好极了。你的答复足以让我探究如何从整体上进行修改。人物要更有分量，但不同人物所占篇幅不必相等。

　　不要将个人的知晓需要作为小说的推动力——这的确堪称洞见。我觉得这种需求使薇奥莱具备了两种动机，而非一种明确的动机，结果导致她的动机模糊不清。即便要删掉，我也仍对身份问题感兴趣，当然，这也会引发关于身份的个人疑问：我们所说的身份是什么，环境和出身决定的是什么，什么是可以改变的，突然的变故如何影响我们，我们最终如何看待世事的发展方式或规律。信念如何影响我们为人处事，信念是否可以改变，什么是构成信念的基础，什么是无法改变的，由社会强加的双重身份如何影响个人对自我的认知。这些是心理层面的问题，情感层面的问题则变为指南针，它们诚实却不可靠，具有自我毁灭的力量。年龄如何影响我们的所有欲念？我们会在哪些方面妥协、接受或放弃，在什么事情上虽知不会有实际结果，却仍念念不忘、孜孜以求？

10/2/12

　　收信人：丹

　　发信人：恩美

　　补充：并非杂言碎语——我不停地追问自己，究竟为何要写一部如此臃肿冗长的书。页数太多了，我觉得打印机打的甚至比我写的还多。而且，版面格式还不一致——没有行间距，页面底部空白较多。我想要调整格式，但还是放弃了。

　　让薇奥莱及早知道她父亲的事，果然让故事改进许多：她起初认为父亲是白人，已经去世了。之后我更早地令她得知他是中国人，而且还活着。但我也在努力控制新素材，新写的不能多过我删除的。整部书简直像是中国的战乱史。

　　这次修改时最愉快的部分就是删除整章整节。如此容易。我删除它们时颇有成就感。只消敲一下键盘，按一下删除键。

　　噢，有件事我本该问你，可从没问过：你想让我在带标注的底稿上注明我改的内容吗？我已开始那样做，却又不可行。那样的话，我就得写下新增的句子，以替代被删除的整段文字。请别告诉我你需要我这么做。带标注的底稿简直是一团乱：满是我字迹潦草的批注，还有一长条、一长条的删除线。

10/2/12

　　收信人：恩美

　　发信人：丹

　　哇，我想真是这么回事……我稍后会看看手头的书稿，我这儿还真有一些呢。但我想尽快答复你关于底稿的疑问。我认为最好不要担心纸质底稿，只要提交一份清晰的即可，以便我从头至尾重新读一遍。我不用看你的修改记录，读的时候我能觉察到它们。

1/17/13

　　收信人：丹

　　发信人：恩美

　　母亲、弟弟和我从西班牙乘船去了丹吉尔[1]。这个城市的水源相当充沛，可我记得它也有沙漠地带。为了吸引游客，该市进口了一些沙子、一头骆驼、一匹昏昏欲睡的驴子和几条眼镜蛇，假造了一个露天市场，让我们这些游客“在沙漠中讨价还价”。

　　你能信吗？我妈真的让某个陌生人将眼镜蛇缠在我脖

1　摩洛哥北部港市。

子上。她信任那个家伙，因为他站在沙地上，这就意味着他可靠，知道自己在干什么。我没准会被咬死。再说，我也可能从骆驼上掉下来，造成终身瘫痪。我大概会像斯蒂芬·霍金那样口述我包罗万象的理论，关乎意识清醒状态下的痛苦与不幸。

更糟的是，那头驴子有可能把我的脸当成橄榄球，踢进一个三分球。那样的话，我就会描写瘫痪的状态和一张别人不忍看的脸。我将再也离不开精神科病房，并且由于整天不能做别的事，粗制滥造100本关于自己的恐怖小说。你不会愿意出版其中的任何一本——不会有人想读没完没了的自怨自艾。我的确会在清醒的每分钟里都怜伤自己，因为我的生活有可能毫无幸福可言，我有可能自17岁起就被永久收入精神病科，也不会去读大学，那么我就无法在女子联谊会举办的谷仓舞会[1]上邂逅卢。这一切都是因为母亲和我相信丹吉尔是一片沙漠，而所谓的"沙漠"其实只是几桶沙和几条蛇，还有迷惑了母亲的吹笛人。

1/17/13

收信人：恩美

发信人：丹

---

1 谷仓舞会：因旧时农民们在谷仓等场所举办舞会而得名，以传统的民间音乐为舞曲，是家庭和社区的欢庆形式之一，后来在更多场所举办，也受到许多年轻人的青睐。

丹吉尔的沙子听着像鲍尔斯[1]的故事……不过，丹吉尔并没有沙漠。

2/13/13

　　收信人：丹

　　发信人：恩美

　　关于芙洛拉的性格：我和一位心理医生讨论过（区别在于：不是我的心理医生——我没有那种按小时付费的心理医生）——好吧，也就是说我和诸多心理医生朋友中的一位讨论过，内容是关于三岁半的孩子痛苦地与母亲分离。由于这一创伤，孩子的心理上会有什么样的长期表现呢? 答案是：糟糕。非常糟糕。即使妈妈只是离开一周去了夏威夷，孩子在某段时间里也会表现出焦虑、猜疑和坐便盆方面的退步。一周???但眼下的问题可不是一周，而是十分粗暴的遗弃! 如果突然间被迫永别，又被丢给极其可恶的人，后果如何呢? 芙洛拉真是可怜的姑娘。那时还没有自杀咨询热线，对吧? 只能去找牧师、拉比、村中的长老和萨满教巫师之类的人。

　　我尚未决定她的现实危机：是自杀、堕胎，还是其他的毁灭方式。我一开始为何没意识到这一点呢? 猛拍下脑

---

1 保罗·鲍尔斯（Paul Bowles，1910—1999）：美国小说家、作曲家、旅行家、编剧、演员，作品有《情陷撒哈拉》等。

门。我在某个层面想到了，却忘了我内心深处的一大块内容：我的母亲九岁时失去了她的母亲，眼看她在蓄意吞食过量鸦片后死去。这件事对她的终身影响是无法摆脱的困扰、持久的焦虑、遗憾、愤恨与不合情理的期望，这些也都让我吃了苦头。母亲不是个无忧无虑的人。她一生直至晚年都有自杀倾向。她在风烛残年时精神错乱，突然变得快乐无忧。芙洛拉可不是快乐的孩子。

我还有个顾虑：新增的文稿有多页，我不知你在通读之后是否会认为需要更多的修改。我担心也没用。这更多地关系到你如何安排时间，不由我安排。你也许会觉得新内容无聊乏味，或是过于简略。最起码，我认为这比你找找哪里需要进行文本编辑更费心。比起修改前，我自己对现在这几页满意多了。不过你呢？

2/13/13

收信人：丹

发信人：恩美

丹——你爸妈离开你去拉斯维加斯，对你造成伤害，而你成了编辑和诗人。你怎么会看不出其中的因果关系呢？大多数人或许不会察觉，父母去一趟拉斯维加斯对年幼的孩子产生的影响。短期内需要有人多搂抱他/她（焦虑）。当月第二次离开：尿床，但不会持续一辈子。第三次：诗人深恐有朝一日终将死去，在电梯里也是如此。我敢肯定，如果你的父母就待在家里，跟你一起看《埃德·沙利文秀》，你将会成为快乐的汽车修理师。列侬姐妹[1]，耶！在清仓甩卖时，你会很现实地将碰巧看到的棺材买下来。为将来做好储备！

我本该说明，自己抛出的那些问题只是我弹球式思维的例证——在我脑子里飞来飞去的就是这种玩意。我击中一个弹球，它按照不同角度飞滚，之后我又击中它。就这样没完没了。因此，在你看的那一版里，根本没提1926年的薇奥莱和密涅瓦，现在的版本里有。佛斯莱特在其中发挥了作用。但我很高兴你认为那样写好，流产体现了戏剧性，芙洛拉记起来了，还找到了那封信。

其他想法：我有一种感觉，与某些读者想看到的小说结局不同，现实生活中的人不会学习怎样才能不自私自利，但或许在一闪念间会清醒地意识到自己是自私的，又或许会可悲地变得更不自知。你如何治愈某人的自私呢？把他送到特丽莎修女学校去？自私心理涉及某些很深层的东西。它和爱洁净不同。因此，密涅瓦想知道如何让自己变成另一个人，却无能为力。还有陆成，他似乎在做正确的事，可其实从来都不是。但这也留给我一个问题：芙洛拉与薇奥莱相处时／相处后，在意识、举止与行动方面有多少改变？

---

1 列侬姐妹：美国著名声乐团体，最初由一个家庭中的四姐妹组成。

　　你喜欢这本小说里的惠特曼的《动荡的岁月》[1]，我可真开心。这本书里的一切，都在探讨"你是谁"的问题。

　　动荡的岁月急卷着我不知去往何处，

　　你们的图谋、权术失败了，路线垮了，实质的东西在嘲弄我，使我迷惑，

　　只剩下我歌唱的主题，牢牢据守的伟大灵魂才不躲不闪，

　　"自我"永远都不能垮——那是最终的实质——

　　一切之中唯有它确定无疑，

　　在政治、胜利、战斗、生活中，最后终能留下什么？

　　一切场面上的东西都粉碎时，

　　除了"自我"还有什么确定无疑？

　　薇奥莱[2]自幼便形成一种"理论"。我不知你会不会觉得这是老生常谈，但她称之为"纯粹的自我"，决意不因别人认为哪样更好而改变自己，她很精明地把握时机，宣布她是为了学琴才截掉多余的六指，大家都在议论此事，以弹钢琴为由真是最好的回答。她时而认为别人会使她平庸无奇，或是——没准更糟；时而认为她已然平庸无奇，因此别

1　此诗主要参照《奇幻山谷》（外语教学与研究出版社，2017年10月）中的译文，并在此基础上有所调整。

2　根据后文判断，此人应为《奇幻山谷》中的"路路"，大概作者写信时的书稿内容与实际出版时不同。

人才想改造她。无论如何，她都一心想"成为纯粹的自我"。

你认为孩子长到几岁会有那种感觉？你有过那种感觉吗？我想到这一点是不是有点儿怪诞？还是你的父母更甚——"无论你想怎样，丹尼[1]！就做你自己！"没人让我成为我想做的那种人。

那么，我们究竟改变了什么呢？

___

2/13/13

收信人：丹

发信人：恩美

你所谓"劳伦斯[2]式"是何意？差劲？粗鄙？过火？还是，"噢，请呗"？过多心理上的自我关注？我16岁时在《儿子与情人》中读到的那个场景——有米丽娅姆（她是叫这个名字吗）——是什么来着？我记得这对情人站在篱笆旁边，酝酿着两性间的紧张与躁动。就是这样。是我吸收得太多以至于如今变得过于"劳伦斯式"？是不是有太多内省式的性冲动、狂热的自新和"混蛋，妈妈"？在过去25年里，作家小组的成员和莫莉一直对我说，我写不出得体的性爱场景——我确实没写过。又或许我写过一次，后来有

___

1　丹尼尔•哈尔彭的另一昵称。
2　此处指 D.H. 劳伦斯，20 世纪英国小说家、批评家、诗人、画家，代表作有《儿子与情人》《虹》《恋爱中的女人》《查泰莱夫人的情人》等。

人说我写得不好。现在，我确实在琢磨要怎样才能写一篇不那么差的。我认为，真实的性爱场景中会不断重复这两句话："感觉真爽"和"别停下"，外加一些不正经的感叹语，可能还有叙述性的评论，认为他或她并没有真的在思考存在层面上不同寻常的事或精神上超然物外的事。其实，只有当性爱表现不佳时，人才会内省，内心的想法可能包括："这简直是大错特错"，或是"这家伙根本不知道他在干什么"，又或是"这条狗干吗汪汪？"。事后或许会出现顾左右而言他的评论，或是给死党写信剖析："太逊了，路数也不对"，或是"他绝对不可多得"。

2/13/13

收信人：丹

发信人：恩美

没关系。我删了。那段很差劲。

2/13/13

收信人：恩美

发信人：丹

我喜欢惠特曼，今天在回家路上还谈论他呢。一边是惠特曼，一边是狄金森——其他所有诗歌都介乎二者之间，除了史蒂文斯、叶芝和艾略特。

最小的嫩芽表明，死亡其实并不存在，
即使真有过死亡，它也是在引导生命前行，而不是
在生命的尽头等着将其终止，
一旦新生萌发，死亡就将结束。

一切都向前、向外延伸，没有什么会崩塌，
死去不像任何人想象的那样，
它更幸运[1]。

2/13/13

　　收信人：恩美

　　发信人：丹

　　我正在读这首诗，令我忧伤的是，它是那般真实。

　　蝴蝶中的一只

　　W.S. 默温

　　快乐的恼人之处在于时机

1　选自惠特曼诗作《自己之歌》中的第六节。

307

它能毫无预兆地不期而至

在我意识到它之前又倏然消失

它能站在我面前却不被认出

而我的思绪正徘徊在另一个时代

另一个地方，或是某个人那儿

——多年不见且此生不复再见，似乎

直到现在我才珍惜过去未曾留意的欢乐

尽管它始终够不着、捉不住

既无以名状，又无法唤回

而倘若我能随心所欲地使其逗留

它又将会化为痛苦。

3/3/13

收信人：恩美

发信人：丹

那天晚上，他记住了我身上的地形：我四肢不断变化的周长，两个挚爱的点点之间的距离，低洼，酒窝和曲线，我们两颗心紧密相偎的深度。我们一次次结合，分开，结合，又分开，这样便可享受深深凝视对方双眸的快乐，之后再度陷入彼此。我陷在他的身躯里睡着了，他则用双臂裹住我。平生第一次，我感到自己真正被人爱。

半夜里，我感到身后传来一阵颤抖，接着又传来三次轻微的颤动。我转过身，发现他正在哭。

"我好怕失去你。"他说。

"你为什么现在会怕这个？"我轻抚他的额头，吻了他一下。

"我希望我们深爱对方，心灵被饱满的爱情撑得发痛。"

3/3/13

收信人：恩美

发信人：丹

这是谁写的？

3/3/13

收信人：丹

发信人：恩美

一个字也不能改。

3/3/13

　　收信人：恩美

　　发信人：丹

　　对，不能改。

3/3/13

　　收信人：丹

　　发信人：恩美

　　哈哈，没错，是我写的。我曾一度考虑删掉。很高兴你喜欢。

3/3/13

　　收信人：恩美

　　发信人：丹

　　这段情节很美。你为何要删？我当然知道是你写的——它在你的书里，是另一个谭恩美写的书。

3/3/13

　　收信人：丹

　　发信人：恩美

　　我读自己写的东西，过段时间，就分辨不出好坏了。那一段情节曾经在我看来有些老套，可我却保留了真正老套的其他内容。直到我把它搁下一阵之后，才发觉这一点。那时，我留下的内容真让我目瞪口呆。

4/30/13

　　收信人：恩美

　　发信人：丹

　　我知道，（如果早谋面）我应该会喜欢您的母亲。

　　书从来都写不完，只是作者抛弃了它们。迫不及待想要庆贺啦！！！

4/30/13

　　收信人：丹

　　发信人：恩美

　　书从来都写不完，只是出版商突然从你手中把它们给抢走了。

6/20/13

收信人：丹

发信人：恩美

除了感谢我还能说什么呢？我向 Ecco 出版团队的诸神跪地谢恩。我虽是作家，可除了陈词滥调之外竟无以言表。我喜不自禁——不胜感激，激动不已。我感觉极佳，备受支持。跟对了团队使我增强信心。我爱 Ecco 的全体成员。他们满腔热情，精明能干。所以——再出两本书吧。这次，我们会非常愉快。关于媒体发布活动，如果你愿意，我们可以预告小说的题目是《欲望的回忆》。非虚构类的作品？《故事背后的故事》怎么样？

或者，《亲爱的丹》如何？

第十一章　英文书信

　　母亲的英文写作技能与她的口语能力相近，但在我的成长过程中，这不算什么大问题，因为父亲会处理需用英文书写的任何事务，从为他们的移民身份问题致函司法部，到每年圣诞节自我吹嘘的书信。

　　但在父亲因长了脑瘤而无法写字以后，我就成了母亲的秘书，第一份差事是给寄来鲜花或吊唁信的人写感谢信。那时我十五岁，对家里出的事感到既愤懑又惊恐，最不想做的就是感谢别人的吊唁和慰问。为了完成这项差事，我不得不一边听母亲口授，一边在脑子里进行大幅度的修改，然后才能将她想表达的大意落在纸面上。对她而言幸运，对我而言却不幸的是，我们的笔体风格几乎完全相同，仿佛我遗传了她的倾斜字体，遗传了她写大写字母的方式，写字母 t 上那一横的笔法，还有写 n 和 m 时的隆起。我只需稍加练习，帮她签名时就能以假乱真。在写感谢信时，我用的是殡仪馆提供的信笺，开头是："我们真诚地感谢您的慰问"——被预印成固定形式的"真诚"，显得毫不真诚——这就是我十几岁时愤世嫉俗的观点。我们坐在餐桌旁，桌上放着一堆信。我们每次拆开一封，就由我高声念信。当信中提到关于父亲或哥哥的美好回忆时，母亲就会潸然泪下。那对我是一种折磨，我只得竭力掩藏情绪。然而，母亲却欢迎各种让自己悲恸的新理由。之后我会写回信，开头通常是：我们感谢您表达慰问并出席葬礼。随后，我再附上一些内容，母亲认为这样会使每封信带有个性化色彩：我将始终感激您细心周到地建议恩美在这段困难时期如何帮助我。或是，我们感谢您送来美味可口的砂锅菜。又或是，您对我儿子的美好回忆温暖了我的心。我觉得写下这些一本正经却毫无感情的文字令人极为痛苦，仿佛猛击在瘀伤上，好让它一直瘀青下去。后来，我还得写长信，给银行和许多其他地方，通告父亲的死讯。在父亲去世后不久，母亲突然发现了一块通灵板[1]，那是学校里的朋友带来的，想预知我们将来的结婚对象是谁这一重大问题——我未来的丈夫是一个住在西弗吉尼亚州的名叫加福克的陌生男人。父亲在世时将使用通灵板视为渎神，认为这无异于在对魔鬼讲话。然而，母亲却把它当作某种速记工具，用它记录和传递与天堂的通信。她早已感到我拥有与鬼魂交谈的隐秘能力，认为我应当运用这种才能和通灵板，跟父亲与哥哥彼得交流。她说起此事时，我记得当时我胃里泛起一阵恶心。问问丈夫的姓名只是开个玩笑。可对母亲而言，通灵意味着与家人重聚。以前她也向神灵求助过几次，希望治愈我的父兄——一位风水大师走遍房子和后院，判断与自然不合宜之处；两个女人和母亲坐在沙发上，伸着舌头发出持续、含糊的声音。我的处境和那时一样，我无法表露自己的真实感受：在她日渐增多的古怪念头之外，又平添了混杂在一起的无助

1　通灵板：流行于欧美的一种占卜用具，可能起源于古代巫术。它是一种平面木板，上面标有字母（或文字）、数字及其他一些符号，使用者希望借助这些与鬼魂对话。

与愤懑。她的头脑已有些失常，而且愈演愈烈。任何反对她的意见要么使她哭得更久，要么令她大发雷霆，以为我在暗示她很愚蠢。她会说，也许她的确愚蠢，没能觉察到诅咒的征兆，否则她本可保护父亲和彼得，甚至保护在她九岁时去世的母亲。每个错失的机会都成了遗恨，她能历数许多。自那时起，我就对自己发誓永远都别后悔。

那天晚上，我们将通灵板放在餐厅的桌子上，把我们的手指分别放在塑料心形乩板两侧，乩板上透明的圆眼滑过字母表上的一个个字母。当滑动戛然停止时，板眼儿里的金属针指向一个字母，我们就把它记下来。最初的几个答案来得很快。开始时她问："你们想我吗？你们还爱我吗？"我知道自己能给她的答案只有一个，所以坚定地将乩板推到"是"。她的反应是泪如泉涌，不住地宣告她也爱他们。最后，她向父亲和哥哥咨询今后要如何度日。开个中餐馆？我代表沉默的父亲"响亮地"回答：不行。在波特兰开一家纪念品商店？不行。搬到台湾去，让约翰和恩美学会怎样才能更像中国人？我回答：不行。在我们把其他许多想法试过一遍之后——从我的角度来看都不合意——她询问应该投资 IBM 还是美国钢铁公司的股票。那时，我已开始随意行使权力。我不记得自己的回答，但无论答案是什么，她都听从了。我很欣慰地报告诸位，我们没有蒙受经济损失。事实上，身为寡妇的她到临终时已积累了数目可观的证券资产。

几个月后，母亲和三个寡妇成了朋友，她们在许多情况下都会使用通灵板，得到的答案比我给的好多了，有一次它表明父亲对我找的男友感到失望；另一次是我男友的父亲——千真万确是用德语——宣布他对儿子感到失望。

倘若我没开始创作小说的话，我为鬼魂代笔的规定任务将就此结束。母亲认定我写的许多故事是外婆向我口授的。

前几日，我在倒腾一箱文件时，发现了母亲写的一点东西——她写的简略食谱，当时有人建议她为我的小说《灶君娘娘》写续集，而她也感觉这部书几乎就是她的真实故事。她将把自己的书命名为《灶君娘娘的食谱》。她的确是出色的厨师，却无法将她的烹饪知识整理成精确的食材用量和清晰的步骤说明。她的说明更像随意罗列的不带用量的原料清单。她凭直觉做菜。她常对赞美她厨艺的人说："菜谱就在我的鼻子里。"她用嗅觉来判定原料搭配是否合宜，味道够不够咸。她的眼睛、舌头和手指能判断火候是否到家。在她看来，再过二十秒钟，鱼肉就会从鲜嫩多汁变得焦煳干硬。我吃着她做的饭菜长大，能以精到的品位和眼光鉴赏上海菜——厚薄长短，肉或菜切得如何；菜品是泛着恰到好处的油光，还是泡在厚重的油汤里，令人恶心。跟她一起下厨让人压力倍增。她是完美主义者，加之采购、准备、烹饪、上菜和清理所需的精力，我就没动力学做饭了。我偶尔真要下厨时就即兴发挥，但结果总是不尽如人意。

但如今，在母亲去世近二十年后，我手头竟有她关于煮馄饨的亲笔说明，是我在一箱文件和书信中找到的。食谱里有煮馄饨的步骤，但没有包馄饨的方法——既无原料清单，也没有提示怎样用方形薄面皮裹馅。她写的内容恰如她讲的话，令我想起她的模样，当时她正向我讲解面对一堆生馄饨和一锅热气腾腾的沸水时要怎么做。那些文字说明让我想起她为何让我写下她的口授内容。

How to cook wonton.

1. put a half pot of water to boil put salt in it.

2. put Won Ton into boil water

3. right way to stir them not let them stick to bottom

4. wait to see water boil again, stir the wonton and put a cup of or ½ cold water into the boiling water so the wonton start to boil again. then 2 cold water again total 3 times. wait 2 minutes *3 then to see if satisfy you.

1991 年：母亲煮馄饨的食谱

怎样煮馄饨

1、煮半锅开水，放盐。

2、将馄饨放入开水。

3、马上搅拌，别让它们粘锅。

4、等水再开，搅拌馄饨，在沸水中加一杯或半杯凉水，再将馄饨煮开。之后再加凉水，总共3次。等2—3分钟后，看看煮好没有。

在装着馄饨食谱的箱子里，我还找到了母亲的信。有半打是用英文写的，大多写在薄纸上，以确保四页的航空信不超重。有几封写在航空邮简上，比如她在1968年寄给一位故交的信，发信地是瑞士的蒙特勒。那时，母亲、弟弟约翰和我在辗转于美国和欧洲以后，终于安顿下来，而我们漫游的部分原因是想逃避我的父兄去世带来的悲痛。我觉得她用英文写这封信很怪，因为她十几岁时就认识那位朋友，而且她们都讲上海话。信的开头是地道的英文，这让我觉得信是她口授给我的。笔迹也可能是我的。

我们在日内瓦过了圣诞节，受到约翰以前的教授及其夫人的邀请，在他们的公寓共进晚餐。这次节庆颇令人伤感，今后的生活也再不会与过去一样了。

她添加了某人的中文名，之后的内容字迹较轻。那是她的笔迹。尽管不时出现错误，但句子大多合乎语法，给我的感觉是她错误地誊写了我在另一张纸上写的话。之后的句子中出现了大量错误，显然她没再让我帮忙。最末一段是她的口吻，鉴于它的主题内容，显然不是我帮她写的。

抚养孩子真叫人头疼，几乎使生活变得毫无意义、漫无目的。闲话专栏是这么说的：自从我认识她以来，她从不会忘了说，"我觉得自己身体不够强健，这里难受，那里也难受。现在她写文章也跟说话时一样。最关键的是，她说话从不算数"。

我很惊讶，她竟然知道如何运用现在完成时：自从我认识她以来 (ever since I've known her)。肯定有哪位老师向她传授了这一点。其实，在她使用的所有时态中，最常用对的是现在完成时和过去完成时，大概是她在某个英语语法提高班上学的。现在完成时可用来表述你去过哪儿。我去过佛罗里达。我去过纽约。我去过瑞士。过去完成时可用于表述你精神错乱之前刚刚发生的事情：他俩都已死了 (They had both died)。过去完成时也可用于表达最终被证实有误的设想或臆断：我曾经认为换个环境也许对我们有好处，却忽略了选定我们应该换到什么样的环境里 (I had thought a change of scenery might do us good. I had neglected to choose the scenery we should change to)。

　　母亲换了好几次环境。她的第一次选择是受到一罐"老荷兰"清洁剂的启发，她每晚都用它清洗厨房的水槽。罐子标牌上的荷兰小姑娘以前也启发过她，其结果是我一年级时穿着讨厌的服装过了万圣节。现在，她还会帮我们设定生活的新航向。"荷兰很干净，"一天晚上，母亲向我们姐弟俩宣布，"我们要搬到荷兰去。"如果母亲借助通灵板问父亲，这个冲动的想法是否合适，我将毫不犹豫地回答：没错，这是你一直以来最好的主意。但我也明白，搬到我们没一个熟人的国家的确有点疯狂。母亲却自有道理：我们很少真正出去度假。我们只会努力工作，也许这就是父亲和哥哥得病的原因。她暗示说我们应该去见见世面，否则一切都太迟了——意思就是，在我们都死于诅咒以前去。亲戚朋友建议她多等一等再做如此重大的决定。她将别人的关心视为对她才智的侮辱。母亲得到的反对意见越多，就越对自己的选择坚定不移。他们没法说服她，于是承认换个环境没准对她有好处，但她如果感到孤独就该回来。他们还让她带回纪念品。到 1968 年 6 月，即父亲去世四个月后，母亲已变卖房屋、汽车和大部分家具——却留下了钢琴，她把琴寄存在亲戚家。

　　母亲铺开从汽车协会免费领取的地图，向我们展示她的宏伟计划。她为我们每人买了周游世界的机票，每张 700 美元，优惠价。她已为我们预订火车票和船票，甚至考虑过搭乘直升机。她将手指放在地图上，把未来一年将抵达的一系列目的地指给我们看。7 月，我们踏上旅程，这是约翰和我第一次离开加利福尼亚。我们第一次坐飞机——飞往佛罗里达，住在我姑奶奶和姑爷爷家。由于这趟航班几乎没什么人，所以我们坐在头等舱，还从机头游荡到机尾，透过不同的舷窗向外眺望，观赏下面不断变换的风景和城市。在佛罗里达，我们写明信片说我们与海牛一起游泳，还将手指浸在庞塞·德莱昂的不老泉[1]里。姑爷爷用他的网帮我们捕获了五十多只软壳蟹。姑奶奶将它们活活煮了，这一令人痛苦的景象让我无法下咽。我还写道，我们几度死里逃生，因为姑奶奶开车太惊险了；她转头跟我们说话，结果差点儿冲出路面，或是迎头撞上对面驶来的车辆。在华盛顿，我们寄了印有白宫、林肯纪念堂、史密森学会和弗农山庄的明信片。在纽约，我们又寄了火箭女郎、帝国大厦和自由女神像的明信片。我们夸口说碰巧看到雪莉·麦克雷恩[2]在洛克菲勒中心绕着喷泉翩翩起舞，当时正在拍摄电影《生命的旋律》。这就是纽约。你差不多什么都能看到。我在写给高中同学的信中

1　关于不老泉的传说很多，一种说法认为西班牙探险家胡安·庞塞·德莱昂为找寻传说中的不老泉，于 1513 年抵达美洲大陆（相传具体位置在今美国佛罗里达）。从此，不老泉就与佛罗里达产生了联系。现佛罗里达州东北部港口城市圣奥古斯丁有不老泉考古公园，游客通常会在游览此公园时，饮用传说中的泉水。

2　雪莉·麦克雷恩（Shirley MacLaine, 1934— ）：美国女演员，凭借《母女情深》获得奥斯卡最佳女主角奖。

说，我看见一个身穿商务套装的男人被出租车撞死以后，倒在水沟里，他的四肢扭成不可思议的角度。我说，根本没人管他。这就是纽约。

我们从纽约登上鹿特丹号邮轮，起航前往传说中的洁净之地。每晚我们都身穿最好的衣服，坐在铺着白桌布的餐桌边。招待我们的是三名身着白色燕尾服的英俊年轻男子。令我异常兴奋的是，他们当着母亲的面厚颜无耻地与我打情骂俏，每个人都自称我让他心碎。上高中时，从没有男孩跟我调笑，我也没伤过谁的心。有天晚上，我跟其中一个侍者秘密约会，他叫塞基，比我大十岁。我们打破禁令，共享了一个带尼古丁味儿的浪漫香吻。那时的标准很低。我给老家的密友写信，添油加醋地描述了这段经历。他担着可能被炒鱿鱼的风险呀。我们家只剩下三口人，凡是能使我们忘记悲剧的新事物，我们都欣然接受。我改换了身份，变得魅力四射。我佯装对从法式菜单上点三道菜的程序很熟悉。有一次，当银色的餐盘盖被揭开时，我看到一块可怕的生物组织，呈直角扇形。脑髓[1]。哥哥的。父亲的。侍者友善地微笑着。为了保持新装出的老成世故的外表，我假装那道菜确实令我垂涎三尺。我见多识广，有许多类似的经验。母亲与陌生人碰面时颇有诀窍，能直截了当地向他们咨询欧洲有什么地方值得一去。有天晚上，我听一个头发油亮、满口坏牙的瑞士裔德国推销员说，他愿意带我们游览他那面积不大却很迷人的家乡。为了能更吸引我们，他用约德尔调[2]唱起了歌。十八个月以来，母亲

---

1 这大概是法式菜系中的一道特色菜——牛脑髓，在法国以外的其他欧洲国家也常见。

2 源自瑞士阿尔卑斯山区的特殊唱腔，特点是自然声和假声快速交替。

第一次面露喜色。

我们在公海上度过了精彩迷人的一周，之后在鹿特丹登陆，我们眼中的景色确实焕然一新。弟弟和我很快发现，母亲对登岸后的生活竟毫无准备。她不知道我们要住在何处，更不消说弟弟和我要去哪儿上学。及时行乐的心态把我们引领到一家干净的廉价旅馆。由于我们读不懂荷兰语菜单，担心点到脑髓之类的东西，所以就吃能在自动售货机里看清的当地菜。我们还在一系列所谓的中餐馆里吃过饭，可在母亲看来，它们都难吃极了，根本不是中餐，而是印尼菜。我们发现在鹿特丹租不到带家具的公寓，于是搬到乌德勒支，待在基督教青年会，那里的工作人员会讲英语。从那里，约翰和我搭乘一个半小时的火车加汽车，去最近的英语学校上学。学校在韦尔克霍芬一座风景如画的城堡里，那里有马厩，甚至有吊桥，还有天鹅在护城河里游弋。我觉得这所学校棒极了，很快凭借天鹅写生画赢得了大家的好感。

我们住在一个吝啬的女房东家，她不许我们用灯超过晚上九点。一周以后，母亲决定我们下一步要去德国的卡尔斯鲁厄市，我家的一个朋友及其妻子住在那儿，他是牧师，与我的父亲曾是神学院的同学，他的妻子与我母亲非常要好。他们为我们提供了一间客房，找到公寓前我们能一直在那儿。由于我们都不会讲德语，母亲就用简单而巧妙的方法，收集我们日常生活中的必要信息。首先，她会问陌生人能否讲英语。如果他们不会，她就通过打手势请他们推荐旅馆、餐厅和旅游景点。不走运的是，这种沟通方式让几个男人误认为母亲是皮条客，而我则是受雇的妓女。有一次，一伙醉汉竟沿街尾随我们。还有一次，让我们搭便车的男人放母亲和弟弟先下车，之后差点儿载着身陷车后座的我扬长而去。母亲追上汽车，设法打开车门。当她将困在后座的我解救出来以后，我嚷着说她再也不该向陌生人求助了："我可能会被强奸的！"母亲并未道歉，也没争辩，而是买了一辆大众牌甲壳虫汽车，以英语学校的一本手册作为向导。我们一路驾车南行，在开设英语学校的各个城镇下车，询问能否再收两个学生。即便在小镇里，母亲也会问当地人有没有中餐馆。他们有的甚至从没见过亚洲人。

我记得我们的自驾旅程非常愉快。风景美不胜收，我们唱着《音乐之声》中的曲调。就像冯·特拉普一家那样，我们逃走了——逃避忧伤、讨厌的女房东和变态的男人。最终，我们来到瑞士日内瓦湖畔的旅游小镇蒙特勒。那里有一个当时被称为蒙特罗莎中学的学校，确实还有两个走读生的名额。该镇是游客的度假胜地，因此有许多带家具的公寓招租。对那些闻着有股尘土味儿的公寓，母亲不予考虑。她选了个干净的住处，由厚重的深色圆木搭成的一幢巴伐利亚风格的木屋。我们走进客厅，那里有滴答作响的布谷鸟座钟。右侧是母亲和我将要同住的卧室，屋里有两张填塞着羽毛的床，两扇方形百叶窗，透过窗户便可看到日内瓦湖。弟弟睡在我们隔壁一个大些的房间里。这间屋中有一张可供十二人用餐的长餐桌，还有一张沙发床、一台电视机和一个瓷器柜。柜子里还有额外附带之物：文具——面巾纸般薄的粉色和绿色纸张及配套的信封。女房东鼓励我们随便用。在之后的一年里，母亲和我都照着她的话去做。我们寄了许多信，通报我们的新生活。我写的信通常长达十页。我描述了令人难以置信的美景：我们能清晰地隔湖远眺，事实上能看到日内瓦。我们能看到法国一侧的阿尔卑斯山和意大利一侧的阿尔卑斯山，山顶终年积雪。十四世纪的房舍之间延伸出一条石砌小径，我们能看到校园坐落于小径尽头。在距离我们的木屋几步远的地方，我可以和新男友一同爬上索道。他是无业的德国逃兵。我们会去莱萨旺享用牛奶咖啡。整个下午，我都在观看男友玩桌上足球。他十分擅长此道，与当地人比赛时经常获胜，因此他新开局时从不用付一法郎。我们从莱萨旺出发，坐齿轮火车去罗什德内山。在那里，我们可以将一切尽收眼底。

我们是聪明的观光客，将"及时行乐"[1]当成座右铭——珍惜当下，因为我们明天也许会死去。在那个风景如画的小镇，我学到了许多东西。我学会了滑雪——尽管代价惨重。我学着去品尝当地美食：酸奶和瑞士果蔬燕麦片，还有拉克莱特[2]。我学会了品味波尔多红酒和咖啡。我学了一点儿法语。我懂得了爱，有情书为证。我知道你若想显摆需要哪种皮衣，不是兔皮。我学会了抽烟：先是万宝路，再是高卢牌香烟，之后是大麻，紧接着是掺鸦片的大麻。我了解在瑞士因吸毒被捕会是什么境遇。与男友不同，我知道自己不会进监狱，因为我只有十六岁。我知道母亲发疯时会对我做出什么事来，也懂得她出于母爱会为我做什么。有时它们就是一回事。

当我们即将离开蒙特勒时，柜子里的纸几乎用完了。

这个月，我寻获了一个文件夹，里面有我刚上大学时写给母亲

---

1 原文为拉丁语 carpe diem，意即"抓住今天，及时行乐"。

2 瑞士特色奶酪。

的信，那时我们第一次分隔两地。我感动得落泪了，因为她还留着这些信。我从我们共同的生活中汲取了许多素材用于小说创作，其中的部分经历就保存在这些书信中。我看到的第一封信是打出来的开支清单，日期是 1969 年 9 月 26 日，那时我十七岁。由于节俭和贪心，我提早一年从瑞士的学校毕业。每年 600 美元的学费对我家来说是一笔大数目；不过，我们发现能选的课程数量没有上限。学校的管理原则无异于那些 1.99 美元餐馆：你可以在海量的食物中选择，想吃多少就吃多少，从烤牛肉和土豆泥，到果冻布丁和浸在蛋黄酱中的什锦水果。我热爱学习，而且也没什么理由阻碍我同时学法语和西班牙语，艺术史和艺术创作，还有化学、数学、美国历史、英语文学、钢琴和滑雪。第二学期伊始，校长说我当年就能毕业。我感觉自己像获奖了。我能早一年离开家。母亲、弟弟和我经历了动荡不安的一年：频繁不断的争吵，自我毁灭性的冲动，随后是泪流满面的和解。在哥哥和父亲病危的那一年，我们在情感上遭到重创；如今，我们已不必再抱什么希望，所以都变得有些癫狂。在一次争吵中，约翰将柠檬汁泼到我的大学申请书上，我用力打了他。他在黑夜里赤脚夺门而出，当时正下着大雪，通向我们木屋的小径上，已有一英尺深的积雪。母亲和我叫上女房东、她的儿子和一位老师，组成了搜救队。我们沿着积雪覆盖的鹅卵石小路，边走边喊我弟弟。我料定我们找到他时，他会冻得浑身青紫，而母亲会尖叫不止。我们还能忍受多少痛苦？最终找到他时，他还活着，但因体温过低，他浑身发抖，几乎冻伤。我们被各种危机消耗得精疲力尽，却仍在不断制造危机。

我手中的信是我刚上大学时写的，这也成了我们日后的通信模式：当我们远隔两地时就用英文写信。除了我八岁那年离家出走时写的信以外，这是我第一次给她写信，而不是替她写信。如今我读着这些信，对信中奇怪的语调颇感震惊——我的语气仿佛上世纪六十年代青少年电影中神奇活现的角色。我当面跟她讲话时可不是这样。

1969 年 9 月 26 日

亲爱的妈妈：

天哪！跟你通电话真是太好啦，虽然我也没说什么太深刻的话。家里有两部电话，哇，好耶！你难道不觉得自己变得像麦克林托克夫人那样有点儿奢侈吗？今天是周五，许久以来，我头一回真正坐在家里——今晚没有约会！我周日倒真有个约会。他要带我去吃周日的正餐。所以说，千万别担心，亲爱的母亲，我真的有很多吃的。事实上，我觉得自己最好别再吃甜点了！嗯，这封信的主要目的是向你展示一下我的财务状况。你瞧，我的打字水平没那么差，对吧？

开支：
机票——$19.95
学生证——$3.00
住宿费——$2.00
邮箱——$1.20

书——$13.74

笔记本——$1.54

教堂——$0.25

可乐——$0.15

冷帽[1]——$2.00

钢笔、邮票——$0.60

连裤袜——$1.33

运动服——$1.20

杂费——$0.80

运动鞋——$4.99

运动袜——$1.00

窗帘、窗帘杆——$5.17

杂项——$0.80

音乐会——$1.00

加急费——$2.00

床单——$6.00

游戏——$1.00

杂项——$1.00

货到付款的包裹——$7.70

微积分、化学和物理书——$4.75

食品、杂项——$1.00

---

1 无檐的毛线帽或针织帽，又称冷帽。

　　就是这样! 我记得一开始有 \$140, 现在还剩大约 \$55。花钱如流水可真吓到我了。不对, 我刚算了一下, 还剩 \$53.17[1]。另外, 如果我加入女生联谊会, 还必须马上交每学期 \$25 的会费。我在杂项里列了不重要的小开销, 比如: 食品、小甜饼、线、邮票和电话费等等。

　　其实, 我觉得如果你除去所有非买不可的东西, 只计算食物、邮票、连裤袜和娱乐(游戏和音乐会)方面的开销, 那我这四周里只花了 \$6.68。这还不算太糟, 但我也可以省下这些钱! 女生联谊会的会费才真是让我郁闷! 这所大学就是为有钱的孩子开的! 可不是为贫困的华裔小女生开的, 她在瑞士上完高三就必须提早一年毕业[2], 因为穷苦的妈妈负担不起女儿在高中再疯一年的学费! 当然这只是个玩笑!

　　我觉得如果每周约会一次, 在食物和娱乐上的开销都能有所节省, 因为约会时有人为我买比萨、可乐, 还会掏钱请我跳舞……

　　我继续详述自己如果跟大学联谊会的某个人约会, 他将乐意把大一的课本送给我, 这样我大概能得到退回的某些书款。这封信的重点在于勤俭节约, 还有她欣赏的那种物色便宜、合算物品的小窍门。这些肯定是我们之间的安全话题。我没提买香烟的开销。当时, 香烟的价格是二十五美分一包, 因此很容易并到那些一美元的

---

1 此处或为笔误, 或又计算了未体现在上述清单中的项目。

2 美国高中一般上四年。

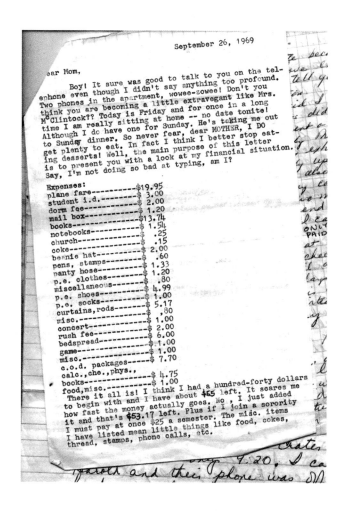

September 26, 1969

ear Mom,

    Boy! It sure was good to talk to you on the tel-
ephone even though I didn't say anything too profound.
Two phones in the apartment, wowee-zowee! Don't you
think you are becoming a little extravegant like Mrs.
M°Clintock?? Today is Friday and for once in a long
time I am really sitting at home -- no date tonite!
Although I do have one for Sunday. He's taking me out
to Sunday dinner. So never fear, dear MOTHER, I DO
get plenty to eat. In fact I think I better stop eat-
ing desserts! Well, the main purpose of this letter
is to present you with a look at my financial situation.
Say, I'm not doing so bad at typing, am I?

```
Expenses:
plane fare------------$19.95
student i.d.----------$ 3.00
dorm fee--------------$ 2.00
mail box--------------$ 1.20
books-----------------$13.74
notebooks-------------$ 1.54
church----------------$  .25
coke------------------$  .15
beanie hat------------$ 2.00
pens, stamps----------$  .60
panty hose------------$ 1.33
p.e. clothes----------$ 1.20
miscellaneous---------$  .80
p.e. shoes------------$ 4.99
p.e. socks------------$ 1.00
curtains,rods---------$ 5.17
misc.-----------------$  .80
concert---------------$ 1.00
rush fee--------------$ 2.00
bedspread-------------$ 6.00
game------------------$ 1.00
misc.-----------------$ 7.70
c.o.d. packages
calc.,che.,phys.,-----$ 4.75
books,misc.-----------$ 1.00
```
    There it all is! I think I had a hundred-forty dollars
to begin with and I have about $55 left. It scares me
how fast the money actually goes. No, I just added
it and that's $53.17 left. Plus if I join a sorority
I must pay at once $25 a semester. The misc. items
I have listed mean little things like food, cokes,
thread, stamps, phone calls, etc.

杂项费用里。不管怎样，母亲大概已猜到我的某些开销中包括买香烟。我会当着她的面吸烟，因为我俩生活在瑞士时都已开始抽烟。我不记得开始读大学时她警告过我有什么危险。从前，她会没完没了地告诉我，坏男人可能对我做出什么事来——夺走我的纯真，让我怀孕，监禁我，逼得我发疯、想要自杀。但现在却没有关于性，或是将童贞留到新婚之夜很重要之类的告诫。实际上，她公开猜测我已将童贞给了我在瑞士的德国男友，而那并非实情，但我感到奇怪的是，她在想到我童贞已失时并不气恼。她也没警告我有关毒品的事。她知道我在瑞士吸过大麻；事实上，她感到些许歉疚，因为她想令我的男友因吸毒被抓进去，结果让我也被抓了。也许她已不再为那些危险担忧，因为我的开支清单表明，我已变为成熟、负责任的年轻女人。或许，我家已然发生太多坏事，因此其他问题都变得无足轻重了。

当我翻看下一封信时，才发现开始读信时的顺序搞错了。附带开支清单的那封信其实是第三封。第一封是这样的：

1969 年 8 月 29 日

亲爱的妈妈：

现在我去上大学了，难道你不会为此伤心难过吗？最近我实在苦闷，而且不知道是为什么。我真心不希望在离家时把事情弄得这么糟糕。我想说的是，很抱歉有一阵子我那么疯狂和愚蠢。我甚至在发疯时也清楚是我错了，但我太疯癫，不肯承认这一点。你明白我的感受，不是吗？

我的确对上大学变得缺乏信心，我真的很害怕，因为我感觉自己毫无准备，似乎也没人理解我。不过，现在一切都好了。在风光旖旎的航程过后（见到了沙斯塔山和克雷特莱克），我抵达了波特兰，现在才 9：20……

这样看来，我以前是对的。这封信证实了我印象中最清晰的母女关系，在情感跷跷板般起起落落的争斗之后便是爱的宣告，主题始终如一：当我们不吵架时，始终深刻地理解彼此。我们理解彼此间的相似之处，理解那些近乎失控的感觉。第一封信中余下的内容与我的室友有关，还有她带来的一堆可爱却没用的物件：唱机转盘、爆米花机、轻便电炉、收音机、闹钟、配套的毛巾和床单，还有大量衣物。她的衣橱都塞不下了。相比之下，我只有几件衣服，甚至连一条牛仔裤或一双运动鞋都没有。我记得当时我认为自己颇似电影《长腿爸爸》中的那个女孩：多亏一位匿名的美国资助者，那个法国孤儿最终进入了一流的美国大学。像我一样，她去上大学时，除了身上的衣服之外再没有几件了。可与我不同的是，她自怜自叹了不到十五分钟，好几箱衣物就运到了——设计师专门设计的连衣裙和舞会礼服，甚至还有一套网球服，都是那位匿名资助者寄来的。过了很久，我才收到几箱我需要的东西，而且运费由收件人付，包括我的冬衣、父亲的打字机和全家的合影，合影时我们还是五口之家。

我不明白母亲为何没像大多数父母那样，帮我打包行李，也没陪我去大学。我在情感和心理上都没准备好要当大学生。我只有十七岁。她甚至没陪我去机场，是我们家的一位朋友顺路送我去的。我独自站在预约柜台，买了飞往俄勒冈州波特兰市的单程机票。我随身只带了一只手提箱。飞越山巅时，我从飞机舷窗向外眺望，身旁却没人听我赞叹景色有多美。降落后，我饿着肚子走到电话亭里，往电话投币口里塞了十美分，打给说要来接我的亲戚。接下来的一小时我听到的都是忙音，而我每分每秒都更饥肠辘辘。母亲为我交了部分学费。至于剩下的学费和开销，我就得依靠助学贷款、奖学金、父亲每月 $50 的抚恤金和我那两份兼职的收入。大多数学生不打工。当宿舍里的女孩们讨论回家过感恩节时，我才意识到母亲和我还没商量过我的计划。然而，对我来说，为回家享用感恩节晚餐购买双程机票，似乎是不大可能的。那样太奢侈了。

如今我再思考这件事，终于明白母亲为何没帮我整理行李。当我们在 7 月回到美国时，母亲发现自己身处空落落的出租公寓，而不是具有永久地址的家。没有需要破译的外文菜单，路标上也没有带变音符、闭音符，或开音符的城镇名称。在欧洲，一切都是探险和奇遇，没有令人惊奇的往昔记忆。我们在那里做的每件事都是初次经历。我们像流浪者那样随遇而安。欧洲的生活物价低廉，加之美元汇率的优势，我们能住两美元一晚的酒店，感觉无需抠抠搜搜。当我们仨回到加利福尼亚时，母亲发现亲戚朋友们已适应了我家人丁的减损，因此再次受到悲痛的打击。她对未知的将来感到茫然无措。过去的一切就在她周围，可她却看不到未来。

我想象她眼里噙着泪水，满脸痛苦。我看到她环视着几近空荡的公寓，随后无可奈何地追问着同样的问题。我该怎么办? 当她这样没完没了时，弟弟和我都焦虑难安。我猜想我终于对她说，她再这样闹，我们真受不了了，还告诉她我庆幸自己要去上大学了。因此，她没跟我上飞机，也没清点我需要多少鞋袜、裤子、半身裙、连衣裙、衬衫和毛衣。

我料想她读完我的信后哭了。她已接受我的道歉，打算很快就来看我。可她之后打来电话，她心烦意乱，语无伦次。那时十七岁的我，竭力想让自己显得成熟稳重，给予她支持，正如父亲当年的样子。然而，我写信的风格倒像是精力充沛的陌生人，一个十几岁的治疗师，她已学会将母亲的任何感受反射回去，以此抑制她的自杀冲动。

1968 年：在鹿特丹号邮轮上，约翰、黛西和我摆出见多识广的样子

1969 年 9 月 17 日

最亲爱的妈妈：

请别为你不能来而难过。至少我没生你的气!（无论相隔多远，我们谭家都团结一心!!）当然，你不能来，我也伤心——这是预

料之中的（我觉得如果我不伤心你反而会失望）。但我完全理解你不能来的理由。你没跟我多说原因，但即使如此我也能理解，而且料到你不能来。换个角度看待此事：假如你这个周末来，我可能不堪应付微积分和化学的作业与测验；而现在，我这周末能学习了，不错吧？

　　不管怎么说，你随时想来我都欢迎。宿舍很宽敞，费林楼23室无论如何都能随时容纳一位娇小的中国妈妈。有许多人想见你呢。我跟她们讲了很多关于你的事。宿舍里有个妈妈总是开心事，只要你不介意姑娘们穿着睡衣跑进跑出就好！……

　　告诉我，为何你在电话里听上去那么烦闷。我不明白X为何生气。林菲尔德之行对他而言只是为了好玩，可你却有其他诸多问题需要应付。也许，他们认为你在大事上做不了决断，可我倒想瞧瞧如果他们失去父亲或长子，要如何努力下定决心开始新的生活。我想看他们快速决断要住在哪里，同时决定自己和子女的未来（我说的话不太近情理，可他们不理解你的确让我气愤）。想要改变生活，即使夫妻双方共同努力也是极难，而当你孤身一人时，那几乎势比登天……在我看来，他们才不懂怎样做重大决定呢，而你却在短短一年之内，做出了许多几乎不可能的决定。我情愿让你改变上百次想法，只要你最终做出正确的决定就行——到目前为止你都做得很好！在我心里，你特别棒！

　　这周末你没来林菲尔德，而是为约翰、他的未来和我们的家尽责。这可比给我寄几件衣服重要多了。我知道如果你先安顿下来，开始新生活，那样就会放松得多。我在林菲尔德的新生活过得相当不错。

在这方面我有许多话要说，他们真叫我怒火中烧。别让他们烦你。可以冲他们发发火，但他们的看法实在不值得你烦心。他们这么急着想让事情快速进入愚蠢的正轨，最佳决定对他们而言似乎无关紧要……我认为必须做出决定——这毫无疑问——可如果一个办法不灵，那就再找替代方案。倘若我早年间决定做护士，一个月后却发现我讨厌这个职业，为何要固守不放呢？我只是举个例子。这个国家赋予我追求自身幸福的自由。因此你要做适合自己的决定，而不是适合别人！当然，我们一家人要共同决定，我只盼能在你和约翰身边，无论你们决定做什么，我都坚决拥护。

妈妈——请答应我，由你决定你自己想要什么，你认为什么最好，别听某些人毫无益处的建议。你是<u>妈妈</u>呀——你能为<u>谭家</u>做决定，别人不该干涉，也不该强迫你成为你不想成为的人。

也许听起来我心怀怨恨，也许迄今为止我说过的话不全对，但现在我很气愤，我认为他们对你来说是弊大于利的人。他们已证明他们只会破坏你的聪明才智。他们低估了你的能力，让你误以为自己应该依赖他们。

你只要知道我在支持你，支持你做的一切。无论你是对是错，那都是你和<u>我们</u>想要的。假如我们在别人眼中显得快乐而愚蠢，就让他们为此忧虑去吧，我们不用操心。

让我们拥有幸福的未来吧，别因为听信他人而留下遗憾。你想怎么花钱就怎么花吧，妈妈。那是你的钱，是你的权利，你的<u>想法</u>。如果过几年就把钱花光了，我会照顾你的。我保证，妈妈，如果你也保证相信我的话——无论你是对是错，是富是贫，我都会照顾你。你的博士女儿（希望能成为博士）会供养你，不会送你去养老院。我从没对你说过，因为我觉得你不会相信我，但我想取得成功的原因（一个非常重要的原因）就是想让我们不必为家人担心。等我有钱了，我会确保约翰念完大学，而你也不用疯狂地数着硬币过日子了。不过以你的头脑，我敢肯定你能成功。我们对未来从无把握，但重要的是我们充满自信。

我这封信写得真糟糕，但我希望你能理解，我几乎从没这么生气过。你是我妈妈，我不允许任何人含沙射影地反对你。咱们家的处境非常特殊——谁又能理解呢？我多想当面跟你说这些，那样更能讲得通。

我真的很好，只是非常、非常想念你和约翰。请给我写信，让我了解你们的境况。

非常非常爱你的
恩美

现在，我记起那时我曾狂热地感到我家在合力对抗全世界。没人体会过我们经历的一切。他们不懂我们的痛苦，我们多么缺乏安全感，不明白我们为何不信"船到桥头自然直"的说教。尽管我常和母亲吵架，但弟弟和我不容许其他任何人指责她。我们明白她是多么茫然无措。我们知道她曾多少次痛哭哀号，祈求上帝和她的亡母把她的儿子和丈夫带回来。我们清楚她曾多么频繁地想要自杀。从我写的信来判断，我猜亲戚朋友当时正因她无力决定如何度日而极为恼火。她会咨询别人的建议，然后置之不理，不断念叨着她的恐惧，仿佛边念"万福马利亚"边数念珠。我敢肯定，他们以为逼她决定就是在帮她。也许，有人建议她别做什么傻事，比如搬到中国台湾或是开餐馆。她可能认为人家在含沙射影地说她糊涂。我理解亲戚朋友可能感到沮丧，因为我也有同感。我眼看她在情感的旋涡中打转，呼救之后却又拒绝别人帮忙。不过，正是从大一开始，这么多年来，她和我都明白，任何人贬低她，我都会为她辩护。我不仅理解她，而且也变成了她。我跟她一样被激怒了。当她感到遭人非难时，弟弟和我会围上去，我们变得更加紧密和团结。

　　就在最近，有个母亲在上海时就认识的人在信中指责她。她暗示母亲也干得出残忍自私的事，还举了几个例子。我惊骇于母亲竟做过这些事。我向那个女人致歉，因为母亲的行为曾使她遭受苦难。我甚至承认母亲也曾伤害过我，但我认为母亲不是故意这么残忍的。她曾患有心理疾病。我的辩护促使那个女人讲述了更多细节，不仅限于母亲的残忍行径，还说她离开丈夫——那个飞行员和英雄——是不道德的。她说，所有八卦专栏里都写着呢。大家都在谈论她，说她就该坐牢。人家在我外婆自杀后收养了她，可她却使那户人家蒙羞。那女人说，虽然他们并无血缘关系，那户人家还是帮了她。她是个孤儿，不是人家的亲闺女。可她做了什么？她给人家丢了脸，简直可耻。

　　这个女人讲述的一切，母亲早已眼含愤恨的泪水告诉过我。那就是她常想自杀的原因。别人瞧不起她的母亲，因为她本该是守节的寡妇，结果却成了小妾。我的母亲继承了那种耻辱，别人总在提醒她，说她是孤儿，而非血亲。她感觉自己是外人，总是有污点，从来都不够好。她的确离开了飞行员丈夫。她怎么能熬得下去？他带别的女人上了他们的婚床。当她不愿与他同床时，他就举枪抵着她的头。他强奸年轻女孩，赌输了家里的大部分钱财。他还把淋病带回家。再说，他也不是英雄，而是懦夫，在战场上掉转飞机临阵脱逃。其他飞行员都阵亡了，可他却活着。母亲因为离开他而蒙羞。我为自己竟对那个憎恶我母亲的女人道歉而感到愤慨。我怎么能怀疑母亲的正直与品行呢？我理解她。我也有她的性格特点。

　　我重新翻看存放母亲书信的文件夹，取出一封 1980 年写的信，那时卢和我显然已想过要在母亲能对我们提什么要求的问题上"划定底线"。我怀疑这和母亲曾对上海一处属于她的祖宅念念不忘有关，又或是与她的出生年份问题有关。记录的时间是 1917 年，而不是 1916 年。相差一年原本不是问题，直到她发现那意味着她得多工作一年才能退休。她让我们负责修改出生年份，这道手续颇费时间。我们每次见到她时，她都会抱怨她的出生年份记录有误。不管我们说什么，大概没说几句，我们的谈话就失控了，她回家后便写了下面这封信继续泄愤。信的开头是理智却很受伤的语气。她的笔迹显得很克制，但她不久就提到自己想死，继而表达怨愤。写到第二页时，她开始回溯往事，回到了哥哥彼得昏迷不醒的时候，那一刻，她的字体已然走形，变得支离破碎。母亲任由自己坠入抑郁之中，一把一把地将她的痛苦往外掏。

亲爱的恩美:

　　我走了，因为我觉得毫无理由再多待上一小会儿。我不想让你看到我在哭。想不哭实在太难，我的眼泪止不住地往下掉，就连在餐馆吃饭时和回家的一路上都如此。我痛哭不已。我羞愧至极，恨不得死掉或是找个地方躲起来，永远不见任何人。

　　当你们出于爱的考虑而表达慈悲的时候，至少应保持更柔和的语气，但你们的声音听来是那么冷酷无情。你们俩都受过高等教育，相比之下，我讲的是洋泾浜英语，你知道，二者的差距超乎想象，天差地别。当你们俩同时指责我时，我几乎无力辩解。有什么用呢! 你不喜欢我一直招你烦，干涉你的私生活，你对此忍无可忍，因为我的行为不得体，不懂应在何时何处划定我该做和不该做什么的底线。我全都搞砸了，所以应该道歉。我保证我再也不这样了。另外，我说不清楚话，无法让别人理解我的真实意图，这也会造成问题，惹恼许多人。我必须为这种蠢事道歉，上帝没赐予我那些有用的智慧，让你失望了。我觉得自己那么差劲，感谢上帝，你宽容大度地向我一再保证:"我们关心你的健康，设法放松心态——不要那么执拗。那样你就能拥有强健的体魄和健康的心灵。"可你用斧子砍我时太用力了，毫无怜悯之心! 而且你说了那么多，我都不知道该相信什么，事实又是什么。

　　彼得眨了三次眼睛，代表他在说"我爱你"。事情是那么突然。爸爸和我情绪失控，因为爱、喜悦和希望，我们热泪盈眶。我至死也不会忘记那一刻。我懂得什么是爱，它是那么感人，那么温柔，又那么温暖。

我不想对恩美做出任何评判。肯定是因为学校里出过什么事——上中学的孩子有时非常残忍。我真的不知道，只是留意到恩美在许多方面都变了。她背离了我们。那时爸爸还健在。为什么？中国人？

我不会再来打扰你。这一点你不必担心。我心里清楚得很。

我要感谢你为我准备的生日晚餐和礼物，也感谢你的关心。我可不指望下次有什么，谢了！你看完照片就还给我吧。那是我的。

我这辈子真是白活了！对谁都没用！没错——什么都不是！

母亲

她这样表达情感，我们听过许多次——常与别人怠慢她有关，她说别人不相信她，而她也不知该信什么。我们常听她说她自己真没用。我们会根据她的态度和举止，估计她是否真想自杀，或是我们能否通过向她保证我们相信她、爱她，使她镇定下来。她忧伤地痛哭和颤抖，之后又过了几天，她表达那些内容的信才寄到。书面文字具有承诺的效力，而她的承诺则令人胆战心惊。三十六年前，我在读她的信时必定惊恐不安，不知她写完信后已做出什么事来。毫无疑问，我一读完信立即给她打了电话。她大概说的是让我不要哭，一切都会好起来，我们将更好地理解对方。

在那些信中，她的心理疾病显然很严重。我当时体会到那些文字的鲜活力量，书信捕捉到她当时的崩溃心理，并保留下来。即使在最美好的日子里，她也会轻易崩溃。我在她1985年写给我的信中发现了这一点，当时她正在上海探亲。信里大部分篇幅在提一台遗失的收音机。当有事困扰她时，她总是放不下。那件事会驻扎在她心中，并分裂成更多碎片，她也会过滤那些碎片，最终认定自己快发疯了。

　　第二天，我打开书包，却找不到其中一台收音机。我不信我会把它弄丢，因为在海关检查后，我把它从检查台上拿起来，放进了书包（跟你的包一样）。我把包背在肩上，一只手推着行李车，另一只手拉着行李走到外面，大家（包括司机和亲戚们）都伸手来抓我的行李和书包，我只顾着看手包，他们（因为客气）本来也想帮我拿手包，但我想抓着自己的东西，所以我还拿着手包。飞机降落后，我去等待取行李。我非常能干，把每件行李从手推车里拽出来。在［为丈夫］打工的那两年里，我变得很自立。

　　收音机弄丢了，我真想不明白。当时我并没发火，但此事让我很烦心。在［与朋友们］相处的那段时间，似乎我只要找不到自己的东西就会指责别人。其实，我感到非常困惑。我担心自己脑子坏了，于是竭力想搞清是我的记忆力变差了还是我疯了。我经常神游天外。别人跟我聊天时，我通常只听到一半内容，有时觉得跟他们谈话会让我落泪，那时我就得咽下泪水，这可不容易。在约翰的婚礼上，我却想着别的事，竭力忍住眼泪。我觉得你的朋友拍下了我非常非常难过的表情。那段时期，我过得太惨了。很难说我会好起来。

两周后，她仍在为遗失的收音机烦恼；雪上加霜的是，由于她为亲戚多带了一部照相机，还得付 $110 的关税附加费。

每次乘飞机出国，在降落前空姐都会给你两份打印的文件，要求你写下携带入境的物品，另一张纸要写上国籍、年龄和地址等信息。当你入境时要出示护照，再过海关。他们会核对物品清单，有时还要求查看物品，比如你给的收音机（后来找不到了）。我认为不是他们拿的。弗兰克也一样，他给别人带了两部照相机和一个大件——电视机，是免税的。弗兰克大概不晓得他不能多带照相机，而且只有一件物品能免税。照相机应该缴关税。他们为照相机估值 200 元人民币，再用 150% 乘以 200 元，得到 300 元，大约等于 110 美元减去 11 元人民币[1]。如果弗兰克解释说，带照相机是给一个美国人在中国用的，之后会从中国带走，情况就不同了。也许，他们会在纸上记下来，如果照相机没被带出境，那就需要缴关税。无论如何，事情本可更好地解决。现在，我带的照相机的估价是那台的两倍，虽然我有部分票据显示照相机的价格是 300 元人民币，但我没法像弗兰克入境时那样出境。我去了北京海关，以为他们可以统管此事。我尽力争取也没用。他们说，"太复杂，办不到"，并建议我给广州海关写信。

我怒火中烧。弗兰克对关税感到不快，那 110 美元他还想留

---

1 1985 年时，1 美元大约可兑换 2.9 元人民币。

着花呢。

母亲的执着抵消了抑郁和无助感，于是她想出一个计划。

　　埃尔西姨妈想让我去香港探亲。我觉得这主意不坏，意味着我能去广州要回我的钱。我能用这笔钱支付部分开销，这也会让我感觉好些，同时还能去香港看看……我会趁机放松一下，有大把的睡觉时间，下午还能打个盹。

我用了三十六年时间，才理解她对那部遗失的收音机为何无法释怀。当我仔细重读那封信时才明白，那部收音机是我给她的。

　　[说到遗失的收音机]我感到你非常爱我，想尽一切办法讨我欢心。我深深地理解你，却担心你工作得太辛苦。这值得吗？你不必那么辛苦地工作。整天坐在电脑前，绞尽脑汁，那对你太苛刻了。有什么办法不让你那么有压力吗？压力会害了你的。

　　我最好就此搁笔。照顾好自己，别饿着，少抽烟，少喝点儿（咖啡），多吃水果。你会听我的话吗？

爱你的
妈妈

我们远隔两地时用英文写信。我写了一本书，向她表明其实我们是多么亲近。

为何写作？

[摘自日记]

肖托夸[1]，纽约州，2008 年 8 月。有位诗人朋友引述另一位作家——谁？——的话：我们写作的目的是延长两次死亡的时间间隔，即我们去世时的肉体消亡，以及我们被人彻底遗忘时的那种死亡，两者的间隔可能是数周、数月，或是数年。

但那并非我写作的原因。为何要让陌生人记住我呢？况且别人对我的记忆已经包含误解和错觉，他们现在对我的著作就抱着类似的看法，从我的作品中得出了错误的"记忆"。

如今，我写作是为了延长对生活的记忆，为了证实我曾拥有的思想、情感、观点、遭遇和体验。倘若我记不住它们，就仿佛我从没经历过那些时日，我的人生就只是我记忆中的细枝末节。记录生活能使其根深蒂固，我的思绪仍在奔涌，汇入了某股水流，

---

1 此处应指纽约州的肖托夸县（Chautauqua），此地曾在 19 世纪后期到 20 世纪早期举办夏季教育集会，类似学校的暑期活动，常在野外举行，把教育与文娱结合起来，包括报告会、演戏、音乐会等，与会成员包括演说家、教师、音乐家、艺人、牧师等各领域专家。现今，该活动的规模和影响远不如往昔，但仍时有类似的集会活动在肖托夸举行。

而不只是每天菜单中相同的、断断续续的点滴，我并不总在品尝自己吃上一餐时喜爱的食物。

第六部分

语

言

第十二章　语言：爱的故事

　　我会让我喜爱却已失传的那些语言在夜晚复活。我躺在床上，旁边放一本书，每晚书都不同。我侧身转向自己选中的书，将拇指和食指滑过书脊，抚平书缝与书页，然后开始阅读。随着一种语言的所有母语者的消亡，那种语言本身也销声匿迹。前天晚上，我读的是源自阿拉米语[1]的《圣经》。昨晚是拉科尼亚语的送葬诗文，今晚则是公元前四世纪时的苏美尔[2]人的楔形文字。就在那一刻，有个苏美尔人扫视苍穹，发现了一颗星星，他从未见过如此辉煌耀眼又令人惊恐的东西。他在平整的石灰岩墙壁上刻下那颗星，即东、西、南、北、天、地全部六个方向的光的交点。他将他写的第一个词命名为 Ahn。"神。"我跟着他念，Ahn。那一刻出现了幻觉，我已看不到苏美尔人的符号，也看不到周围密密麻麻的、关于语言上的来龙去脉的讲解。我听到了那个词，它无影无形，无边无界，它是我体内律动的生命。我就是 Ahn。

　　我们交谈、倾听，我和苏美尔人如今是爱侣，在往昔的生活中

1　阿拉米语，古代中东地区语言，现仍在叙利亚及黎巴嫩部分地区使用，属亚非语系。

2　苏美尔为古地名，在今幼发拉底河和底格里斯河下游。苏美尔人建立了苏美尔文明，创造了楔形文字。

却互不相识。我们讲着数千年来没人用的词句，我们变成了它们：它们的含义，欣喜若狂的幻象，不可言说的折磨，忧伤且半真半假的话，没被折磨逼出口便已死去的忏悔。自从我的苏美尔伙伴被阿卡得人扼杀以来，这一切便再也无人听闻，归于长久的死寂。

夜复一夜，那些语言和我比以往任何时候都更活跃。通过这种途径，我已接纳八百多种失传的语言。它们向我讲述其敌人的弱点，敬神时的祷告，还有被意料之外的恶劣天气挫败的取胜计划。它们悄声告诉我身体各个部位的名称，表示"嘴""胸部""腹部"的所有说法，其中有许多双唇音，发音时需紧闭双唇。我们在口中感受这些词语时能体会到愉悦，这种愉悦就在我们交谈时所说的话的形状中。

但是在早晨，那些词语整洁而缄默地重现在书页上。我在镜中出现，不再是双唇音的感知体，而是一副六十四岁的骨肉之躯，膝盖和关节曾依偎过许多男人，紧贴着他们的身躯，紧贴着我的渴望，那段历史实在不值得详述。逝者如斯。我提醒自己，我清楚幻想与妄想之间的区别，那是欲望和信念的分隔。我明白是什么将往昔与现今分开，是什么横亘在过去与此刻之间——其实仅有片刻之隔，不经意间就会失去。将彼时与此时发出的声音分隔的是沉寂，不易被打破。

我将关于苏美尔楔形文字的书放回适合它的位置：一个书架的底层有关于西徐亚语和泰诺语的书，两本书之间有个空位，像缺了颗牙。那个书架连同其他许多书架一起，从地板到屋顶，四壁皆是。我卧室的两个窗台上也有书架。我根据地名，按字母顺序整理书籍——更确切地说，是按它们现在被人所知的地名，而非征服它们、将它们据为己有的帝国——蒙古、奥斯曼、巴比伦等——给它们起的名字。我没按它们消亡的时间进一步排序，因为那需要我回想起语言学家针对失传的定义开展的全部学究式争论。语言学家会说，阿卡得人的语言曾是美索不达米亚地区所有部族的语言，大约在楔形文字末次出现时消亡，即公元前一世纪。我过去曾接受经验主义的证据。但是现在，我还考虑到另一领域的可能性，即我自己的想法。想象一下：无数的阿卡得文盲不依靠楔形文字，想必仍会聊天、说谎与责骂别人。

另一方面，我对拉丁语的态度则很苛刻。如果某种语言仅用于礼拜的经文和圣咏，那它就不会生机勃勃。如果某种语言现在的使用者需要别人教授语法、发音和变位，而不是在婴儿期吸着母亲的奶水习得这种语言，那该语言就毫无生机。如果某种语言在日常对话中没出现各式各样的形态，那它就没有生命迹象，比如：与朋友闲谈，为卷心菜讨价还价，传播古怪疫情消息，告诉大家敌人和杀死敌人的英雄死了。如果没人将某种语言作为母语，那它就无法复兴，而是永远地死了。拉丁语死了，Latina mortua est，连天主教徒也救不活她。让我们为她默哀吧。Nos eam contristare.

有人声称拉丁语还活着，因为意大利语、西班牙语和法语都是她现存的后裔，我无法理解这种逻辑。我们是否还要算上世界语？我们能否说尼安德特人[1]还活着，因为他们像智人那样，是由人科动

1　尼安德特人：旧石器时代晚期生活在欧洲大部分地区的原始人。

物进化而成的? 感伤怀旧的语言迷们认定，古希腊伊奥利亚地区的方言尚未绝迹，现代希腊语反而使它变年轻了。他们应该问问诗人萨福[1]，她的里拉琴是在哪儿买的。一种语言被另一种语言吞没固然值得哀叹，但其主体被同化吸收后只剩下残余部分，这不足以称之为幸存。刻在一千座墓碑上的文字算不上一种语言的词汇。语言活在它的使用者身上，活在他们自发的俏皮话中，活在他们低俗的戏谑和冗长的故事里。正是由于语言具有细微的差别，邪恶的政客才可以讲得唾沫横飞，吹出貌似真理的假象。一种语言无法充分翻译另一种已消亡的语言，因为它不能完全捕捉到语意含糊的艺术、出乎意料的图像式词语、伴随情感起伏的抑扬顿挫，以及巧妙运用史实的双关语。我们应当尊重已消亡的语言，哀悼已然失去却又无法被替代的一切。

倘若没有语言——无论是书面语还是口语——谁能恰如其分地称颂语言的使用者及其文化、历史功绩和盛衰呢? 我们能相信古罗马人对敌人埃特鲁斯坎人[2]的评价吗? 古罗马人诽谤他们残酷无情。想象一下吧，弗莱维厄斯: 奴隶们身上只系着腰带，头上罩着兜帽，一手拿着木棍，脚踝被拴恶犬的皮带捆绑着。在埃特鲁斯坎人的启发之下，古罗马人建造圆形剧场，在里面举办娱乐活动，但他们对埃特鲁斯坎人竟毫无感激之情，这岂非怪事? 没有哪个虔诚的古罗马大婶会为埃特鲁斯坎女人说好话。相信我，卢恰娜，她们的淫荡

---

1 萨福: 古希腊著名的女抒情诗人。

2 埃特鲁斯坎人，亦称埃特鲁里亚人，是意大利中部古国埃特鲁里亚的居民，其文明对古罗马人产生过重要影响。

好色无人能及，在外面把屁股扭来扭去，坐在她们丈夫身边观看体育赛事，为她们喜爱的狮子加油助威。那些埃特鲁斯坎女人说不定会跟公羊交配。有多少历史是刻在石头上的诋毁和中伤，所有的评论和哂笑都离不开复仇一词。埃特鲁斯坎人也许曾是可爱的民族，充满幽默感，对奴隶也比较和善。但面对诽谤，埃特鲁斯坎人却没有留下语言为自己辩护。他们残存于世的，只有身份的象征——在博物馆中隔着玻璃或围绳供人观赏——金手镯，带宝石的项链，镶嵌象牙的青铜战车，石棺中的陶土人像；长着杏眼的夫妻侧身而卧，神秘的面孔看似茫然出神，仿佛正饶有兴致地观看自家小孩做滑稽的动作，或观看剧场中上演的神话剧。他们的神话已荡然无存，唯有一些碎片显示它们存在过。在一万三千片亚麻布条和一些大理石块上，埃特鲁斯坎语仅有的线索是其他文化借用的神名和冥府里度假胜地的名称。"渔猎之墓""日月之墓"。它们不足以解开埃特鲁斯坎人隐晦的密码。但我猜测，总有一天，某个农夫——经常是农夫和他的母牛——会绊到戈耳工[1]的头上，它曾是埃特鲁斯坎某户人家屋顶上的石像，而那个屋顶的轮廓线则指向埃特鲁斯坎郊外的遗迹，考古学家将在那里发现足以解开语言之谜的字迹。我想象着，人们会通过墙上潦草的字迹了解许多情况："库图·斯维特斯这个混蛋，死时欠我三桶特级初榨橄榄油。""萨纳女士是不忠的婊子，她脚踩两条船。""别为拉斯哀悼。他爸是韦尔瑟·邦珀利，专卖假冒的金腰带。"

　　在我的书架上，没有关于哪些语言已经消亡的争论，只有对离

---

1 戈耳工：古希腊神话中生有双翼的蛇发女妖斯忒诺、欧律阿勒和墨杜萨中的任何一个。

去的共识：埃特鲁斯坎语当然算一种，还有菲律宾的 Agta-Dicamay、印度的 Ahon、西伯利亚的 Arin、伊朗高原的 Azari——犹如漫天繁星，数也数不清。有些语言的遗迹存于厚重的古墓中，其余则在打印出来的单薄的专题论文中。它们或斜或立，参差不齐，好似立在松软泥土上的墓碑。有时，我醒悟到自己有朝一日也会加入已逝语言及其使用者的行列，没人会记得我说过什么。我在人类的记录中不会留下任何痕迹。正如大多数沉寂的语言那样，不会有人惦念我、哀悼我。这并非抱怨，只是我不时地提醒自己，扪心自问是否还应做点什么。这样我的生命才会继续。

有三种已绝迹的语言如同姐妹般联系密切，它们是卡帕多西亚[1]语、卡塔欧尼亚[2]语和西利西亚[3]语。我曾标记过它们在希腊文学中的位置，并顺便提及：它们好比地位较低的邻家姐妹，向满载神恩的希腊语借双耳酒罐里的酒，之后不久就死了，因为它们忘记用主流语言明确指出："要普通的酒，也就是无毒的酒。"

我要哀悼沃肖语[4]和奎查恩语[5]，二者的末代使用者去世后，出席葬礼的人只会说英语。我已将研究那两种语言的书和研究其他濒危语言的书一起放进书房。书实在太多，把沿四壁摆放的书架塞得满满当当，只露出房门的支柱和小窗。我发现，决定该将哪种语言列

---

1 卡帕多西亚，小亚细亚东部古老地区，以出产马匹著称。

2 卡塔欧尼亚（Cataonia）属于卡帕多西亚，是一个平原地区。

3 西利西亚，古代小亚细亚东南部一地区，今土耳其阿达纳省一带。

4 沃肖语，北美洲原住民沃肖人的语言，沃肖人的生活区域在今加利福尼亚州和内华达州的交界处。

5 奎查恩语，北美洲原住民奎查恩人的语言，奎查恩人的生活区域在今科罗拉多河谷处。

入濒危类是极其痛苦的事——比如，在一百二十种汉语方言中，哪二十种已属濒危？关于濒危语言的书籍和论文也不总是十分严谨，有些既缺乏信息，写得又很无趣。对于某些语言来说，残存的词汇颇似幼儿园小孩的课程计划，例如从一到十的数字、基本颜色等等。我时常无法断定是不是某个对音素不敏感的人在记录资料时出了错。

丧钟很快将为很多方言而鸣，公众教育在其中发挥了作用。普通话是中国的授课语言，孩子在操场上玩时也用这种语言，流行音乐和电影也用。使用方言的孩子一样要接受教育，一样需要享受大众文化的乐趣。我们无法禁止他们在上学途中、吃一日三餐时、坐在教室或影院里时，盯着手机的小屏幕看。在公平的社会里，每个人都享有平等的机会，他们设法用精简的形式表达思想，省掉完整的句子，使用大量机动灵活的拼写方式将情感速记下来。他们应该都有能力给爱人发送文字信息，记录他们存在的每个时刻：刚到家，刚坐下，刚看你的照片，刚进被窝。他们通过文字信息交谈，失去了各自声音的特性、地域性语言的细微差别、愤怒烦躁的语调和羞怯时发颤的声音。这些东西正与一种更实用、语法更简化的语言融合，在这种语言中，与格词和方位格词只存在于发信息的那个时候、那个地方，接收信息时却没有。"你在这儿吗？""不，我不在这儿。"

我不指责这些变化。我哀其所失，然后继续前行。我观察和描述正在发生的事情。因此，让我们继续吧。还有意第绪语[1]，虽仍有人在讲，却已渐渐衰落，只出现在民间故事、宗教仪式和戏谑说笑

---

1 意第绪语，欧洲等地犹太人及其移民的土语，以希伯来字母书写。

中。我已不看笑话书了。

我对语言的热爱源于家庭，源于在一个容易意见不合的大家庭中聆听语言大杂烩——普通话、上海话和英语，每种语言都有标准和不够标准两个版本。我模仿长辈和同辈讲话，不只模仿词汇，还模仿他们的独特风格。若要流利地讲某种语言，你在使用它时必须具有说服力，不能只是能争好辩。若要深入了解某种语言，你必须理解言语意图。

十七岁时，我将对语言的热爱带到大学，攻读语言学学士学位，之后是硕士和博士。我年纪轻轻，需要为自己赢得某种标记，而我对语言的喜爱很快就让位于追求才智的热情。我堕入了各种理论的深坑——乔姆斯基[1]认为天生语言结构是大脑的固有结构；之后，另外一大批理论家在一个封闭的系统中争辩，最终建立起各自的理论阵营。我也是这么做的，我需要靠语言学确立大学助理教授的地位，比如：探究新方法，以解释语言起源、习得、演变和衰败之谜；提出关于语言演变的新问题。

随着时间的推移，我忘记了语言具有说服力的本性，忘记了意图先于言语。我写这样的论文：《蒙古语和满语 - 通古斯语的谱系分类创新方法之得失》。二十六位语言学家读了我的论文，他们都对这一跨代的领域拥有话语权，从中国东北地区到阿尔泰山脉，从成吉

---

1 艾弗拉姆·诺姆·乔姆斯基（Avram Noam Chomsky，1928—）：美国哲学家、语言学家，其著作《句法结构》被认为是 20 世纪理论语言学研究中最伟大的贡献。

思汗到透明化[1]。就这样，我险些扼杀对语言的满腔热爱。我将它掩埋在与同事的学术对话中，他们能争好辩，会寻找最细微的差别来挫败我。你认为卡尔梅克语和瓦剌语有关联吗？达斡尔语与布里亚特语有关联吗？你认同那些苏联学者的理论吗——语言会根据元音是否和谐而自动分化？你考虑过这样的语言吗——以音节为语音结构，不仅仅以元音为语音结构？

在学术研究的过程中，我将语言视为领地，需要为之战斗。我只看到事物间的联系，却未深究其本质。我在同音异义词中找寻证据，在同韵词中寻找反证，目标就是要发现证据，发现更好、更多的证据，固若金汤、颠扑不破的证据。若是缺少证据，你将再也无话可说。我和同事们共同判定应将什么证据纳入考虑范围。

二十年前，我对证据的观点改变了。我开会后驱车回家，正沿着奥克兰山间熟悉的桉树夹道爬坡时，突然出现一只狐狸。迎面下山的司机也看到了。她事后解释说，她错将狐狸看成自己喜爱的猫科动物。出于这种喜爱，她猛然打轮，免得撞上长得像猫的狐狸，结果却撞上了我的车，使我连人带车滚下路堤。我没被甩出车外，但汽车翻滚了三次，它每滚一次，我的头骨都猛撞到侧窗上。医生事后告诉我，头骨没碎算我走运。我只被撞成了严重的脑震荡，颞叶上有一处瘀伤。但是第二天，有证据表明硬膜下有一处血肿——程度很轻，只是头骨下有点瘀血，不在大脑内部，很快就会自愈，无需手术，因此我还算走运。但当我发现一丁点脑部血肿和瘀伤并

---

1 亦称公开化，苏联戈尔巴乔夫时期施行的政策。

不像膝盖上的擦伤和青肿那么容易复原时，运气就逐渐消退了。我很难记住用文字组织起来的想法。当有人让我描述在事故发生前刚好看到什么时，我能看到路面、狐狸和另一辆车，还有在金属撞击声响起以前那个女人直瞪着我的眼睛，可我无法描述这一切。我说不出事物之间的关系，无论是空间的，还是时间的。当我能重新讲话时，我感到自己的想法仿佛被转移到了一个存储区，某些想法会比其他想法更快地被释放出来。当我再也看不懂别人针对我在《语言》杂志上发表的论文提出的反对意见时，我才明白我的智力已严重受损。可我自认为能完全康复，因此并未辞职，而是向学校请了假。我说我只教一个班，以后会慢慢恢复正常。系主任含含糊糊地保证说，等我好了，我的教职还在——他们会竭尽所能保留我的教职。他的语气太过安抚，仿佛在对将留下大笔遗产的垂死之人表达过分的热情。虽然大脑受损，可我还是觉察到了：他很想摆脱我。我随即大喊道："你以为我已经笨到竟会相信这种话？"这是事故发生后我说过的最容易理解的话。

律师列举并夸大了我的伤势，保险理赔时也相应地付给我一大笔钱。六个月后，我才发现付给我这笔巨款并不过分，因为我的损失是无法用金钱来补偿的。我被迫思考我的生活在多大程度上受思维能力控制。随后，我陷入了曾拥有健全大脑的悲伤之中。

我的思维变成了无关联词语的拼字游戏板。我必须有意识地拼凑它们，才能构成句子。与此相似的是，我的思路也不连贯，我不得不寻找连贯的思绪，将它们按逻辑顺序连缀起来。我分辨不出比低俗的闹剧更微妙的讥讽、反讽和幽默。我变得惊恐不安，担心自己的损失或许根本无法衡量。

为了让大脑康复，我接受了言语治疗，但对自己缓慢的进步很不耐烦。晚上，我会阅读简单的文本、童谣和童话故事，首先是英文的，之后还有别的语种。在治疗初期，我计数着自己的点滴进步——一天后我还能记住故事的主旨，或是记得不同的矮人、仙子、妖怪、巫师所特有的本领。我读了上百篇童话故事，然后一次次地重读，直到我感觉它们不再陌生。我恢复基本分析能力的方法，是在那些童话中寻找模式：故事里经常出现欲望和阻碍，还有需要充分发挥聪明才智方能应付的考验。我在便笺本上记录自己的发现，作为临时的记忆。我注意到，获取胜利既需要猛烈地摧毁敌人，也需要城堡、王国和爱的奖赏。我还发现，许多故事有同样的情节模式，常出现于故事中部，在那个交会处，糟糕的决定迅速变成毁灭性的决定：离开一地时，不要回头看；如果你回头，就会回到起点。我用这句话来警示自己的人生——如果我回头，我的所有进步都会消失。我仿若童话中的人物，被驱逐出王国，直至找到充足的线索来解开谜题。我被迫蒙着眼睛走进一片会说话的森林，必须找到吐着水舌的大海。我不得不用漏水的桶子打水，直到海浪都变成沙丘。该死的城堡，可恶的谜语。

一天晚上，我拉开抽屉寻找便笺本，偶然翻出我在事故发生前起草的一篇专题论文草稿。我手中捧着的稿子便是五年前的我的残留部分，稿子写出后几小时，我便跌入了深谷。我明知自己不该读那些文稿，但我亟须了解大脑的状况是否已有所改善，这既是渺茫的希望，也是巨大的折磨。我先看看标题，随后小心翼翼地读着简短的描述性段落，最后欢呼起来。我读懂了，更确切地说，是读懂了段落的含义——构词学证据表明，锡伯族的语言很可能是一种满语方言，而不是满语演变的产物。我继续读下去，终于想起我为何选择撰写这篇论文。在中国东北地区的偏远乡村里，新发现了几个以满语为母语的小块地区。我掌握了新数据和新证据。但这些讲满语的人上了年纪，而他们的后代又只说汉语，因此，满语如同一场到了最后一棒却无法传递下去的接力赛。这篇专论犹如及时雨。令我欢欣鼓舞的是，我能理解零零星星的前提、数据和假设，也理解互争高下的理论和有待补充的证据主体内容。我只能看懂那些碎片的大意，但它们足以成为解谜的线索，每块碎片都是一片绿洲，一个连着一个，在我记忆的干涸沙丘中创造出一条通路。

身为语言学者，我比大多数人更明白一个人不会在遗传中获得对特定语言的偏好。然而，我在初学满语时有种奇怪的感觉，觉得我正在重拾一种曾经用过的语言。我念出的重复音节结构似曾相识。文字的含义伴随着生动的意象，仿佛是在追忆往事。十五年前的一天晚上，我就回想起那么一个意象——不是单词，而是它代表的意象——一株古老的枯木，树皮已经剥落。我在头脑中仍能描绘出那株光秃秃的树。当我回想它时，有个影子从树后跑出来，犹如全息影像般浮在我眼前。我去触摸它，它立即消失了。我以为我中风了，大脑出现了渗漏，之后整个人都完了。我闭上眼，静观其变。一分钟后，我睁开眼睛，发现那个影子又出现了。它是个单词。Kirsa[1]，

---

1 在满语中有"沙狐"之意。

我高声念出来。那个词立即跳了一下，又迅速穿过我的视野。一片剥离的视网膜。医生曾警告过我，这种情况可能在事故之后数月甚至数年发生。那个词又回来了，稳固而可靠。这种幻觉意味着什么？是我精神错乱了吗？我想证明我没有精神失常。我想让 Kirsa 融入记忆中，变为我曾熟悉的单词再次出现。我读出那两个音节，软腭音连同咝咝声，却依然对不上词义。Kirsa，kirsa，kirsa，我念道。我正要放弃时却突然看到了它：kirsa，狐狸，倒不是损害我大脑的那只路遇的狐狸，而是大草原上的狐狸，是你找寻它时总也找不到的那种。我了解狐狸知道的事：为了看到幻象，你自己必须变成幻象。下一刻，我已驰骋于大草原，干燥的沙粒打在我的白肚皮上。

从那天起，我便自由自在地邀游在已逝的语言文字中。我念着它们，我为之惊叹，我珍视它们；有片刻工夫，它们鲜活地来到我面前，犹如火焰燃起前的磷光般转瞬即逝，却又明亮耀眼。

我现在理解了元朝末年蒙古人退居漠北的选择。听听他们的开元音和快速的齿龈边闪音。他们渴望再次狩猎，渴望站在马镫上越过山岗，驰骋在刺草原野。三百年后，清朝风雨飘摇，一些满族军士离开平原，当他们沿着阿尔泰山脉穿越大草原时，满语的发音也开始随之变迁。腭化的塞擦音前移为咝音，通古斯人的舌头欢快地嘶啦嘶啦响。每天夜晚，他们坐在满天星斗下，畅饮着发酵的马奶，低声咕哝着明天又将穿行于无边无际的大草原。但是不出两年，他们就跪倒在地，惊诧地高叫着——Adada ebebe[1]! Adada ebebe! 这是

1　完整说法是 adada ebebe seme，在满语中表示惊奇。

怎么回事? 没有任何东西从长草中冒出来标明路线。敌对的部落已拆毁祖先留下的石堆——三十七代人的路标如今已经消失。很快,他们便出现了幻觉。鹿看着像石头,石头则变成了兔子。

从那以后,他们惜语如金,只讲述有关水源的传闻。地下水从一条隐秘的河流中淌出。七位美丽的姐妹把罐子里甘甜的水倒在绿洲中。泥泞的池塘被骆驼的鼻息熏臭。齿鼻音 n 摇摆不定地退回旁流音 l。寻找水源的人们绝望地抓挠着沙地:"回想起来,从此处向东,半天的路程内是没有水的。回想起来,这条路走错了。"后来,他们的喊叫减弱为 olhokon, olhokon——"我们都干死了"——他们干渴的声音被卷入呼啸的风声里。他们最后听到的声响是十万只蟋蟀跃向空中时"沙沙"的尖叫声,它们跳到满族人身上,趁他们的肌肤尚未腐败吞噬了他们。

十五年前,我读到这些文字:离开一地时,不要回头看;如果你回头,就会回到起点。那时我将这句话视为告诫。但当狐狸出现以后,这句话就成了一种选择,从那以后,我每晚都回望过去。

今晚,我来到头脑中的某个地方,在那里,山脚与河流交会在一起,senggin, 即会合之地。我等待着,直至感到声音在我的血脉中律动。它响起来了——泼啪! 泼啪! ——是马群轻盈奔腾在草地上的声音。第二个元音收紧了。泼噼! 泼噼! 马蹄踏响了大草原被炙干的土地。很快,我们就会到达往昔开始的那个地方。

坚韧的肠道

[摘自日记]

我将"意图"误读成了"肠子"[1]，现在想来，这个意象倒也恰如其分。你的意图部分源于别人喂给你的东西，由于时间太久，你已忘记吃的是什么，更不消说是为了有益才吃，还是只为果腹充饥；也忘记了你所吃的是美味可口的东西，还是一种毒药，一种上瘾的滋味。

人们不再买书。人们吝于为自己的思想花钱。他们正在挨饿。

---

1 原文为"intentions"（意图）和"intestines"（肠子）。

第十三章　语言学准则

语言习得

　　我母亲讲上海话、普通话和英语，但无论她讲哪种语言，别人都经常误解她。

　　上海话是她习得的第一种语言，她听父母讲上海话，上海话她讲得最好。童年时，她开始在学校里学习普通话，普通话是授课的语言。她和我父亲争吵时，两人都讲普通话，我猜想，他们做爱时亦如此。她在学生时代上过英语课，在她讲的语言中，讲得最差的显然是英语。因此，在她去世十二年后，当我偶然找到一份大学文凭的副本，表明她在英文授课的大学取得文学学士学位时，我颇感震惊。我仔细查看后发现，获得者的姓名是"杜娟"（Tu Chuan），跟她留学签证上的名字"杜琴"（Tu Chan）只是相近而已。她利用了别人的文凭。她的英语总是错误百出，证明这个假设很可能是真的。假如她确实读过英语专业，我就会看到她读英语小说，可我甚至一本都没见她读过。我家拥有的小说仅限于成套的《< 读者文摘 > 精粹系列丛书》，是别人捐给我们的，可她从来不看；我倒是读过。卡森·麦卡勒斯的《婚礼的成员》[1]便是其中之一。她从未承认读过我高中时看的任何小说。噢，《红字》。我爱那部小说。牧师和那个女人。她受到了惩罚，可他却没有。太悲哀了。我父亲和她就是牧师和那个女人，而她受了罚。可她从不那样说。

1949 年，她收到位于旧金山的林肯大学的美国文学专业硕士研究生录取通知书，之后，她给教务处主任写信坦承自己的英文水平变得有点儿"荒疏"了。主任回信说："你的困难和那些中断了学业的中国学生一样。"主任指的大概是抗日战争，"七七事变"发生那年母亲二十一岁。她指的又或许是更近的内战，时间从 1945 年至 1949 年，那是母亲个人生活的动荡时期，她爱上了我的父亲，离开了丈夫，因不贞被捕入狱。

"不要因此气馁，"主任于 1949 年 7 月 26 日写道，"这个问题很好解决。"主任告诉她，到美国后她将被收入英语口语、听力训练和地道演说的强化班。一旦语言熟练了，她就能正式开始上课。同时，主任还给美国驻香港领事馆的负责人写了封信，母亲在那里申请留学签证。她呈上书信，证实自己已被大学录取，而且"任何语言缺陷都将被及时弥补，包括语法结构的问题"。她于 1949 年 8 月 27 日抵达美国，两周以后，她并没开始上英语强化班，而是嫁给了我父亲。不到一个月，她怀上了我哥哥彼得。她从未踏进那所有主任帮过她的大学。直到父亲去世两年后，她才开始上英语速成班来打

---

1 20 世纪美国作家卡森·麦卡勒斯的长篇小说，小说以佐治亚州的一个南方小镇为背景，围绕一场婚礼，讲述了十二岁少女弗兰淇短短四天的夏日经历。

旧金山，1989 年：母亲在翻译姐姐丽君写给我们的
家书

磨自己的水平，因为我离家去上大学，没人替她写信了。她参加了一
个 ESL 课程。我很佩服她擅长表达自己的想法。尽管她的句式结构
远非完美，却已颇有进步。最令我震撼的是她对背井离乡，在美国
漂泊的感想。

　　我来到这个国家已经很久了。我能记得的最后一个场面是我
在悄然驶离上海外港的最后一班船上，当时战事仍在持续，那是
1949 年 5 月。一些人并不觉得战事与自己有关，相信自己很快能回
来，但这只是那些人的一厢美梦罢了。

她说话时总也摆脱不了语言荒疏的毛病。在接下来的五十年里，她的英语一直很烂。在我出版第一本书之前，她从未读过任何美国文学作品，这是她读的第一本，也是唯一一本。当我出版第二部小说时，她已患阿尔茨海默病，很难厘清《灶君娘娘》的故事情节，而那部书包含了她生活中的许多事件。"我不必读了，"她对我说，"写的就是我，我知道发生了什么事。"

语言的演变

患上阿尔茨海默病以后，母亲丧失语言能力的顺序与习得的顺序刚好相反。最先失去的是跟我说话的语言，即被她个性化改造过的英语。之后，我们交流时就只讲普通话，我理解起来相当容易，但只能说出有限的语汇，相当于五岁小孩。这倒足以与母亲沟通交流，因为她的思维和情感已退到孩提时代。久而久之，她与我讲话时，渐渐转为使用普通话与上海话混杂的语言；不久以后，她和我的语言表达缺陷几乎不相上下，我只得指着东西猜她要说什么。你想去那儿——去洗手间？在人生的最后阶段，她的口语表达主要是含混不清的上海话、手势、咕咕哝哝，以及少许怪异的惊叹。她所说的我都理解，因为总是同样的内容：她只是想让我陪在她身边。

甚至在她生命的最后几个月，只要我一走进她在辅助生活中心的房间，她便会立即认出我。有时，她会喊出与我名字非常相近的代称——双音节的鼻音化元音。那时，她的双唇几乎不动，呜咽声听着像是有人在她嘴里塞了东西。她面无表情，这是患病晚期的普遍表现。但我知道母亲并非感情冷漠。当她使劲扑腾双手让我尽快走到她身边时，其激动心情显而易见。她偶尔咕哝出一个词，通过语境和手势让人理解——要拿她喜欢的毛衣，或是给我看一张纸片，上面是我无法破解的神秘内容。我们使用哪种语言都无关紧要，无论是英语还是普通话，又或是二者的组合，只要我在她身边，用她想听的话来抚慰她就好。我会告诉她，她十分美丽动人，简直让别的女人嫉妒。我会告诉她，她聪颖过人，能留意到别人看不见的东西。我还告诉她，大家都很爱她，会在她中意的餐厅等她，而她将成为主宾。我用普通话报出她爱吃的菜——虾仁、扇贝、鲈鱼、海蜇、豆苗、饺子，还有热汤——滚热滚热的，她就喜欢那样的汤。我们的首要语言是情感，我握着她的手，她也握着我的手。我们说话的语调、手势和我们四肢动作的幅度表现了情感。情感还体现在我的面部表情和我对她表情的解读中，倘若她还能微笑、蹙眉或面露困惑的话。"你是在笑我吗？"我会一边佯装惊诧一边问，再将她发出的任何声音和嘴部的动作大声解释为肯定的回答。她喜欢这种逗趣的关怀，甚至在生命尽头，当她还头脑清醒时，也能理解所有仅由讲话的声调和语气表达的意思，包括爱意、确信和幸福。丢掉了字词，含义仍在。无论用何种语言来表达，含义都相同。这是我们共享的情感语言，它绕过了大脑中管理句法、语义和语音规则的部位，由储存长久情感记忆的区域加工处理，那些记忆始于她的婴儿时期——清晨时，她的母亲想必对她说过这样的话："别哭，我就要喂你啦。"声音的形态意味着安慰与信任。她也这样对我说过。

有一天，我从纽约回来，发现她在我离开的两周里消瘦了许多，我为此向她表达了忧虑。从几个月前开始，她就在不断消瘦——身高四英尺九英寸的她从体重最重时的八十磅下降到七十二磅。后来，她几乎不足六十五磅，很快又降到六十磅。终于有一天，她开始拒绝进食。她不停地呜咽，推开我举到她嘴边的勺子。当我执意坚持时，她开始像婴孩那样号啕大哭。到那一刻，我终于再也无法否认她真的会死了。几年前，母亲曾要我保证绝不为她上鼻饲管。她对我说，她被迫做出的最痛苦的决定，莫过于同意医生的建议，为我不省人事的哥哥撤掉鼻饲管。"别开始用，不用就不必停用，"我记得她说过，"反正它根本就没用。"

心理和情感上的四年准备并未减少我意识到她时日不多时的震惊，医生说她至多还能活一个月。母亲从不回避谈论死亡。实际上，她曾过于频繁地盼望自己死去，尤其是当她发现你有秘密瞒着她，或在背后议论她时，她会产生强烈的自杀冲动。无论她能否听懂我的话，我都决定尊重她。于是，我坐到她身边，抬起她柴棍似的手臂，用英语柔声说："看你多瘦啊。"

她盯着手臂瞧了一会儿，然后咕哝道："还挺不错的。"她确实说出了这些词，而且是用英语。这句话曾是她在各种情况下的自发性用语。"还挺不错的。"她想把旧沙发给女儿丽君时就是这么形容的。"还挺不错的。"她形容自己弹奏肖邦的练习曲时也是这么说的。"还挺不错的"指现状和持续状态。

我轻抚着她的手臂说："你太瘦了。你觉得自己快要死了吗？"

她再次注视自己的手臂，盯着看了许久，仿佛它就在眼前发生变化，然后说道："我可能死。"

她并未简单重复我提问时的说法——快要死了，而是组成了她自己的词句：我可能死 (Maybe I die)。她身体强健，反复以自杀相要挟时曾这么说。我不知道她能听懂什么，但我用安慰的语气对她说，我会竭尽全力让她舒适些，她什么都不用担心。她会感到欣慰的。

"好的。"她说话的语气就像小孩相信母亲所说的任何话：只要你穿上毛衣，我们就能去公园。好的。我离开她以后就崩溃了，坐在车里放声痛哭。

当临终关怀护士来评估母亲的状态和需要时，母亲将食指搭在那个女人的胸牌上。"凯瑟医院。"母亲缓缓念道。这又是奇事一桩。她认出了医院的徽标，她曾在这家医院担任过敏反应技师多年，如今在这儿接受治疗。那几个词的发音比她近几个月来说的任何话都清晰。她继续盯着那个胸牌，随后手指滑过下一行字，高声念出护士的名字。她能读出字来。她垂死的大脑是怎样使她还能识字、讲话的呢？

多年来，母亲揭露的事情始终出乎我的意料：外婆第二次婚姻的隐情，外婆自杀的秘密，母亲初婚时嫁给一个暴虐男人的秘密，她在中国留下三个女儿的秘密。另外，她心平气和地接受我不再学钢琴，也平心静气地接受我与白人男友同居。当我男友的父母不赞成儿子选择我时，母亲替我辩护也令我吃惊。再有，她宣布要嫁给弗雷斯诺的一个杂货商，那人只讲广东话，而她却不会说。

她在电话里宣布要和杂货商离婚，想让我当天就去接她。几年后，她又宣称交了个八十五岁的男朋友，是上海人，他将随同我们参加我在日本的售书活动。我们不得不手忙脚乱地为他买机票，但让我们高兴的是，活动期间她会一直跟她爱的男人黏在一起。他们没有结婚，但我的任务是告诉在北京的舅舅说他们结婚了，蜜月里有段日子会跟我们一起过——意思就是，他们将同住一间卧室。旅程过半时，她和男友吵了一架，还宣布当天就想回家。这倒并不意外。

如今，在生命的最后几周里，她表现出自己仍会读英文，我本以为她在三年前就已失去这项技能。我迅速找出一张纸，打印了几个单词，字号很大：眼睛、鼻子、嘴、耳朵、胃。我让她念第一个词。"眼睛。"她清晰而缓慢地读着，好像一个女生在学英文。我问她："你的眼睛在哪里？"她指了指自己的眼睛。我们过了一遍清单，她正确认出了所有单词。真是奇哉怪也。一定是她脑子里的某样东西发生了变化。飘忽不定的语言绕开重重阻碍，转移到脑部受损较少的区域。她能读、能说，也能理解词义——还都是英文的。后来，我问她："感觉身上有什么地方疼吗？你的胃痛吗？"她茫然地看着我。看来还是有局限的，但我们通过阅读来交流仍令人欣慰。她向我表明，她听得懂我在说什么。我们再一次被文字联结起来，这个字表示"爱"，那个字代表"你"。我仿佛被带回到许多年前，那时我们因距离之遥和缺乏理解而分开，为了消融这种隔膜，我们曾给对方写信。

"你能读啊，"我说，"这么长时间，你一直瞒着我。"我逗她，夸她，我欢呼雀跃。她的回应听起来好像在说："哈——哈。"我想尽一切办法称赞她，以便她确实能听出我说话时兴奋的语调。"你真是个小鬼丫头。你骗我。你可真机灵，简直是最聪明的姑娘。"从她头部、手臂和腿部的动作中，我看得出她因为让我高兴而得意。

那是我们唯一一次一起读那些单词。她在停止进食后，迅速变得更加虚弱，无精打采。我们一家都来守夜，包括我弟弟，从埃尔塞里托赶来的同母异父的姐姐，从威斯康星来的另一个姐姐，还有表亲、外甥和母亲的多年老友们。她经常昏昏入睡，即使在清醒的状态下，她也神情茫然，一动不动。她的体重很快掉到五十磅以下。有一天，躺在带枕头的躺椅上时，她突然醒了，自从健康状态每况愈下以来，她从没这么活跃过。她嘴里咕哝着，抬起瘦削的手臂，比画着指向天花板。"姆妈！姆妈！"她说。那是上海话里的"妈妈"。她在召唤自己的母亲。她九岁时曾站在母亲床前连哭了三天，而她的母亲因吞食过量生鸦片慢慢死去，自此她再也没见过母亲。现在，母亲的声音紧张不安，牙齿直打战。我想象外婆身穿她在最后一张照片里的中式衣裙，正微笑着张开双臂，想要一把搂住女儿，带她回家。母亲向我摆着一只手，断断续续地哼出几个词，声调恰如她在家里来客人时发号施令：别只站在那儿呀。快！请她坐下。我打着手势，请外婆坐在沙发上。母亲指着房间另一侧的什么东西，发出不耐烦的声音。我猜她想要什么：照片、电视机遥控器、茶叶、椅子，还是水。最终，我猜到了正确答案：她的貂皮大衣，那是她暗示想要一件时我买给她的。她指向沙发。快！快！她想让我把大衣给她母亲。我将它披在沙发上，披在我想象外婆可能落座的位置。这时，母亲正朝着天花板含糊不清地说话。显然，又有隐形的客人到了。从她咕哝的声调来看，她似乎是在回答他们：我也很高兴见到你们。没错，我很快就要回家了。她没让我邀请他们落座，可能是因为

来的人太多。当夜更晚些时候，天气转凉了，我将貂皮大衣盖在打盹的母亲身上。她醒来后变得躁动不安，不停地推开大衣，仿佛它正在燃烧。她疯狂地比画着沙发的方向，那是我邀请她母亲坐的地方。多么奇异啊。我忘了曾给过她母亲这件大衣，可她没忘。她处于另一种清醒的状态中。

翌日，她始终昏睡不醒。她仍在呼吸，但她的某些部分已然离去。临终关怀护士给了我们一本小册子，里面有临终时会发生的情况。册子上说，最晚丧失的是听觉。于是，我们为母亲举办了一场喧闹的派对，让她知道自己仍是我们的世界中心，是最重要的人。我们知道她喜欢别人关注她。二十位亲朋好友一整天都在打麻将、玩扑克。我们点了比萨和中餐外卖。我们观看她喜爱的电影，聆听肖邦的练习曲。两天后，我们意识到她绝不会离开为她办的派对，于是我们缩减了规模，除了个别人之外都回家了。我睡在她身旁，注视着她呼吸的样子，快速吸三口气，之后稳稳地长吸一口气。这是她平生发出的最后声响。我留心观察着她已随她母亲离去的迹象。

常见的表达方式

父母没强迫我学普通话，因为当时大家普遍认为，学习父母语言的孩子永远不能彻底掌握英语，仿佛我们的大脑每次只能掌握一种语言，因此，双语学习就意味着我们每种仅能掌握一半。幸运的是，我设法吸收了足够多的普通话，通常是无意中听到，或是日常生活中别人对我说的，又或是母亲紧张激动时用普通话大喊大叫。

显然，那些经历足以使普通话在我大脑天生的语言结构中永久占据一席之地，此外还有我在学校学的西班牙语，我在瑞士的遭遇中学到的以及最近自学的法语。尽管我能读写西、法两种语言，在中文方面却是完全的文盲。不过，理解普通话与理解西班牙语和英语不同，我不需要借助额外的语言学步骤，即在脑子里翻译文字的含义和正在使用的词形变位。与姐姐们相处时，我们聊着闲话，交换不同的看法，这时我们都讲普通话，我表达自我的潜能又暂时恢复了。我只有幼儿的词汇量水平，因此经常受阻，但她们懂得如何自发地迁就我的水平，或是提供更多语境提示，例如，前几天我们去的那个地方；又如，他们为我抽血的原因。我有许多白人朋友普通话讲得比我好多了。他们刻苦学过普通话。他们能看懂中文菜单，点出繁复的菜名，组织商务会谈，几乎能应付任何情况。但在普通话方面，我拥有他们永远都不具备的直觉，那是语言学校里绝不会教的东西。这与中国父母抚养孩子时的日常表达方式有关。我能不费力地知晓微妙的情感差别与意图，还有愤怒、忧虑或带着温情说话时的潜台词。

以常用的表达方式为例："我气死了"，意思是"我气得都要死了"。英语可对应翻译为"I'm angry as hell"，但这个翻译可无法涵盖母亲说那些中文词时可能想表达的各种意思。就恐怖程度而言，"hell（地狱）"和"死（death）"的程度不同。这种说法有不同层次的含义，取决于你说"气"和"死"两个字时的强调程度，以及你是否说了"我"字。迅速嘟哝一句"气死了"——可能是表达她在生气，因为发现自己从商店货架上拿了两只左脚的拖鞋，付了钱，到家后才意识到自己拿错了。在那种情况下，"气死了"只表示"我很生自己的气"，一边说着还恰到好处地拍了下额头。如果是售货员将两只左脚的鞋装起来，而且鞋子很贵，商店又远的话，就会着重强调第一个字"气"，随后呼出一口气，使人联想到从她嘴里喷出灼人的热气。如果她用低沉的咆哮声说"死"字，还以大量"咝咝"声来强调，就代表在模拟以刀割喉的声音。

　　母亲会用普通话说"我打死你"，这是她表达愤怒的另一种方法。在此例中，字面意思是"我要把你打死"。英语里也有类似的说法，比如："这些巧克力不管你吃掉哪块，我都会杀了你。"这代表你态度认真地表明你多么爱吃巧克力，直截了当地告诉别人他们绝不能染指，但那并非真正的威胁，因为你不会做出任何能让你坐一辈子牢的事。中文"我打死你"的分量与此相当，但听着厉害得多，令人恐惧的音节更长，表示随后可能真会打人。为了努力提高普通话水平，我大概看过三十集反映过去某时代的中文电视剧，它们充分向我展示了这一说法的实际含义。该剧讲述了七十年间三代人的兴衰，播放时没有字幕。倘若我一点普通话都不会的话，"我打死你"就将成为我学会的第一句话，因为它在诸多情形下被用到——从羞辱到违逆，再到背叛。父亲威胁要打死考试不及格的儿子，还差点杀掉赌光了一大笔家财的那个孩子。在那部电视剧里，亲兄弟、表兄弟、亲家之间互相恐吓，主人威胁仆人，姨太太威胁女佣，而女佣们在自尽前险些被打死。在这部电视剧里，每个人脾气都很坏。在我们家，"气死了"是"打死你"的情感序言。我要赶紧补充的是，这不是中国文化的特有现象。在我成长的年代，许多美国家长都遵循"省了棍子，宠坏孩子"的箴言，就连老师也在教室前面打学生。与其他父母相比，我父母没有那么频繁或严厉地责罚孩子。跟我一起长大的有些孩子只要一耷拉着脸就会挨巴掌。我还记得隔壁有个生着金色卷发的四岁小女孩，她每天都在洗手间里挨打，发出尖叫和哀号声。那个女孩自己也渐渐有了暴力倾向。她会把我们推倒，只要有机会就猛一关门，夹住我们的手指。当然，我家有时也会拿出发梳，父亲会在母亲的命令下动用它。母亲偶尔会扇我耳光，但我十二岁时个头就比她高了，她不得不改用拳头打我的背。我记得还有一次，母亲在邻居的要求下惩罚了我们。哥哥、表兄弟们和我在我家后院采野黑莓，然后将它们扔过篱笆墙。我们透过小孔，幸灾乐祸地看着"子弹"连珠炮似的纷纷击中"靶子"——晾衣绳上晒干的白床单。母亲不喜欢这个白人邻居，但也不能放过我们的错误。于是，当邻居在篱笆墙那边听她训话时，她用中文对我们说："我一拍手，你们就大声尖叫。"随后她用英语嚷道："这是你们干的坏事？嗯？伸出手来。"之后，她自己拍拍手，我们就轮流扯着嗓子尖叫。

母亲对我和兄弟们常说的其他中文语句宛如纽带，联结起我们一家人的生活：

刷牙。洗脸。关灯。睡觉。

晚饭好了。别等我。趁热快吃。多吃点儿。味道怎么样？太咸了？没味道？够辣吗？你能吃几个饺子？

听我说。别惹麻烦。当心。留神。你吓死我了。

谎话连篇。笨得难以置信。你太坏了。脾气这么差。你为什么给我脸色看? 我要是死了, 你会高兴吗?

我累坏了。我腿酸。看看我得受多少苦。你信我还是信她?

你病了吗? 你烧得真厉害。你受伤了吗? 你肚子不舒服? 多喝点儿大米粥。别哭。躺下。等着我。别害怕。我很快就回来。你相信我吗?

标准英语

我的非华裔朋友大多得费力去猜我母亲说的话。有时他们能理解一半，但有时什么都听不懂。在美国生活的五十年里，她的语法变得越发与众不同。她从过敏反应技师的岗位上退休后，无需再努力让患者理解她的意思，因此发音就退步了。但她滔滔不绝地以她的方式讲英语时却毫无困难。"我有好多好多好多好多话要对你说（Lots lots lots lots I have to tell you）。"在与我进行两小时的谈话前，她这样对我说。她没发觉自己的发音有多么不标准，一天我发现她正想教她的女儿——我同母异父的姐姐丽君——读单词，用她不正确的发音教。

我能理解她那种洋泾浜式的英语，因为它伴随我长大，是上海话、普通话和英语的混合体，有着独特的发音和出奇有用的混杂用语，例如："You unwind my mind"，意为"你歪曲了我的话，把我弄糊涂了"。母亲的句式结构是将英文单词叠加在随性发挥的中国式"主题"句法上，根据她想强调的内容来遣词造句："你穿的那件连衣裙这么短，是想让大家都看到你的屁股吧（You wear that dress so short you want everyone see up to your pi gu）？"

她讲英语的方式没妨碍我学会说标准英语。幼年时，所有孩子都自然而然地学会了校园英语。其实，我的确零散地用上了她的某些语言结构，但不是一贯如此。我会说："go school（去上学）""go hospital（去医院）""go library（去图书馆）"。这大概是因为我在家时会按母亲说话的句式，讲一种改良模式的英语。她的词汇量有限，我在开始读书和上学以前，始终依靠她一成不变的策略，以功能而非名称来识别物体。"我想要你涂在脸上的那种东西。"

到十几岁时，我已懂得如何在家里讲改良英语，以便与母亲的语言相适应。一方面，我本能地实时摒除她听不懂的单词和习语，例如：Ignorance is bliss. Elephant in the room. Shoot the breeze. (无知是福。避而不谈的事情。闲聊。) 还有些是她大概能理解的：a bitter pill (必须接受的严酷现实)，burn the midnight oil (熬夜)，thumb one's nose (嗤之以鼻)，be glad to see the back of him (跟他断交)，

cost an arm and a leg（付出高昂的代价）, a picture is worth a thousand words（百闻不如一见）, 以及 cut corners（走捷径）。她常对我说——你很懒, 爱"走捷径"。

我懂得应避免复杂的英文语法结构和概念。因此, 我不会向母亲报告"我们正在讨论宪法修正案", 否则可能会兜一大圈向她解释那是什么。"我们读到在美国建国之初, 有人颁布了某种类似于头号法律的东西, 意思是我们有权自由表达自己的想法, 没人能剥夺我们的那项权利。"有许多次, 我惊讶于母亲实际了解的事情如此之多。在我刚举的例子中, 她可能会这样回答:"让我瞧瞧书。宪法修正案。是《宪法第一条修正案》啊, 这可不是法条, 不是'摩西十诫'。这就好比说你拥有某样东西, 现在受到许多法条的保护。我知道这个, 因为你爸爸和我为了考取公民身份背过。得了一百分呢。你以为我那么无知, 一窍不通? 我懂。这是重要的修正案, 是美国人的权利。但这不代表你想对我说什么都行, 这可不是美国人的权利, 而是欺负你妈。"她确实学过宪法、《人权法案》、宪法修正案和三权分立, 还有对美国的效忠誓词。她的英语还真够用, 一个对英语生疏的人如此让人称奇。在留学签证过期后的十年里, 他们战战兢兢, 不断恳请司法部暂缓驱逐他们出境。最后, 她和父亲终于将手按在胸口, 宣誓效忠美国, 于 1961 年成为美国公民。他们回家后就哭了。我一直记得这一场景。

基于史实的语言学

　　父亲的第一语言不是普通话。他生于一户广东人家，祖籍是地处中国东南部的广东省中山县[1]。既然他能讲一口流利的广东话，想必那是他们的家庭用语。他也能熟练地讲英语。毫无疑问，这得益于他能讲流利英文的父亲。我听说他的祖父，即我的曾祖父，受过英文教育，我猜他大概在循道公会传教士开办的基督教教会学校上学，因为那是我父亲家信奉的教派。祖父也在英文授课的学校上学，因此，他在没学会读写中文以前，就已学会用英文读写。父亲在北京城外一家以英语授课的男校上学，他肯定是在那儿熟练掌握了英语和标准的普通话。他的家人很可能充分利用广东话、普通话和英文的多语言技能，与外国人做生意。他们经营了一家出口公司，在中国的经商线路从南到北，再由北向南，还挺进了中部城市武汉，那也是父亲的出生地。祖父想让全家十二个孩子都学英文。他用英语给他们写信，把十一张复写纸放在家书原件下面，用力压出十一份副本，再寄给他们所有人。有位叔叔说，在他收到的副本上，字迹很淡，因为他比我父亲小很多。身为长子的父亲收到了家书的原件，因此他的英文是十二个孩子中最好的。凭借这种技能，父亲可以带领英美来访者参观桂林的中央无线电器材厂，他在那里任工程师。后来，语言能力还帮他在美国情报服务机构和美国军队里找到了工作。父亲最疼爱的妹妹桂英（Jean）也住在桂林。她在家中排

1　今广东省中山市。

行老二，因此收到的是那摞副本中的第一份。她的英文也很棒，只是稍逊于我父亲，这使她成为电台的英语节目播音员，那家电台正是由父亲供职的无线电器材厂经营的。

1977年时，祖父八十七岁，我二十五岁。我从旧金山写信给他，他则从上海给我寄了回信。我们从未谋面，这也是我第一次收到他的信。我父亲是祖父的长子，自1947年后，祖父就再没见过他，而父亲也已去世近十年了。他的信写在一张薄薄的信笺上，字迹颤颤巍巍。他抱歉没能早点回信。他说自己因年迈而眼神不济，倒是没有别的毛病，可他发觉读写困难。他的信里绝大部分是详谈他视力问题的性质。他补充说，他的胃口不错，睡得也好。他很高兴得知我母亲的身体还算硬朗，仍能从事护士工作。他盼望我多给他写信。这封信中提及的信息不多，语气也不是特别亲切，但最令我困惑的是他的落款："深爱你的休"。我在五页纸的信中称他"爷爷"，落款是"爱你的孙女恩美"。我自忖他为何不写"你的爷爷"或是"爷爷休"呢？他觉得"休"在美国孙女听来会更亲切吗？我听说有的亲戚曾反对我父母结婚，母亲也因此怨恨父亲的妹妹Jean，但我没听说父亲和祖父之间有任何龃龉。也许他的视力太差，所以没读出我向他表达的爱。他可能只是习惯性地签了名，没考虑名字里蕴含的复杂家庭关系。无论是哪种情况，我敢肯定他不会料到自己的签名会让孙女在余生里一直揣摩祖父如何看待两人之间的关系。

虽然父亲的英语远胜于母亲，但直到最近，我一直认为他们的普通话水平旗鼓相当。别人曾评价父亲能讲一口标准漂亮的普通话。他们也这样评价他的广东话和英语。他是牧师，习惯公众演说，因为他的工作就是说服与安抚。即使在转行当工程师以后，他仍以客座牧师的身份发表振奋人心的布道。他主持过婚礼，在庆典上担任非正式的司仪，向别人祝酒，带领亲朋好友唱歌。人们有许多机会听他讲演，但从来没有人让我母亲在任何聚会上讲话。她是沉默寡言的半边天，在家中却是说一不二。

我经常琢磨，华人从我母亲的讲话方式中读出了什么。因其运用语言的方式，人会被迅速打上标记，包括年龄、教育背景、地域环境，还有教养——通过彬彬有礼且微妙的言说方式反映出来。但是语言运用也能欺骗你。我认识的许多自学者比拥有高等学历的人更善于表达，也更博学多闻。而今，很多美国妈妈会模仿孩子说英语时挑高声调的疑问语气。*我也在同一家餐馆？我碰见了一个高中时认识的朋友？*我曾认为年轻人在找工作时如果不用挑高声调的方式讲话，听起来会显得更加成熟自信。但是后来，我听到与我同龄的一位大学教授也挑高声调讲话。

在中国，你的用词还能说明另一个问题：二十世纪四十年代离开祖国的中国人可能会在他们的词汇中留下那个时代的语言学印迹。当时流行的词语或表达方式如今已陈旧过时。虽然我不知道哪些是当时的用语，但一位具有语言学侦探才能的朋友告诉我，我母亲会用那些词。这位朋友是电影导演兼演员，会讲上海话、普通话和广东话，她的英语也几乎没有瑕疵。我见识过她分辨口音的能力。当时天气炎热，我们正在内华达山脉八千英尺高的地方，沿着石头小径徒步下山。尽管我穿着远足靴，但在碎石上艰难跋涉时仍经常失去平衡。一对中国夫妇穿着日常的衣服和旅游鞋，沿同一条路向上攀登。他们累得大汗淋漓，满脸通红。正如中国人在不同寻常的地方相遇时常做的那样，我们打了招呼，随后我的朋友用普通话问他们从哪儿来。那个男人看似闪烁其词，说他们刚搬到这个地区，还指了指身后的山峦。朋友解释说，她是指他们来自中国的哪个地方。男人回答："北京。"朋友进而明确说，她是问他的原籍，不是后来的住处。他再次声明是"北京"。朋友亲切地笑着点点头。当我们继续往前走时，朋友说："他根本不是从北京来的。他的口音表明他来自其他地方。他讲话的方式很粗鲁，不像受过高等教育。他说不定犯了什么罪，正被中国政府通缉。"

当时，我问她我母亲的口音有多重，她回答说："口音确实挺重。你知道她的英语发音有多差吧？她的普通话也差不多。"我简直难以置信。我问她，我讲普通话是不是也有类似的口音，她给出了肯定的答案。我记得有位中国朋友每次听我说普通话都哈哈大笑。她说我讲话像个小娃娃，非常可爱。我以为她指的是我的用词。但她肯定也在说我的口音——上海口音，我甚至不会讲上海话，只能模糊地理解对话的大意。我曾听别人形容上海话听着像咿呀学语。在我看来，用上海话交谈听起来如同无休无止的争吵，而非吵吵嚷嚷的小孩。不过，上海话中的某些用词确实具有幼儿语的特点，以叠声词为例，比如："yi di di"在普通话中是"yi dian dian（一点点）"。北京普通话是新闻播音员和电影明星的标准口音，在说"一点"时会加卷舌的儿化音，听着更像"yee-dyarh"，但从不用叠声词，就连幼儿语中也没有。可如果你是个小宝宝，你的上海妈妈正要喂你吃一口东西，让你吃"yi di di"时，所有区别都无关紧要了。

没等我领悟这则关于母亲普通话水平的新信息，朋友便补充道，我母亲的上海话发音非常棒——只是稍有些苏州口音。苏州距离上海大约九十分钟车程，风景秀美，有运河穿城而过，以古典园林著称，激发了伟大诗人的灵感。我外婆就出生在那里。苏州话的确颇具声望，因为它被视为出身高贵、富有教养的象征。"许多人觉得它使上海话更加婉转动听，"朋友说，"有人还想模仿苏州口音。"众所周知，苏州人讲话温文尔雅，因此，他们吵架的语调在上海人听来就像是正常的交谈。

母亲讲的似乎不纯粹是哪个地区的方言，这对我而言是多么幸运啊。她特异的语言能力为我们的家族史提供了线索。外婆家世代居于苏州，经营上等苏绣、丝绸布料生意，直到一场无名的灾祸迫使他们向东迁到近七十英里外的上海。太外婆大概还继续对女儿讲苏州话，那时我外婆还是个小婴儿。苏州话也正是我母亲在家里听到的语言，她可能会讲苏州话，同时也讲家中其他成员讲的上海话。尽管外婆在我母亲九岁时去世了，但母亲显然保留了苏州话对自己的影响——带苏州腔的发音，但少了争吵时的温和声调。在我成长的过程中，她对我讲受到苏州话影响、带上海话腔调和普通话口音的英语；在我十几岁时，她在公共场合这样对我说话会令我颇为难堪。

朋友让我放宽心，对于上海人来说，母亲讲话听起来既清晰，又文雅。有时，她的措辞和信中的表达方式稍有点过时，但行文风格却尤为说明问题，表明她受过教育，聪敏机智，出身门第不俗。

倘若母亲仍健在，我要用系统而有条理的方式录制她的讲话。

我不会只让她念单词，比如"眼睛""鼻子""嘴巴""耳朵"；我要请她自然流畅地用苏州话、上海话、普通话和英语来表达饥饿、痛苦与疲惫。我会仔细判别哪种语言能使她表达出爱与悲的细微情感。我会分辨出在她改说英语的过程中，没能幸存的微妙变化。我要听听她在咿呀学语时可能对她外婆说过的那些词儿，还有她讲苏州话的外婆可能对她喃喃低语过什么——当时她被一锅翻倒的热油汤烫伤了脖颈，正忍受痛苦，神志昏迷。我在听完后会判断一下，在苏州话、上海话和普通话中，"仇恨"和"背叛"是如何被渲染的；这些词在哪个年龄段进入她的词库，是婴儿期、幼儿期、青春期，还是成人期。我会请她用英语重述同样的背叛事例，确定我是否理解她有多痛苦。我要请她用普通话描述初见我父亲时的感觉，之后再用英语描述那一刻。哪种语言形容得更贴切呢？我会请她先用上海话、再用英语形容，当娱乐小报称她与父亲的婚外情使她的家族蒙羞时她所感到的愤怒。哪种语言更完整地捕捉到了她的气愤与绝望？我要请她先用普通话、再用英语描述她同意医生的意见，为我昏迷的哥哥撤掉鼻饲管的那一刻。哪种语言更准确地捕捉到她所受的折磨？我会录下她几千个小时的讲话，还有表示希望、恐惧和绝望的习语——从苏州话到上海话，再到普通话，最后是英语。我要观察她的面部表情，胸口的起伏，留意它们在意图和语义上的效果。我要分离出不认识她的人听不出来的那些含义。

我也会录下自己说的话，在她生命的最后几个月里我对她说的幼儿语似的普通话。我会录下她尚能听懂的幼儿语。如果这样，通过她的语言史、她口音自然或被迫的演变、她讲话时体现微妙变化的能力，以及她提要求时的效果，我就能了解我们两人。我就会明白我对她的误解，明白我原本有望了解的关于她的方方面面，也会明白我本可用各种方法告诉她，我理解她所忍受的一切。

尾声　家中的伙伴

　　每天清晨，我丈夫都会早起，然后上楼看报。我则会蜷进被窝更深处，挤出更多梦来。我的小腿弯里卧着我家四磅重的约克夏犬，我的手臂靠着丈夫救助的杂种狗，这条老狗会久久地凝视你，仿佛在向你表达爱意。喂我吃东西。卢早上第一件事通常是喂狗，再带它们去花园拉撒，然后让它们回去睡觉。在我起床、沐浴，坐在书桌前准备开始新一天的写作时，它们甚至仍纹丝不动。它们就习惯懒洋洋地待着。

　　卧房旁边的凹室是我的办公室。就寝与工作的地方被六扇中式镂花滑动屏风隔开。它们是用榆木和樟木打造的，这些木材回收自百岁的破旧家具。我请人在上海做了这些屏风，上海也是我家人的故土。它们是海运来的，在历时一个月的行程中，部分木板受潮膨胀，在我们组装后就开裂了。做家具的人曾告诫我会出现这种情况，但我对他说，这会使家具看似古董，而非复制品。每扇屏风顶部都有一块匾额，上面刻着两个汉字，每扇屏风上的汉字都不同。那十二个字共同组成了我写的第一首中文诗，虽然蹩脚得可笑，对我来说却意义深远。满月心，映寒潭，春雨至，万物生。有位已故的友人曾在中式庭院的象征主义方面指点过我，这十二个字正体现了他的情趣。我真希望能牢记他关于月亮和水潭的确切说法，但他说我属于那种感受深刻的作家，因此有朝一日会表达出自己的感受。我还在尝试。

每天早上，我都能听到碾磨咖啡豆的声响。当我丈夫下楼时，咖啡的香气愈发浓烈。他把杯子递给我，再举行我们的仪式。"你要说什么？"他问。"谢谢。"我答。随后，他领受我的亲吻。有些日子，我睡醒后感到迷惑，因为家中寂静无声，屋里的气息是凝滞的空气。我随即想起丈夫去山里滑雪了，而我选择留在家中写作。思念某人亦是思念当你醒来时本该一成不变的东西。我养过的狗，两只寿终正寝，一只死于疾病，每只狗死时我都悲痛不已，一连数日卧床不起，沉默寡言，因为我承受不了它们带给我的乐趣一去不复返：它们沿着楼梯上蹿下跳，冲幽灵吠叫，或是躺在门廊上的一小圈阳光里；当微风将它们面颊上的毛往后拂时，它们一动不动地站在花园里，一副心满意足的神情。我在花园里栽了一棵矮种海棠树，在树干底部摆了几块光洁的石头，上面刻着狗狗们的名字。我也为我的猫咪"傻瓜"放了一块石头，尽管我们拥有花园时它已去世多年。那棵树看似低矮的垂柳，初冬时，树叶便已落尽。春天时，它总在一夜之间冒出新叶。我想象狗狗们又在花园里奔跑，猫咪则在观望。那些新叶令人伤感，但也是一种慰藉。

我们的房子坐落在山丘上，俯瞰索萨利托港、浣熊海峡和旧金山湾。在三处海水的合流处有一座岛屿。我们建造这幢房子时，体现了中式阁楼的空灵飘逸和微妙情调，类似于中国水墨画中描绘的文人隐居之所。房屋一侧是高大的橡树，我们能从二楼平视树枝，枝头栖着乌鸦和灌丛鸦。它们轮流栖居，否则就会发生口角，我就见过它们争吵。有时，我注视着一只灰色的小松鼠上蹿下跳，然后跑上我家屋顶。我不喜欢松鼠，因为它们咬穿过屋檐和地板、墙壁与天花板，几乎摧毁了我们在山中的小木屋。它们扯出绝缘材料，为安在我们鞋中的松鼠窝做衬里。当我们拆掉厨房的墙壁时，在墙里发现了上千只死松鼠，好似埃及的墓穴。我们新家橡树上的松鼠在枝丫间要杂技似的蹦来跳去，但并未损坏任何东西，至少我没发现。白天，它有时会用哀伤的哭腔一连尖叫几个小时。懂鸟的行家朋友告诉我，它大概是在保护松鼠宝宝不被乌鸦或灌丛鸦伤害。朋友说，那些鸟还会劫掠鸣禽的巢，就像猫头鹰那样。有几次，我听到暗处传来大雕鸮的夜鸣声。呼——呼，呼，呼。它们叫声的音色听着宛如双簧管，能传相当远的距离，大约一英里左右。我从没在我家花园里见过猫头鹰，这是好事，因为猫头鹰能轻易杀死我家这种四磅重的狗。不过话又说回来，我没见过猫头鹰并不代表没有。猫头鹰静止不动时，看着就像树皮。

有一天正下着雨，我回家时发现几簇茸毛从面前飘过。雏鸟的软毛正从我头顶的树枝上落下，刚掉到湿润的石阶上就立即展平，仿佛花朵被压在书页间那样。我将一片茸毛拿进屋，为它绘制素描，我观察它的全部细节，思考这是哪种鸟的羽毛。近来，鸣禽的叫声越来越少，我也好几个月没看到松鼠了。也许乌鸦或灌丛鸦杀死了雏鸟，于是鸟妈妈离弃了那棵树。如果是猫头鹰干的，鸟妈妈很可能也被杀了。虽说发生过屠杀，但我仍觉得那棵百年古木美丽、壮观而强劲。它的枝丫间容纳过许多松鼠和小鸟，没准还有猫头鹰。

　　楼上的客厅和用餐区是一片宽敞的开放空间，当横贯房间的玻璃滑门被推开时，房间给人的感觉仿佛是一望无垠的水池，越过池水能直通小岛。在建房时，我们始终牢记中国的风水哲学，它关系到与自然和谐共处的原则。这个词的本义是"风和水"。和谐的精神在风水之上奔涌不息，我将其视为一种理念。各种元素的适当组合能使你与合适的力量结合，而错误的组合会影响你的健康情况、经济状况和内心的宁静。家舍的最佳朝向是面山对水。房地产中介也会这样告诉你。山峦不仅能构成超凡的景致，其形象还常融入中国的诗歌和具有历史背景的四字成语中——山林是古代诗画家的静修之所。山峦满载着象征和文学指涉。你很容易联想到可能的含义：需要克服的艰险，成堆的机遇，崇高的思想或是人生理想境界的巅峰。有时，这些中文含义会充溢我创作时的头脑，可我只想看到自然风光，欣赏山岳外表的美丽景致，而非象征性的机遇或阻碍。

　　我每天都从办公室的座位眺望这座岛屿——安琪儿岛[1]，一座幽灵之岛。冷战期间，为了建造奈基导弹[2]基地，岛顶被夷为平地。十年前，岛顶被恢复原貌，小岛现在的形状看似农夫的圆锥帽。我想到这一点，也许是因为该岛在 1910 年至 1940 年间曾是移民隔离站，而移民大多是中国人。对他们而言，这座有山的岛屿是一个障碍。初来乍到，工作人员不肯给他们的证件盖章；没有船载着他们迅速

---

1 安琪儿岛：位于旧金山湾，曾被用作军事要塞和移民隔离站。20 世纪初，许多去往美国的中国人都从这里上岸，岛上的老旧隔离站就是他们的落脚地，至今仍可在隔离站的墙上看到当时苦苦等待审查的中国人刻下的血泪诗篇。

2 奈基导弹：美国于 20 世纪 50 年代研制的远程高空地空导弹。

穿过海湾，去见在旧金山海岸上等候他们的亲人——他们称旧金山为"Old Gold Mountain"。新来的人被剥去衣服，检查是否携带害虫或患有疾病，之后会被反复审讯。只要他们的回答与其他家属的说法有差异，哪怕是最细微的——不管是国内家人的年龄，还是家中台阶的数目——全家就都会被遣返。很多人被扣留许久，因此写诗抒发孤寂。隔离站的工作人员用油灰盖住那些诗，但新诗又会出现在别处，转而又有更多油灰遮住那些诗。后来，诗作出现在别的墙上，于是用上更多的油灰。隔离站关闭很久以后，油灰从墙上掉下来，现出了两百多首诗：有看到海藻和雾气的人写下的感伤文字，有描写绝望的对联，还有抨击不公正待遇或种族主义的愤懑诗篇。它们像是陵墓的碑文，又像漂流瓶中的消息，放入消息的人想让别人知道自己在这儿。他们有重要的情感要抒发，无论他们遇到什么事，无论何时，他们的情感都应为人所知。

有一首诗颇具哲理：

你反而该让无谓的忧虑
顺水而去。
历经些许考验不算是艰难。
拿破仑亦曾是岛上的囚犯。

我不知他是否被遣返了。拿破仑在一年后逃跑，再次统治了法兰西。

夜晚，小岛如同映在苍穹中的紫色剪影。在月圆之夜，天空澄

392

澈，水波不兴，岛顶泛着辉光，山峦映在水中。那些坐监的移民看不到辉光和倒影。连着两月、两年，或是不知多久，他们看着牢房的墙壁，直到有人告知他们是能进入美国，还是将被遣送回中国。我想象着他们中的一些人终能站在旧金山海岸上，看到岛上的亮光。他们必会想起仍身陷囹圄的那些人，可能是朋友、叔父或妻儿。有些人始终未能登岸，也没重返中国——比如，某个华裔美国公民的准新娘。当被告知不准入境时，她穿上从包里取出的婚纱，在淋浴间上吊自尽了。多年来，许多女人称见过她的鬼魂。

　　我想象着那些移民单调乏味的生活——同样被油灰覆盖的墙壁，不变的臭气，同样的食物，希望过后接踵而至的绝望与愤懑，循环往复。当这种单调突然被打破时会怎样呢? 他们倚窗眺望水面时，看到了什么? 在我看来，从早到晚，日复一日，随着季节更迭，水面始终在变；时而澄澈如镜，时而波涛汹涌，有时呈宝蓝色，也有时是泥灰色，从不相同。有一天，丈夫和我看到水中有一条闪耀的光带，有富豪的游艇那么长，就在岛的正前方。我们异口同声地说：那是什么? 我猜是一群金鱼。罐装鳀鱼也有那种光泽吗? 后来，我们发现成因只不过是特定的阳光照射角度。当我们再看到浮动的金光时又大喊道：那是什么? 随即记起缘故。

　　移民们留意到小岛和索萨利托港之间的金色水面了吗? 还是他们只将水面视为与家人团聚的阻碍?

　　白鹭和鹈鹕飞过水面，红头美洲鹫在高空盘旋。秋天里，岛上成群结队的野鹅蔚为壮观，就像正在进行精准花样飞行的"蓝色天使"[1]。猛禽在十月开始迁徙，借助上升的暖气流轻松滑翔，总有几只红尾鵟和游隼绕道来到我家所在的小山上，扫视一番。它们栖于树顶，寻找毛茸茸的小动物来果腹，飞扑下来的速度快如蓝色天使。秋天里，我在放狗到花园里玩时留意天空——老鹰能落到小狗身上，在几秒内将它撕成碎片。

春天，蜂鸟回来了，飞过我办公室的窗口。几个月前，我挂起装有红糖水的喂食器，还在旁边插了一朵大大的红色三色堇假花，看起来像喂食器的塑料开口。我觉得它会提示蜂鸟此处供应早餐。我每天查看红糖水的水位，看看有无减少。结果从没少过。我经常换红糖水，还在旁边放了一只鸟浴盆。有一天，我将喂食器移近树丛，立即就有一只蜂鸟飞到那儿喝了好久。它不介意我在场。现在，我用自编的鸟鸣来招呼小鸟，它们真会过来，有山雀、灌丛鸦、红眼雀、鸽子和蜂鸟。有时，蜂鸟会从我手掌上的小喂食器中饮水。

不过说真的，我该写作了。我在花园另一处给灌丛鸦放了喂食器，从我书桌的位置也能看到。当它们为争食而吵闹时，想写作实在很难。我相当成功地吸引了它们。它们晨昏都来，有时上下午也来。因此，我不得不时常告诫自己该写作了。

在窗边的长书架上，我摆了几张照片，上面有我爱过但已逝去的人。当我眺望小岛的方向时，也会看到他们：父母在不同时期的合影，那些时候他们疯狂地相爱；幼年时的哥哥和我；在中式庭院方面指点过我的朋友。在那张糟糕的照片里，他戴着农夫帽——就

---

1 指美国海军蓝色天使飞行表演队，成立于 1946 年，由海军航空兵中的精英飞行员组成。

像小岛的形状。他会讨厌这张照片，但我只有这张不模糊，而我也的确想记住他。我有外婆的许多照片。我从不认识她，除了在我的想象中；不过，我通过这种方式已经对她很熟悉了。由于我不时加入新照片，因此相框各不相同，如今有些已开始散架。我本该更换新相框，可后来又觉得，相框就像照片中的人已经适应的家园。

我还有两只小小的代用骨灰盒。一只是带密封盖的空心竹节，里面盛放着一位朋友的骨灰，他曾教过我摄影和打台球，所以我家现在才会有台球桌，1909 年产的古董桌。另一只是蓝白相间的陶瓷茶叶罐，里面装着另一位友人的骨灰，他曾教我用荒谬可笑的举动给自己找乐子。我一直打算将两人的骨灰都撒在花园里，但至今未遇到合适的时机。

每天，我都会感谢丈夫端来咖啡，观察树上的鸟儿，因我家狗狗满足的表情而开怀大笑。我留意水中变化着的色彩，注视书架上的照片和岛上的幽灵。我想象岛上的诗人们隔着无边无垠的水面望向我，而我也望着水那边的他们。我想象家人一如从前那样活着，而我与他们都活在往昔的岁月中。终于，我开始动笔了。

致 谢

我要感谢许多人，包括家人、朋友，以及其他熟人，他们或无意或恰切地促成了本书的几度蜕变，直至最后成形。

约翰·谭 (John Tan)、吴锦多 (Jindo Eng)、王丽君 (Lijun Wang)、本杰明·谭 (Benjamin Tan)、杜秀梅 (Sieu-mei Tu)、诺曼·杜和安东尼娅·杜夫妇 (Norman and Antonia Tu)、哈罗德·杜 (Harold Tu)、戴维·杜 (David Tu)、塔克·钱和杰恩·钱夫妇 (Tuck and Jayne Chin)，还有桑迪·布雷姆纳——这些人与我分享家庭的故事和爱。

迈克尔·蒂尔森和约书亚·罗比逊带我沉浸到音乐的平静、狂喜和深邃之中。

上帝、乔伊·亚历山大及其父母、法拉·西拉和丹尼·西拉夫妇让我体会到爵士乐、爱和上帝所彰显的非凡力量。

梅甘·加文、乔·弗曼和约翰·缪尔·劳斯教我带着激动不已的好奇，用二号铅笔绘画。

多洛雷斯·德金在我六岁时将我鉴别为"早期阅读者"，也感谢科琳·惠廷厄姆令我能够与德金博士对话。

迈克尔·霍利、E.G.年会、露西娅·雅各布斯和哲学俱乐部、奥利弗·萨克斯、罗伯特·宾尼克、卡尔·帕博和卡雷·穆利斯令我这作家的头脑中充满改变生活的创意、未来的种种可能性、幻想和谜、真正的科学和不切实际的理论。

克里西·赫法德、马克·莫菲特、马克·西多尔、迈克尔·特斯勒，以及柔软的、以我的姓氏命名的澳大利亚水蛭，引我进入愈加令人好奇的细胞、海洋和热带雨林的世界。

琼·陈 (Joan Chen)、谢利·利姆、邓肯·克拉克、罗宾·王 (Robin Wang) 与我分享关于中国文化的全球效应、上海风情的独特之处、我母亲特有的杂糅语言风格的见解。

埃伦·穆尔和马西娅·索尔斯的体贴周到，让我看上去像是有规划、有准备、有责任心的人。

Ecco 出版团队的丹尼尔·哈尔彭、索尼娅·储斯、布里奇特·里德、米丽娅姆·帕克和钟雪怡 (Suet Yee Chong) 为这本书，以及它那情绪轻微不稳定的作者带来理解、关心与热情。

桑迪·迪杰斯特拉和她的团队、埃莉斯·凯普伦和安德烈亚·卡瓦拉罗一直支持与保护着我。

卢·德马泰给了我坚定的爱、支持与宠溺，包括在我写作这本书期间，将一日三餐送到我的桌上。

京权图字：01-2019-7760

WHERE THE PAST BEGINS: A Writer's Memoir by Amy Tan
WHERE THE PAST BEGINS. Copyright © 2017 by Amy Tan.
Simplified Chinese Translation Copyright © 2020 by Foreign Language Teaching and Research
Publishing Co., Ltd.
Published by arrangement with the author through Sandra Dijkstra Literary Agency, Inc. in
association with Bardon-Chinese Media Agency
ALL RIGHTS RESERVED

图书在版编目 (CIP) 数据

往昔之始 : 谭恩美自传 / (美) 谭恩美著 ; 李军, 章力译. —— 北京 : 外语教学
与研究出版社, 2020.8
书名原文: Where the Past Begins: A Writer's Memoir
ISBN 978-7-5213-2032-9

Ⅰ. ①往… Ⅱ. ①谭… ②李… ③章… Ⅲ. ①谭恩美 - 自传 Ⅳ. ①K837.125.6

中国版本图书馆 CIP 数据核字 (2020) 第 172830 号

出 版 人　徐建忠
项目策划　张　颖
责任编辑　徐晓雨
责任校对　黄雅思
装帧设计　鲁明静
出版发行　外语教学与研究出版社
社　　址　北京市西三环北路 19 号（100089）
网　　址　http://www.fltrp.com
印　　刷　紫恒印装有限公司
开　　本　880×1230　1/32
印　　张　13.5
版　　次　2020 年 11 月第 1 版 2020 年 11 月第 1 次印刷
书　　号　ISBN 978-7-5213-2032-9
定　　价　69.00 元

购书咨询：(010) 88819926　电子邮箱: club@fltrp.com
外研书店: https://waiyants.tmall.com
凡印刷、装订质量问题，请联系我社印制部
联系电话：(010) 61207896　电子邮箱: zhijian@fltrp.com
凡侵权、盗版书籍线索，请联系我社法律事务部
举报电话：(010) 88817519　电子邮箱: banquan@fltrp.com
物料号: 320320001

记载人类文明
沟通世界文化
www.fltrp.com